新编
中华上下五千年

陈兰村　娄国忠　邵金生　著

浙江文艺出版社

前　言

为小读者讲好中国历史故事

我们受浙江文艺出版社之约，执笔《新编中华上下五千年》一书，力求在"新编"二字上下功夫。能为小读者们讲好历史故事，既光荣，又有难度。我们尽最大努力把历史故事系统、真实、准确、生动地描述出来，给读者提供相对可信、可读、可感的历史信息。不仅让小学生爱看爱听，而且让家长和老师也能从中受益。

一、编写意图

《新编中华上下五千年》是怎样的一本书？它是一本给小学生课外阅读的中国历史故事书，讲的是中国从古代直至新中国成立的历史。读史明智，"善可为法，恶可为戒"。书名为《新编中华上下五千年》，以示与其他同类书的区别。

二、我们对历史的基本认识

1. 什么是历史？历史，指对人类社会过去发生的事件、相关人物的记述、阐释和研究。历史可提供今人了解过去、借鉴往事、谋划未来的参考，属人类精神文明的重要成果。中国历史，就是对中国过去发生的事件、相关人物的记述、阐释和研究。

2. 什么是历史故事？我们把历史用故事的形式写出来、

讲出来，就是历史故事了。历史是由人创造的，所以历史故事离不开历史上的各种人物以及他们之间发生的事件。

3. 为什么要讲中华五千年的历史故事？司马迁在《报任安书》中说："述往事，思来者。"五千年来，中华民族在祖国的大地上繁衍生息，历尽磨难，从上古走向现代，从蒙昧走向文明。讲述或阅读中国成系统的历史故事，可以获得丰富的历史知识，以史为鉴，增长我们的生活智慧，珍惜今天，希望创造美好的未来。描述历史故事，就是着眼于给今天的小读者提供系统的历史往事，期盼他们将来创造新的历史。

三、编写指导思想

1. 人为本，有依据，有倾向。以人为本，是我们编写历史故事的出发点。人类文明的历史证明，文明的发展，一方面体现为生产力的提高和物质生活资料的丰富，另一方面体现为对人的基本权利的尊重。入选的每个历史故事都有史籍文献的依据，要求尽可能恢复历史事件的真貌，同时符合今天人们的愿望。

2. 小故事，大道理，不过时。每个短小的历史故事，都包含着社会与人生的大道理，即使到现代也不会过时。考虑到学生的阅读兴趣，入选本书的故事不仅具有可读性，而且有一定的思考价值。

3. 宁精选，减负担，史兼文。我们精选一百个历史故事，减轻学生课外阅读的负担。中国历史上有文史不分家的传统，学习历史，也可以兼顾吸取文学知识。其中特选入中国历史上有代表性的著名文学家的故事，小学生在阅读历史故事的同时，可以适当学习文学知识。

四、编写体例

1. 以历史时期分章,每一章下以序数安排故事篇目。每个故事的标题尽可能有趣新颖。

2. 每篇故事分若干小段,设置鲜明的小标题,突出故事的情节,不忘生动的细节。

3. 每篇故事后设"知识加油站",补充相关小知识,包括成语典故,起到丰富故事内容、扩充知识容量的作用。

五、编写分工

陈兰村负责编写前言、第一章至第五章。

娄国忠负责编写第六章、第七章、第八章明代部分以及《中国历史大事简表》。

邵金生负责编写第八章清代部分和第九章。

浙江文艺出版社中国文学编辑中心的编辑对我们的编写工作从一开始就给予了热心帮助和鼓励。在此,我们深表感谢。

陈兰村

2017年10月10日于浙江师范大学丽泽花园

目录

◎ 第一章　远古时期
- 第1篇　黄帝：中华民族的共同祖先 / 003
- 第2篇　尧舜让位 / 007
- 第3篇　大禹治水 / 010

◎ 第二章　夏商西周时期
- 第4篇　夏桀亡国 / 015
- 第5篇　商汤建国 / 018
- 第6篇　甲骨文：中国最早的成系统的文字 / 022
- 第7篇　周武王伐纣 / 025
- 第8篇　周召共和 / 028

◎ 第三章　春秋战国时期
- 第9篇　长勺之战 / 033
- 第10篇　晋公子重耳在流亡中成长 / 036
- 第11篇　弦高智退秦军 / 039
- 第12篇　伍子胥过昭关，一夜头白 / 042
- 第13篇　老子与《道德经》/ 045
- 第14篇　孔子：中国人最崇敬的古代老师 / 048
- 第15篇　越王勾践卧薪尝胆 / 051
- 第16篇　纵横家的故事 / 054
- 第17篇　燕昭王求贤，"千金买马骨" / 057

第18篇　屈原：战国时期杰出的爱国诗人 / 060

第19篇　毛遂自荐 / 063

第20篇　廉颇与蔺相如的故事 / 066

◎第四章　秦汉时期

第21篇　秦始皇统一中国 / 073

第22篇　陈胜、吴广发动农民起义 / 076

第23篇　项羽的英雄悲剧 / 079

第24篇　刘邦建立西汉王朝 / 082

第25篇　司马迁与《史记》 / 085

第26篇　张骞：丝绸之路的开拓者 / 088

第27篇　苏武牧羊，守节不亏 / 091

第28篇　刘秀建立东汉王朝 / 094

第29篇　班超投笔从戎，建功立业 / 098

第30篇　蔡伦：中国古代造纸术发明者的代表 / 102

第31篇　东汉的党锢之祸 / 105

第32篇　东汉末年黄巾起义 / 108

◎第五章　魏晋南北朝时期

第33篇　魏蜀吴三国鼎立 / 115

第34篇　诸葛亮：三国时期杰出的军师 / 119

第35篇　华佗：三国时期的医学奇人 / 122

第36篇　三国时期的三个读书故事 / 125

第37篇　司马昭之心，路人皆知 / 128

第38篇　西晋灭亡 / 131

第39篇　东晋北伐名将祖逖 / 134

第40篇　王羲之与《兰亭序》 / 137

第41篇　陶渊明：寻找桃花源 / 140

第42篇　南北朝三位数学家的故事 / 143

◎ 第六章　隋唐时期

第43篇　隋朝：父亲开国，儿子亡国 / 149

第44篇　李密与瓦岗军 / 153

第45篇　唐太宗与贞观之治 / 157

第46篇　玄奘西行取经 / 161

第47篇　文成公主与松赞干布 / 165

第48篇　一代女皇武则天 / 169

第49篇　唐玄宗与开元盛世 / 172

第50篇　李白斗酒诗百篇 / 176

第51篇　安史之乱 / 179

第52篇　鉴真和尚东渡日本 / 183

第53篇　杜甫忧国忧民写"诗史" / 186

第54篇　王叔文与"永贞革新" / 189

第55篇　唐末的黄巢起义 / 192

◎ 第七章　宋元时期

第56篇　赵匡胤黄袍加身 / 197

第57篇　澶渊之盟 / 201

第58篇　范仲淹：先天下之忧而忧 / 204

第59篇　王安石变法 / 208

第60篇　沈括与《梦溪笔谈》 / 212

第61篇　司马光与《资治通鉴》 / 216

第62篇　苏轼：浪淘尽，千古风流人物 / 220

第63篇　宗泽临终三呼"过河" / 224

第64篇　岳飞尽忠报国 / 228

第65篇　辛弃疾：醉里挑灯看剑 / 232

3

第66篇　文天祥：留取丹心照汗青 / 235

第67篇　一代天骄成吉思汗 / 239

第68篇　元世祖忽必烈建立元朝 / 242

第69篇　马可·波罗游中国 / 246

第70篇　关汉卿与《窦娥冤》 / 250

第71篇　科学家郭守敬修订历法 / 253

◎第八章　明清时期

第72篇　朱元璋建立明朝 / 259

第73篇　郑和七下西洋 / 263

第74篇　于谦领导北京保卫战 / 267

第75篇　海瑞罢官反权贵 / 271

第76篇　戚继光抗击倭寇 / 275

第77篇　李时珍与《本草纲目》 / 279

第78篇　张居正：宰相之杰 / 282

第79篇　徐光启：引进西方科学第一人 / 286

第80篇　徐霞客：万水千山走遍 / 290

第81篇　闯王李自成进京 / 293

第82篇　努尔哈赤：清朝的奠基者 / 296

第83篇　史可法抗清守扬州 / 300

第84篇　郑成功收复台湾 / 304

第85篇　康熙大帝 / 307

第86篇　文字狱和编修《四库全书》 / 312

第87篇　曹雪芹创作《红楼梦》 / 316

◎第九章　近现代时期

第88篇　林则徐禁鸦片 / 323

第89篇　太平天国运动 / 326

第90篇　英法联军火烧圆明园 / 329

第91篇　慈禧太后垂帘听政 / 333

第92篇　中日甲午战争 / 336

第93篇　戊戌变法 / 340

第94篇　孙中山建立同盟会 / 344

第95篇　武昌起义 / 347

第96篇　五四运动 / 350

第97篇　中国共产党成立 / 354

第98篇　十四年抗日战争 / 358

第99篇　解放战争的三大战役 / 362

第100篇　新中国成立 / 365

附录　中国历史大事简表 / 368

第一章
远古时期

第1篇
黄帝：中华民族的共同祖先

我们中华民族有着悠久的历史。根据汉代历史学家司马迁《史记·五帝本纪》，黄帝被尊为上古五帝——黄帝、颛顼（zhuān xū）、帝喾（kù）、尧、舜之首。黄帝的活动就是中华文明的开端。从传说中的黄帝到现在，有四千多年的历史，通常就说上下五千年。

黄帝初成部落首领

黄帝生活在距今四千多年前。在先秦时期，黄河流域，大江南北，到处流传着黄帝的故事。传说，黄帝是少典（相传是有熊氏部落首领）部族的子孙，本姓公孙；因生长于姬（jī）水（有学者认为在今河南新郑境内），又姓姬；名叫轩辕，因居于轩辕之丘（轩辕在今河南新郑西北），故号轩辕氏。他一生下来，就很有灵性，出生不久就会说话，幼年时聪明机敏，长大后诚实勤奋，见闻广博，聪明能干，很有魄力，被大家推为部落首领。黄帝自从被先民们拥戴为尊长，还没有一个正式职位名称。古代神话中称宇宙的创造者和主宰者为上帝。人们发现土是黄色，土能生万物，先民们又是黄皮肤，所以，大家尊称他为"黄帝"。"轩辕黄帝"从此就这样沿用下来。

阪（bǎn）泉之战

当时，黄河流域各个部落之间为占有有利的生存环境，经常混战，人民生活痛苦不堪。在这些大大小小的部落中，黄帝部落、炎帝部落和蚩（chī）尤部落最为强大。

黄帝与炎帝的关系，流传最广的说法是：他们是兄弟关系，都是少典氏的妻子有蛟（jiǎo）氏所生。他们虽同母生，却成长于不同的地方，姓氏各不相同。黄帝在姬水边成长，姓姬；炎帝在姜水（今陕西渭河支流）边成长，姓姜。二人德行也不同，由此经常发生战争。据说炎帝纵火成灾，企图侵犯各部落。黄帝十分不满各个部落之间连年征战，决心统一各个部落。他积极操练士兵，大力推行德政。后来，黄帝统率熊氏族、罴（pí）氏族、狼氏族、豹氏族、貙（chū）氏族、虎氏族六个氏族为前锋，又命雕氏族、鹖（hé）氏族、鹰氏族、鸢（yuān）氏族四个氏族打起他们的旗帜，在阪泉（今河北怀来）的原野上与炎帝展开了激烈的战斗。经过多次决战，黄帝最后彻底打败了炎帝。由于这两个部落有血缘亲属关系，黄帝没有屠杀炎帝部落，而是和他们结成部落联盟，黄帝便成了炎黄部落联盟的首领。炎黄部落联盟经过长期的发展，形成日后华夏族的雏形。

涿鹿之战

黄帝战蚩尤的故事流传很广。黄帝打败炎帝后，蚩尤部落仍然继续作乱，不听从黄帝的命令。于是，黄帝率领各部落的联军与蚩尤在涿鹿（今属河北）摆开战场，经过几次大战，最终活捉了蚩尤，并将他斩首示众。

传说黄帝以应龙为帅，而蚩尤请来风伯、雨师，发起狂风暴雨，应龙被大雨困住。后来，黄帝派了旱神，才使得雨水停住。传说中的蚩尤是十分凶狠邪恶的，所以，打败蚩尤的黄帝就成了惩罚邪恶的正义化身。

黄帝征服蚩尤后，不断融合中原各地众多部落，被尊崇为不断扩大的华夏族的共同首领，天下从此太平起来。

黄帝的发明创造

黄帝统一了黄河流域后，制定了一些职官制度，派官员到各地治理天下。黄帝还指导百姓种植稻、黍、稷、麦、菽五谷，使当时的农业有了进一步的发展。他的妻子嫘（léi）祖开始养蚕，以丝制衣服。后人把许多发明创造都归于黄帝，如鼓、指南车、医书《黄帝内经》等。

黄帝的后代与其他部落逐渐融合，形成了中华民族。后来，中华儿女为了世世代代永远纪念黄帝、炎帝，就自称是"炎黄子孙"。

三皇五帝

古籍记载,夏朝以前还有"三皇五帝"的远古传说时期。《三字经》:"自羲农,至黄帝。号三皇,居上世。"三皇即伏羲(xī)、神农、黄帝。据《史记·五帝本纪》,五帝即黄帝、颛顼、帝喾、尧、舜。

黄帝作为历史人物是否可信?

黄帝是远古传说时期的人物,甚至是神话人物,是否作为历史人物存在,有待进一步考证。汉代司马迁以自己在游历过的地方听说的黄帝的事迹为依据,并研读古籍,对有关黄帝的记述,他认为不是虚妄之说。

第 2 篇
尧舜让位

尧和舜都是远古部落联盟的首领，古史传说中的圣明君主。传说尧在位的时间比较长，有九十多年，尧的时代距今约四千三百年。尧去世，舜为其守孝三年。舜在位三十九年，推测舜活动于公元前2150年前后，也就是距今约四千二百年。他们的事迹主要见于汉代司马迁的《史记·五帝本纪》。

尧的故事

帝尧，号放勋。尧为黄帝的后代帝喾之子，古唐国人。二十岁，尧为天子，定都平阳（在今山西境内）。因封于唐，所以又叫他唐尧。

尧到老年，问大臣们说："谁可以继承我的事业？"大臣放齐说："你的儿子丹朱通达事理。"尧未采纳。尧了解自己的儿子丹朱不贤，不配传给他天下，因此才姑且试着让位给舜。让位给舜，天下人就都得到利益而只对丹朱一人不利；传给丹朱，天下人就会遭殃而只有丹朱一人得到好处。尧说："我毕竟不能使天下人受害而只让一人得利。"所以，最终还是选择了让舜接班。

尧接受大臣们推举舜接班的建议后，对舜进行多方的考察。先将两个女儿娥皇、女英嫁给舜，来观察他的德行。舜让二妃回妫（guī）河的家中去侍奉公婆，尽行妇道。尧很满意，又让九个儿子跟随舜，来观察他处理社会事务的能力。尧派舜负责协调民间父义、母慈、兄友、弟恭、子孝这五种人伦关系，取得成绩，连尧的九个儿子也受到教育。尧又让舜参与百官的事，百官的事因此变得有条不紊；让他接待远方来的诸侯宾客，宾客都恭恭敬敬。尧更认为舜十分聪明，很有道德，就对他说："三年来，你做事周密，说了的话就能做到。现在你就登临天子位吧。"舜推辞道："我的德行不够，总觉得还不能稳妥地担当大任。"最后，舜接受了尧的禅让，登上共主之位。统治者把首领之位让给别人，称为"禅让"。

尧逝世后，百姓悲伤哀痛，如同死了生身父母一般。三年之内，四方各地没有人奏乐，为的是悼念尧。

舜的故事

虞舜，名叫重华，冀州（古九州之一，在今山西、河北）人。舜生活在上古时期一个叫虞的部落（今山西运城西南）。他死后的称号叫舜，所以后人称他为虞舜。舜在历山耕过田，在雷泽打过鱼，在黄河岸边做过陶器，在寿丘做过各种家用器物，还曾经到负夏经商。

舜的父亲有眼不识贤愚，被称为瞽叟，即瞎眼老头，很愚昧。母亲很顽固。弟弟名字叫象，性情暴戾不驯顺。他们都想杀掉舜。舜却恭顺地行事，从不违背为子为兄之道，孝顺父母，友爱兄弟。

瞽叟曾想杀死舜。他让舜登高去用泥土修补谷仓，他从下面放火焚烧。舜用两个斗笠保护着自己,像长了翅膀一样跳下来,逃开了,得以不死。后来瞽叟又让舜挖井。舜挖到深处,瞽叟和象一起往井下倒土填埋水井。舜从旁边的暗道出去,又逃开了。

舜执政后,派禹负责平治水土;派稷负责农业,去教百姓播种百谷;派皋陶担任司法官;任命垂为共工,统领各种工匠;任命益主管山泽;任命伯夷主管祭祀;任命夔(kuí)为典乐,掌管音乐,教育贵族子弟。四海之内,共同称颂帝舜的功德。天下清明的德政都从虞舜开始。

舜登位三十九年,到南方巡视,在南方苍梧的郊野逝世,埋葬在长江南岸的九嶷山(即湖南零陵)。

知识加油站

后人对尧舜的高度评价

《论语·泰伯》中,孔子称赞尧说:"真伟大啊!尧这样的君主。多么崇高啊!只有天最高大,只有尧才能效法天的高大。(他的恩德)多么广大啊,百姓们真不知道该用什么语言来表达对他的称赞。他的功绩多么崇高,他制定的礼仪制度多么光辉啊!"

《孟子·滕文公上》说:"孟子道性善,言必称尧舜。"

毛泽东《七律二首·送瘟神》有"六亿神州尽舜尧",意思是中国的六亿人(当时人口约数)都是像尧、舜一样才德完美的人。

第 3 篇
大禹治水

夏禹，姓姒（sì），名叫文命，史称大禹、帝禹。夏原是禹的封地，在今河南禹县。他是夏朝开国君王，所以又称夏禹。禹是黄帝的玄孙，鲧（gǔn）的儿子，他是中国古代传说中与尧、舜齐名的贤圣帝王。他最大的功绩有两件，一是治理洪水，二是划中国版图为九州。据《史记》记载，舜死后，禹为其守孝三年，禹在位十年。推算大禹所处的时代为公元前2100年左右，也就是距今四千一百多年。

舜选拔禹治水

当尧在位的时候，滔滔的洪水浩浩荡荡地包围了山岳，漫没了丘陵，老百姓陷在愁苦中。尧急着要找能治水的人，群臣、四方诸侯都说鲧可以。尧采纳了四方诸侯的意见，让鲧治水。费了九年工夫，洪水之患没有平息，鲧治水无功而返。于是，尧就再设法寻求人才，得到了舜。舜被提拔重用，代理执行天子的职务，按时巡行视察各地诸侯所守的疆土。他于巡行中发现鲧治水太不像话，就在羽山海边诛杀了鲧。天下的人都认为舜处理得当。舜选拔了鲧的儿子禹，任命他继续从事鲧的治水事业。

三过家门不入

禹奉舜之命,命令诸侯百官征集民夫,展开平治水土的工作。他随着山势竖立标识,确定那些高山大川。禹为父亲治水无功被杀而感到伤痛,因此劳身苦思,在外十三年,三次经过自己家门也不敢进去。禹自己吃穿都很简朴,居住的房屋很简陋,一心扑在修渠挖沟等水利工程上。禹说:"我娶涂山氏(涂山在今绍兴北)的女儿,新婚四天就离家赴职,生下儿子启以后,我也未曾抚育过,因此才能使平治水土的工作取得成功。"

划定九州

禹在治水过程中,吸取鲧的教训,"因水之力",改堵为疏,实际采用筑堤堵水和疏通河道相结合的方法治水。他开划九州(指冀州、兖州、青州、徐州、扬州、荆州、豫州、梁州、雍州),开通九州道路,修筑九州湖泽堤防。同时叫伯益发放稻种,教人们在卑湿的地方种植,叫后稷在人们难以得到食物时发放食物。禹又巡视各地,以各地所特有的物产定其贡赋。

所有的山川河流都治理好了,从此九州统一,四境之内都可以居住。舜把禹推荐给上天,让他作为帝位的继承人。十七年之后,舜逝世。服丧三年完毕,禹才继承了天子之位,国号为夏后。

禹在长江南会聚诸侯,考核诸侯功绩,死后葬在会稽

（kuài jī）山。

大禹治水的奉献精神

大禹治水的业绩在中华民族的历史上树起了一座永不磨灭的丰碑。他十三年于外，三过家门而不入的伟大奉献精神，千古传颂，作为一种美德的代表，值得学习和发扬。

大禹是传说人物还是历史人物？

由于大禹生活的时代尚无文字记载，关于大禹其人其事均为后世追记。但大禹的故事以治水为基础，同黄帝、炎帝、唐尧、虞舜的传说一样，具有很大的可靠性。司马迁二十岁时"上会稽，探禹穴"，曾经实地考察。他写《史记·夏本纪》给大禹作传，是把他作为历史人物来写的。

第二章
夏商西周时期

第4篇
夏桀亡国

夏本是一个古老的部落。相传在唐尧、虞舜时期，夏族的首领禹因治水有功，后来取得了帝位，并传给其子启，从而建立了我国历史上第一个世袭制王朝。夏朝前后约四百七十一年，作为上古三代（夏、商、周）的开始，为华夏文明的发展打下了良好的基础。

我国历史上最早的历法

夏朝距今大约有四千年的历史。由于年代久远，我们至今仍未发现夏朝的原始的文献与文字记载，只能从后世的典籍及传说中了解夏朝。

近年来，通过夏都遗址（河南省偃师县二里头村）二里头文化的考古，发现了大量青铜器、陶器及大面积宫殿遗址群。由此看来，夏朝已由石器时代进入了青铜器时代，并且掌握了冶金与铸造技术。与石器时代相比，生产力水平有了很大的提高，为农业生产提供了有利的条件。

从一些古籍中，我们可以看到，夏朝已经出现了我国历史上最早的"夏时"。据说孔子曾校正夏朝的历法。中国农历自夏以来流行数千年而不废,迄今犹称为"夏历"。

夏朝的衰亡

夏朝最后的统治者桀,姒姓,名履癸,帝发之子。桀是其谥(shì)号(古代帝王或大官死后依其生前事迹所给予的称号),史称夏桀。夏朝国都设于安邑(今山西省运城市西北)。

桀在位时,各国诸侯已经不来朝贺。夏王室内政不修,外患不断,民不聊生,危机四伏。但夏桀不思进取,骄奢淫逸。

太史令终古看到夏桀这样荒淫奢侈,便进宫向夏桀哭泣进谏说:"自古帝王,都要勤俭,爱惜人民,才能够得到人民的爱戴。不能把人民的血汗供给一人的娱乐。这样奢侈,只有亡国。"夏桀听了很不耐烦,斥责终古多管闲事。终古知道夏桀已不可救药,心里明白夏一定会灭亡,就投奔了商汤。

大臣关龙逄(páng)也几次劝谏夏桀。关龙逄说:"天子谦恭而讲究信义,节俭又护贤才,天下才能安定,王朝才能稳固。如今陛下奢侈无度,嗜杀成性,弄得百姓都盼望国家早些灭亡。陛下已经失去了人心,只有赶快改正过错,才能挽回人心。"夏桀听了非常生气,下令将关龙逄杀死。这样,夏朝朝政更加腐败,夏桀也日益失去人心,众叛亲离了。

夏桀被商汤打败

夏桀不修德行,滥杀百官,百官不堪忍受。桀召来汤(即商汤,原是夏朝一个部落的领袖,后来成为商朝开国君主),把他囚禁在夏台(夏王朝监狱,又称钧台,在今河南禹州），后来又放了他。汤修行德业，诸侯都来归附，汤就率兵去征讨夏桀。夏桀逃到鸣条（今河南封丘东），夏军彻底溃败。最后夏桀被俘获，放逐于南巢，夏朝灭亡。

华 夏

古代居住于中原地区的汉民族的自称，以区别四夷（东夷、南蛮、西戎、北狄），也可代指中国。"华夏"一词最早见于《尚书·周书·武成》："华夏蛮貊（mò），罔不率俾。"意思是无论中原的华夏族还是偏远的少数民族，没有不顺从（周武王）的。蛮貊，本指南蛮、北狄，后来泛指四方未开化的民族。

华夏文明

亦称中华文明，是世界上最古老的文明之一，在历史上一脉相传。

第5篇
商汤建国

商汤（约前1670—前1587），又叫成汤，子姓，名履，河南商丘人。汤是商朝开国君主，所以叫商汤。商朝存在了约六百年。

商汤任用伊尹为相

伊尹又叫阿衡。阿衡是官名，相当于后世的宰相。伊尹做了商汤的阿衡，就把"阿衡"作为他的名字了。伊尹起初想求见商汤而苦于没有门路，于是就去给一个叫有莘氏的部族（在今山东省曹县北）做陪嫁的男仆，背着饭锅砧板来见商汤，借着进上饭菜的机会向汤献言，劝说他实行王道，即以仁义治理天下之道。也有人说，伊尹本是个有才德而不肯做官的隐士，商汤曾派人去聘迎他，前后去了五趟，他才答应出仕，向商汤讲述了远古帝王及九类君主的所作所为。商汤于是举用了他，委任他管理国政。伊尹曾经离开商汤到夏桀那里，因为看到夏桀无道，十分憎恶，所以又回到了商都亳（bó，今河南省商丘市虞城县）。

商汤有了伊尹的辅佐，首先是治理好内部，鼓励商统治区的人民安心农耕，饲养牲畜；同时团结与商友善的诸侯、方国（指中国夏商之际的诸侯部落与国家）。在伊尹的鼓动下，一些诸侯陆续叛夏而归顺商。

为灭夏做准备

对夏桀劝谏不成的太史令终古逃到了商国。商汤大喜，将此事遍告诸侯。他就选择了这个有利时机，开始做灭夏的准备。

商汤在亳营建新国都、积蓄粮草、招集人马、训练军队，为灭夏之战创造有利条件。本来商国就曾被夏王朝授予"专征"的权力，他要征伐谁可以不经夏王的批准。他为了削弱夏王朝的势力，排除灭夏的障碍，争取更多的诸侯反夏。商国邻国的国君葛伯（葛国其地在今河南）不祭祀鬼神，商汤首先征讨他。葛国是夏桀的耳目，紧邻商国的西部，是阻挡商汤西进攻夏的第一个障碍，商汤第一个就消灭了葛国。

乘胜灭夏

大约在公元前1766年，商汤正式兴兵伐夏。商汤联合各方国的军队，伊尹跟从在汤身边，商汤亲自握着大斧指挥，先去讨伐昆吾，转而又去讨伐夏桀。

商汤是一位天才的演说家，他在战前召开誓师大会，亲自动员民众。他先历数夏桀的罪行，表明自己征讨的正义性。他说："来，你们众人，到这儿来，都仔细听着我的话：不是我个人敢于兴兵作乱，是因为夏桀犯下了很多罪行。我虽然也听到你们说了一些抱怨的话，可是夏桀有罪啊，我畏惧上天，不敢不去征伐。"

商汤继续揭露夏桀的罪行，说："夏桀君臣大兴徭役，耗尽了夏国的民力；又重加盘剥，掠光了夏国的资财。夏国的民众都在怠工，不与他合作。"他接着借用夏民的口气说，"什么时候才能消灭这个太阳（夏桀自称是太阳），我宁愿和你一起灭亡！"商汤说出了夏民对夏桀极端的痛恨。他又说："夏王的德行已经到这种地步，现在我一定要去讨伐他！希望你们和我一起来奉行上天降下的惩罚，我会重重地奖赏你们。你们不要怀疑，我绝不会说话不算数。如果你们违抗我的誓言，我就要惩罚你们，概不宽赦！"商汤把这些话告诉传令长官，写下了《汤誓》。

商汤突袭夏都。夏桀仓促应战，同商汤军队在鸣条一带展开战略决战。在决战中，商汤军队奋勇作战，一举击败了夏桀的主力部队，商汤发扬速战速决、连续作战的作风，乘胜追击。夏桀穷途末路，率少数残部仓皇逃奔南巢，后被商军俘获，放逐在这里，不久病死。

商汤经过二十年的征伐战争，灭了夏王朝，统一了自夏朝末年以来纷乱的中原，控制了黄河中下游地区，建立商朝。其势力所及，远远超过了夏王朝。商汤灭夏后，奠定了商王朝疆域的基础。

 知识加油站

商汤革命

商汤以武力灭夏,打破了国王永定的说法。从此,中国历代王朝皆如此更迭,因而史称"商汤革命"。

商朝为什么又叫殷商或殷朝?

商朝自从成汤建国,都城建在亳,但后来因内乱和水灾等原因多次迁都。到商王盘庚时迁都到殷(在今河南安阳小屯村),以后二百多年没有再迁都。所以,商朝又叫殷商或殷朝。

第6篇
甲骨文：中国最早的成系统的文字

甲骨文的发现

清光绪二十五年（1899）秋，任国子监祭酒（相当于中央教育机构的最高长官）的王懿荣（1845—1900）因为生病，派人到中药店买回一剂中药。王懿荣无意中看到其中的一味叫龙骨的药品上面刻画着一些符号。对古代金石文字素有研究的王懿荣便端详起来，觉得这不是一般的刻痕，很像古代文字。为了找到更多的龙骨做深入研究，他派人赶到中药店，把药店所有刻有符号的龙骨全部高价买下，后来又通过古董商进行搜购，累计共收集了1500多片。王懿荣经过仔细研究，进一步断定这是商朝专门用作占卜的甲骨，上面的文字是我国最古老的文字。这一科学的鉴定震惊了中外学术界。学界公认，王懿荣是发现和收藏甲骨文的第一人。

据学者胡厚宣统计，从1899年甲骨文第一次被发现至今，共计出土甲骨154600多片，其中中国共收藏127900多片，日本、加拿大、英国、美国等国家共收藏了26700多片。这些甲骨上刻有的单字约4500个，到目前为止，已释读出的字有2000个左右。

在比甲骨文年代还早的古代陶器、青铜器上也发现有个别或少量刻画符号，但还处在文字萌芽状态。而甲骨文则是成系统的文字，所以被认为是我国最早的文字。

甲骨文的用处

甲骨文是商朝人刻在龟甲、兽骨上的文字，是目前发现的我国最早的成熟文字。龟甲就是乌龟的甲壳，刻字的部位在乌龟的腹部；兽骨一般是牛骨，也有少数刻在羊、猪、鹿以及其他动物的骨头上的，大都为肩胛骨。刻在甲骨上的文字统称甲骨刻辞或甲骨卜辞。

在商朝，王室贵族经常要举行占卜活动。占卜，就是推断未来吉凶祸福的手法。古人往往认为生活的一切都要听从上天，按鬼神的意志办事。商朝无论是打仗、年成、气候、生育、疾病、做梦等，都要占卜，看是凶还是吉。人们把龟甲或兽骨作为占卜的工具。占卜的时候，把这种加工过的龟甲或兽骨，用火炷烧灼，相应的部位会出现裂缝，这种裂缝很像"卜"字的形状。商王或掌管历史的官员就根据裂纹的长或短、倾斜的形状来判断是凶是吉，并且在这裂纹的边上刻上所要卜问的事情。这些文字就是甲骨文。

甲骨文的意义

商朝甲骨文是已发现的中国最早的文献记录，如今甲骨学已成为一门蔚为壮观的世界性学科。

由于甲骨文的出现，学者们证实了《史记》中《殷本纪》的可信性，商朝确实在历史上存在过。殷墟甲骨的大量出土，反映了商朝占卜风之盛。甲骨上的卜辞成为研究商朝历史的第一手材料。

中国散文的最早源头,可以追溯到甲骨卜辞。这些卜辞所记述的内容相当丰富,包括祭祀、农业生产、田猎、风雨、战争、疾病等许多方面,真实朴素地反映了殷商时期社会生活各方面的状况。甲骨卜辞记事比较简单,不成系统,但未经后人加工,保持了商朝记事文字的原貌。

从甲骨上的文字看,它们已具备了中国书法的用笔、结字、章法三要素。其用笔线条严整瘦劲,曲直粗细均备,笔画多方折,对后世篆刻的用笔、用刀产生了影响。从结字上看,文字有变化,虽大小不一,但比较均衡对称,显示了稳定的格局。从章法上看,虽受骨片大小和形状的影响,仍表现了镌刻的技巧和书写的艺术特色。

知识加油站

中国文字的起源

中国的文字萌芽较早。关于汉字的起源,古代文献上有"结绳""八卦""图画""书契"等说法,还有仓颉造字的传说。现代学者则普遍认为,成系统的汉字不可能由一个人创造出来。有学者提出,远古时期的陶器上发现的各种刻画符号,是中国文字的雏形。到了商朝,中国的文字达到基本成熟阶段。从有迹可循的殷商甲骨文至今,汉字的形体有三千年的历史演化过程,大约经历了以下几个阶段:甲骨文、金文、篆书、隶书、楷书。

第7篇
周武王伐纣

周朝是继殷商之后,我国历史上又一个奴隶制王朝。周也是一个古老的部族,活动在西北黄土高原上,可能是夏族的一个分支。早在唐尧时代,周的始祖后稷就担任农师,掌管农业生产。后稷的几个后代经过苦心经营,增强了国力。周武王率领天下诸侯,抓住商纣王暴虐无道、丧尽民心的时机,一举灭商,建立了周王朝。

公元前1057年,姬发登上周国的王位,手下有姜子牙(即姜太公,亦作姜尚、吕尚、太公望,被周武王尊为"师尚父")任太师,周公旦做辅相,还有召(shào)公、毕公等人辅佐,以已故父亲周文王为榜样,承继与发展文王的事业,是为周武王。

盟津之会

周武王九年(前1048),武王率大军向东进发,来到了黄河南岸的盟津(今河南省孟津县西北),举行誓师仪式,即"盟津之誓"。这次到会的诸侯和部落首领有八百人之多,所以史称"八百诸侯会盟津"。这是一次灭商的实战演习和总动员，通过这次演习，确定了周的盟主地位。同时，武王认为灭商的最佳时机并未到来，所以引兵暂退。

牧野决战

盟津之会后的两年，商朝发生了激烈的内乱。纣王杀了伯父比干，囚禁了另一个伯父箕子，另一些被牵连的贵族如微子等，则审时度势，投奔了周国。时机已经成熟，武王决定出兵伐商，同时通知在盟津与盟的诸侯一起出兵。

公元前1046年，周武王指挥周军进攻商纣王，他亲率战车三百乘，虎贲（bēn，指精锐武士）三千人，以及步兵数万人，出兵东征。周军抵达盟津后，与其他部族会合，不少方国的国君亲自赶来，联军总数达四万五千人。联军布阵未完，天就下雨了，联军冒雨继续东进。周武王庄严誓师说："俗话说，母鸡司晨，是家中的不幸。现在纣王只听信妇人之言，连祖宗的祭祀也废弃了。他不任用自己的王族兄弟，却让逃亡的奴隶担任要职，让他们去危害贵族，扰乱商国。今天，我姬发是执行上天的惩罚！战士们，努力呀！"联军将士们士气大振，行进至牧野。朝歌城内没有足够的精兵可以御敌，而且也没有可用的战车，单靠步兵，很难和冲击力强大的战车阵相抗衡，更何况联军士气正锐。纣王惊闻联军来袭，只好仓促武装大批奴隶、战俘，连同守卫国都的军队，开赴牧野迎战。联军先由姜子牙率数百精兵上前挑战，震慑商军并冲乱其阵脚，然后周武王亲率主力跟进冲杀，将对方的阵形彻底打乱。商军中的奴隶和战俘全无斗志，纷纷倒戈。

商军残余的抵抗仍然持续了一天，但已无力挽回局面。纣王见大势已去，返回朝歌，登上鹿台，自焚而死，商朝灭亡。第二天，武王在几个将帅的簇拥下，举行了盛大的"受命"仪式，表示革命成功。

分封诸侯

武王命令分封诸侯，颁赐宗庙祭器。武王怀念古代的圣王，就表彰并赐封神农氏的后代于焦国，赐封黄帝的后代于祝国，赐封尧的后代于蓟，赐封舜的后代于陈，赐封大禹的后代于杞。然后分封功臣谋士，其中姜子牙是第一个受封的。武王把姜子牙封在营丘，国号为齐；把弟弟周公旦封在曲阜，国号为鲁；封召公奭于燕；封弟弟叔鲜于管；封弟弟叔度于蔡。其他人等依次受封。

周朝为什么又称两周？

周朝分为西周（前11世纪中期—前771）与东周（前770—前256）两个时期。西周由周武王姬发创建，定都镐（hào）京（又称宗周，在今西安市长安区）。公元前770年，即周平王元年，平王东迁，定都洛邑（又称成周），此后周朝的这段时期称为东周。史书常将西周和东周合称为"两周"。

第8篇
周召共和

西周后期社会矛盾包括统治集团内部矛盾日趋激化,公元前841年,国人暴动动摇了西周统治的基础。在此以前,贵族召公苦口婆心劝谏周厉王改掉残暴作风,却被周厉王当耳旁风。在国人暴动之后,政权由周公和召公共同执掌,史称"共和行政"。

召公劝谏厉王

周厉王暴虐,百姓纷纷指责他。召公对周厉王说:"老百姓忍受不了暴政了!"周厉王听了勃然大怒,找到卫国的巫师,让卫国的巫师去监视批评国王的人,并告谕全国,有私议朝政者,杀无赦。于是,国人路上相见,以目示意,不敢交谈。周厉王颇为得意,对召公说:"我能消除指责的言论,他们再也不敢吭声了!"

召公说:"你这样做是堵住人们的嘴。阻塞老百姓的嘴,好比阻塞河水。河流如果堵塞后再决堤,伤人一定很多,人民也是这样。因此,治水者疏通河道使它畅通,治民者则要开导人民让人畅所欲言。所以,君王处理政事,应该让三公九卿以至各级官吏进献讽喻诗，乐师进献民间乐曲，史官进献有借鉴意义的史籍，少师诵读箴言，盲人吟咏诗篇，掌管营建事务的百工纷纷进谏，平民将自己的意见转达给君王，近侍之臣则尽规劝之责，然后由君王斟酌取舍，付诸实施，这样，国家的政事才得以实行而不违背道理。人们用嘴巴发表议论，政事的成败得失就能表露出来。人们以为好的就尽力实行，以为失误的就设法预防。人们心中所想的通过嘴巴表达，他们考虑成熟以后，就自然流露出来，怎么可以堵呢？如果硬是堵住老百姓的嘴，那能有多少人来辅助您呢？"

周厉王不听。在这种情况下，老百姓再也不敢公开发表言论斥责他，对这个暴君的不满却越来越强烈。

共和行政

共和行政又称周召共和。公元前841年，国人（西周时居住在都城内的平民）暴动攻入王宫，周厉王逃往彘（zhì）地，由大臣周公和召公共同主持贵族会议，暂时代替周天子行使职权，称为共和。始于公元前841年的共和行政是中国历史上的一件大事。正是从共和行政开始，中国的历史有了确切的纪年，千百年来不曾间断，是中国历史得以保证延续性的重要开端。共和行政维持了十四年。周厉王死后，大臣们立太子姬静为天子，这就是周宣王。

西周怎样灭亡？

西周（前1046—前771）是由周武王灭商后所建立，至公元前771年周幽王被申侯和犬戎所杀为止，共经历十一代、十二王，历经二百七十五年。西周后期社会矛盾包括统治集团内部矛盾日趋激化。公元前841年国人暴动，动摇了西周统治的基础。周宣王之子周幽王，宠爱褒姒，想杀太子宜臼，立褒姒之子伯服做王位继承人。宜臼的母亲是申侯的女儿。公元前771年，申侯联合犬戎攻打西周，杀死周幽王，西周就此灭亡。

第三章
春秋战国时期

第9篇
长勺之战

春秋时期,周王势力衰弱,各诸侯国之间经常发生战争。齐国与鲁国在鲁国长勺(今山东省莱芜市东北)打了一仗。鲁国打胜了,齐国被打败了。其中鲁国的曹刿(guì)是关键人物。

战前,强调取信于民的重要性

齐与鲁是春秋时期的邻国,两国所在地都在今山东省,齐在东北部,鲁在西南部。鲁庄公十年(前684)春天,齐国借口鲁国曾帮助公子纠争夺齐国君位,再次兴兵攻鲁,两军战于长勺。齐国是主动攻打鲁国,鲁国是被动迎战。

鲁庄公将要迎战。曹刿请求拜见鲁庄公。他的同乡说:"当权的人自会谋划这件事,你又何必参与呢?"曹刿说:"当权的人目光短浅,不能深谋远虑。"于是入朝去见鲁庄公。

曹刿问:"您凭借什么作战?"鲁庄公说:"衣食这一类养生的东西,我从来不敢独自专有,一定把它们分给身边的大臣。"曹刿回答说:"这种小恩小惠不能遍及百姓,老百姓是不会顺从您的。"鲁庄公说:"祭祀用的猪牛羊和玉器、丝织品等祭品，我从来不敢虚报夸大数目，一定对上天说实话。"曹刿说："小小信用，不能取得神灵的信任，神灵是不会保佑您的。"鲁庄公说："大大小小的诉讼案件，即使不能一一明察，但我一定根据实情合理裁决。"曹刿回答说："这才尽了本职一类的事，可以凭借这个条件打一仗。如果作战，请允许我跟随您一同去。"

战时，指挥鲁军战胜齐军

到了那一天，鲁庄公和曹刿同坐一辆战车，在长勺同齐军对峙。鲁庄公将要下令击鼓进军。曹刿说："现在不行。"等到齐军三次击鼓之后，曹刿说："可以击鼓进军了。"齐军大败。鲁庄公又要下令驾车马追逐齐军。曹刿说："还不行。"说完就下了战车，察看齐军车轮碾出的痕迹，又登上战车，扶着车前横木远望齐军的队形，这才说："可以追击了。"于是追击齐军。

战后，分析胜利原因

打了胜仗后，鲁庄公问曹刿取胜的原因。曹刿回答："作战，靠的是士气。第一次击鼓能够振作士兵们的士气；第二次击鼓，士兵们的士气就开始低落了；第三次击鼓，士兵们的士气就耗尽了。他们的士气已经消失，而我军的士气正旺盛，所以才战胜了他们。像齐国这样的大国，他们的情况是难以推测的，我怕他们在路上设有伏兵。后来看到他们车轮的痕迹混乱了，旗帜也倒下了，所以下令追击他们。"

齐鲁长勺之战，是鲁国抵抗齐国进攻的一次战役。虽然是一个不大的战役,却说明了战略防御的原则,是后发制人、以小敌大、以弱胜强的著名战例。从故事中能看出:战前的政治准备,即取信于民的重要;战役中,曹刿抓住了利于开始反攻的时机,即"彼竭我盈"之时;抓住了追击的时机,即"辙乱旗靡"之时。

知识加油站

春秋时期

春秋时期,简称春秋。因鲁国编年史《春秋》而得名。《春秋》编年从鲁隐公元年(前722)讫鲁哀公十四年(前481)。春秋时期的起止年代说法不一,今多认为开始于周平王元年(前770),即周平王东迁、东周开始的一年,止于周敬王四十四年(前476),总共二百九十五年,是东周前半期历史阶段。

第10篇
晋公子重耳在流亡中成长

晋国公子重耳的父亲是晋献公。晋献公娶了骊姬为妻。骊姬想要立自己的儿子奚齐为太子,便害死太子申生,又进一步迫害晋献公的另外两个儿子重耳和夷吾。重耳逃到了蒲城,晋国军队到蒲城去讨伐他。于是重耳逃到了狄国。同他一块儿出逃的人有狐偃、赵衰、颠颉、魏武子、司空季子和介子推等。

重耳在流亡途中的遭遇

重耳在狄国住了十二年,娶了女子季隗。他想到齐国去,就对季隗说:"等我二十五年,我不回来,你再改嫁。"季隗回答:"我已经二十五岁了,再过二十五年改嫁,就该进棺材了。还是让我等您吧。"

重耳经过卫国,卫文公不依礼待他。重耳走到五鹿,向乡下人讨饭吃,乡下人给了他一块泥土。重耳大怒,想用鞭子抽他。狐偃说:"这是建立国家的预兆。"重耳于是叩头表示感谢,把泥块接过来放到了车上。

重耳到了齐国,齐桓公把女儿嫁给了他,还给了他八十匹马。重耳对这种生活很满足，但随行的人认为不应这样待下去。重耳不肯走。妻子姜氏与狐偃商量，用酒把重耳灌醉，然后把他送出了齐国。

到了曹国，曹国大夫僖负羁在妻子的劝导下，给重耳送去了一盘饭，在饭中藏了一块宝玉。重耳接受了饭食，将宝玉退还了。

到了宋国，宋襄公送给了重耳二十辆马车。

到了郑国，郑文公不依礼接待重耳。大夫叔詹劝郑文公应以礼相待。郑文公没有听从叔詹的劝告。

到了楚国，楚成王设宴款待重耳，并问道："如果公子返回晋国，拿什么来报答我呢？"重耳不亢不卑地回答："如果托您的福，我能返回晋国，一旦晋国和楚国交战，双方军队在中原碰上了，我就让晋军退避九十里地。如果得不到您退兵的命令，我就只好左手拿着马鞭和弓梢，右边挂着箭袋和弓套奉陪您较量一番。"于是楚成王就派人把重耳送去了秦国。

重耳在秦国帮助下回到晋国当上国君

秦穆公把五个女子送给重耳做姬妾，秦穆公的女儿怀嬴也在其中。有一次，怀嬴捧着盛水的器具让重耳洗手，重耳洗完便挥手让怀嬴走开。怀嬴生气地说："秦国和晋国是同等的，你为什么瞧不起我？"重耳害怕了，赶紧表示谢罪。

鲁僖公二十四年（前636）春天，重耳在秦军的护送下过了黄河，进入晋国国境。接着，重耳接管了晋国军队，定都曲沃（今山西曲沃），即国君位，史称晋文公。

介子推不言禄

晋文公赏赐随从他流亡的人。介子推没有为自己争取俸禄，晋文公也没分给他俸禄。介子推的母亲说："这样的话，我和你一块隐居。"于是隐居而死。晋文公寻找不到，就用绵上（在今山西介休东南）的田作为介子推的祭田，说："以此记下我的过错，并用来表扬有德之人。"

《左传》

《左传》全称《春秋左氏传》，相传是春秋末期的鲁国史官左丘明所著。它是儒家经典之一。该书以丰富的历史材料诠释《春秋》，为研究春秋史和上古史提供了珍贵的史料。

春秋五霸

春秋五霸是指春秋时期先后称霸的五个诸侯。关于五霸有多种说法，比较常见的一种说法为：齐桓公、晋文公、秦穆公、宋襄公和楚庄王。此说见之于《史记索隐》。晋文公为春秋五霸之一，开创了晋国长达百年的霸业。

第11篇
弦高智退秦军

春秋时期,各诸侯国为了扩大自己的地盘或保住自己的国家,相互间经常发生战争。郑国地处今河南新郑一带,它的北面是比它强大的晋国,西面是秦国。晋文公重耳还是公子时经过郑国没得到有礼貌的接待,又因为晋国与楚国争霸时,郑国站在楚国一边,所以晋国为报复郑国,企图联合秦国攻打郑国。后来,郑国的外交官烛之武用分化的方式,拆散了晋国与秦国的同盟关系,保住了郑国。但事后,秦国仍在郑国留下三个将军。等到晋文公一死,秦国又启动了单独讨伐郑国的行动。

秦穆公伐郑,遭大臣反对

公元前628年,晋文公病死,他的儿子晋襄公即位。有人再一次劝说秦穆公讨伐郑国。他们说:"晋国国君重耳刚死去,还没举行丧礼。趁这个机会攻打郑国,晋国决不会插手。"

留在郑国的将军也送信给秦穆公说:"郑国北门的防守掌握在我们手里,要是秘密派兵偷袭,保管成功。"

秦穆公召集大臣们商量怎样攻打郑国。老臣蹇（jiǎn）叔和百里奚都反对。蹇叔说："调动大军想偷袭这么远的国家，我们赶得筋疲力尽，对方早就有了准备，怎么能够取胜？而且行军路线这么长，还能瞒得了谁？"

秦穆公不听，派百里奚的儿子孟明视为大将，蹇叔的两个儿子西乞术和白乙丙为副将，率领三百辆兵车，偷偷地去攻打郑国。

郑国商人犒劳秦军

第二年二月，秦国的大队兵马越过周都洛阳北门，从西面向东进入滑国境内（在今河南省偃师县）。当时，洛阳牛价高，郑国的牛贩子多把牛赶往洛阳去卖。那天，郑国牛贩子弦高赶着牛，从东面的郑国方向过来，正要到西面洛阳去。弦高刚到滑国，碰到洛阳方向来的熟人，得知秦军准备里应外合偷袭郑国。军情十万火急，弦高匆匆告别熟人，马上派人赶回郑国报告秦军偷袭的消息。同时，他自己冒充郑国使臣，打起犒劳秦军的旗号，选了四张上等牛皮、十二头肥牛，作为劳军礼品，前去面见秦军主将。

秦军正在行进路上，忽然有人拦住去路，说是郑国派来的使臣，求见秦国主将。孟明视大吃一惊，亲自接见那个自称使臣的人，并问他前来干什么。那"使臣"先送秦军四张上等牛皮做见面礼，再送十二头牛犒劳军队，说："我是郑国国君派来的使者弦高。我们的国君听说将军准备行军经过郑国，特地派我送上一份微薄的礼物，慰劳贵军将士。本国资财贫乏，为了您的随从在这里停留，住下就预备一天的供应，离开就准备一夜的保卫。"

孟明视想,本来打算在郑国毫无防备的情况下袭击,现在郑国使臣竟来犒劳军队,偷袭是不可能了。他故作镇定,收下了弦高送来的礼物,对弦高说:"我们并不是到贵国去,感谢郑国国君送来的礼物。你们何必这么费心。你就回去吧。"

弦高走了以后,孟明视对他手下的将军说:"郑国有了准备,偷袭没有成功的希望。我们还是回国吧。"说罢,就顺便灭掉滑国,回国了。

郑国向秦国三将军下逐客令

郑国的国君接到弦高的信,急忙叫人到北门去观察秦军的动静。果然发现秦军把刀枪磨擦得雪亮,马匹喂得饱饱的,正在做打仗的准备。他就不客气地向秦国的三个将军下了逐客令,说:"各位在郑国住得太久,我们实在供应不起。听说你们就要离开,就请便吧。"三个将军知道已经泄露了机密,无法再待下去了,只好连夜把人马带走。

使者辞令

类似现在的外交辞令。春秋战国时期的使者是各诸侯国的外交人员。辞令,即为社交、外交场合中得体的应对言辞。弦高与秦军主将的对话就是很得体的使者辞令。

第12篇
伍子胥过昭关，一夜头白

司马迁对春秋末期的军事家伍子胥的评价颇高，认为他是意志坚强、抱负宏伟的大丈夫。伍子胥的故事要从他的父亲伍奢和哥哥伍尚遭楚平王冤枉杀害说起。

伍子胥父兄被冤杀

公元前522年，楚平王要把原来的太子建废掉。这时候，太子建和他的老师伍奢正在城父（在今河南省襄城县西）镇守。楚平王怕伍奢不同意，先把伍奢叫来，诬说太子建正在谋反。伍奢说什么也不承认，立刻被关进监狱。

楚平王一面派人去杀太子建，一面又逼伍奢写信给他的两个儿子伍尚和伍子胥，叫他们回来，以便一起除掉。大儿子伍尚听从楚使者的召唤，回到郢（yǐng）都（今湖北省江陵县西北）。结果，楚平王听到伍尚已到郢都，就把他和伍奢一起杀害了。

伍子胥过昭关

伍子胥不听楚使者召唤他回楚都的要求。楚使者要来抓捕伍子胥。伍子胥拉开弓、架上箭对着使者，使者不敢前进，伍子胥就逃跑了。他决定逃离楚国，最终去投奔吴国（都城在今江苏苏州）。楚平王早就下令悬赏捉拿伍子胥，叫人画了伍子胥的像，挂在楚国各地的城门口，命令各地官吏严查。

伍子胥出逃后，白天躲藏，晚上赶路，来到吴、楚两国交界属于楚国的昭关（今安徽省含山县北）。守关的官吏盘查得很紧，伍子胥独自步行逃跑，几乎逃不脱了。幸亏他遇到了好心人东皋公。东皋公住在山中，他根据悬赏令上的画像认出了伍子胥，很同情伍子胥的冤屈与遭遇，决定帮助他。

东皋公把伍子胥带进自己的居所，好心招待，一连七日，却不谈过关之事。伍子胥实在熬不住，急切地对东皋公说："我有大仇要报，度日如年，这几天耽搁在此，就好像死了一样，先生还有什么办法呢？"东皋公说："我已经为你筹划了可行的计策，只是要等一个人来才行。"伍子胥犹豫不决，夜不安席——他想告别东皋公而去，又担心过不了关，反而惹祸；若是不走，不知还要等多久。如此翻来覆去，其身心如在芒刺之中，卧而复起，绕屋而转，不觉挨到天亮。东皋公一见他，大惊道："你怎么一夜之间头发全白了？"伍子胥一照镜子，果然白了头，不由得暗暗叫苦。东皋公反而大笑道："我的计策成了！几日前，我已派人请我的朋友皇甫讷来，他跟你长得像，我想让他与你换位，以蒙混过关。你今天头发白了，不用化装，别人也认不出你来，就更容易过关了。"

当天，皇甫讷如期到达。东皋公把皇甫讷扮成伍子胥的模样，而把伍子胥装扮成仆人，两人一路前往昭关。守关的官吏远远看见皇甫讷，以为是伍子胥来了，传令所有的官兵全力缉拿他。伍子胥趁乱过了昭关。待官兵最后捉拿到皇甫讷时，才发现抓错了。官兵都认识皇甫讷，东皋公又与守关长官要好，于是，此事安然过去。

伍子胥助吴王打败楚国

伍子胥到了吴国，吴国的公子光正想夺取王位。在伍子胥的帮助下，公子光杀了吴王僚，自立为王。这就是吴王阖闾（hé lǘ）。吴王阖闾即位之后，封伍子胥为大夫，帮助自己处理国家大事；又用了善于用兵的大军事家孙武。吴王依靠伍子胥和孙武这两个人，整顿兵马，先兼并了邻近的几个小国。公元前506年，吴王阖闾拜孙武为大将，伍子胥为副将，亲自率领大军，向楚国进攻，连战连胜，把楚国的军队打得一败涂地，一直打到郢都。

那时，楚平王已经死去，他的儿子楚昭王也逃走了。伍子胥恨透了楚平王，刨了他的坟，还把楚平王的尸首挖出来狠狠鞭打了三百下。

"一夜头白"是真的吗？

伍子胥一夜头白的故事带有夸张的成分，主要是为了凸显伍子胥受到的冤屈程度之深。不过，从医学角度来说，人的心理在极度焦虑和烦躁的情况下，确实会影响到人的生理反应，头发会在短时间内变白。

第13篇
老子与《道德经》

老子（前571—?），姓李，名耳，又名老聃（dān）。"老"是尊称，春秋时称学识渊博者为"子"，以示尊敬，因此，人们皆称老聃为"老子"。春秋末期楚国苦县（今河南省鹿邑县）人。他是中国古代哲学史上最重要的人物之一，春秋时期的思想家、哲学家，道家学派的创始人，在政治上主张无为而治。

老子一生经历坎坷，很有传奇色彩。他曾做过周守藏室史，也就是周朝国家图书馆的官吏。

孔子向老子请教礼

有学者认为，老子比孔子大二十岁。孔子从年轻时起，到年过五十，曾经多次向老子请教。其中一次，孔子曾经从鲁国专程跑到周朝王城成周向老子请教关于礼的学问。礼，指当时统治阶级的等级制度，以及相应的一整套礼仪。跟孔子一起去向老子问礼的有孔子的学生南宫敬叔，即南宫适。

有一天，鲁国人南宫敬叔对鲁国国君昭公说："请让我与孔子一起到成周去。"鲁昭公就给了他一辆车子、两匹马、一名童仆，随孔子出发，到成周去学礼。据说南宫敬叔陪同孔子见到了老子。告辞时，老子说："我听说富贵的人是用财物送人，品德高尚的人是用言辞送人。我不是富贵的人，只能窃用品德高尚的人的名号，用言辞为你们送行。"老子送给孔子和南宫敬叔的话是："聪明深察的人常常受到死亡的威胁，那是因为他喜欢议论别人的缘故；博学善辩、识见广大的人常遭困厄危及自身，那是因为他好揭发别人罪恶的缘故。做子女的要忘掉自己而心想父母，做臣下的要忘掉自己而心存君主。希望你一定要记住。"孔子顿首道："弟子一定谨记在心！"孔子回去对学生说到他对老子的印象："我见到了老子，他如同一条龙。"孔子的意思是指老子关于道的学问高深奇妙，如龙之变化不可测。

老子出关写《道德经》

老子看到周王朝越来越衰弱，衰败得不像样子了，便决定出走。老子要到秦国去，到西域去，就得经过函谷关，这是古代西去长安、东达洛阳的咽喉要道。

守关的长官尹喜，也称关令尹喜，是一个修养与学识都很高深的人。这一天，他正站在城关上瞭望着，只见关谷中有一团紫气从东方冉冉飘移过来。他一看到这种气象，心里一顿：这是有圣人来了！只有圣人来才会有这样的云气，今天一定有圣人要经过我的城关了，不知是哪一位。不一会儿，就见到一个气度非凡、仙风道骨的人，骑着一头青牛慢慢地向关口行来。竟然是老子！成语"紫气东来"就来自这个典故，比喻吉祥的征兆。

关令尹喜知道他要远走高飞，就一定要让这位当时最著名的思想家留下他的智慧来，于是缠着他，要他写一点文章，作为放他出关的条件。

老子沉思默想，将他的智慧一个字一个字地写在了简牍上，据说写了几天。写完了一数，共有五千来字，取名为《道德经》，于是一部"五千言"的伟大著作诞生了。据说，关令尹喜读到这样美妙的著作，深深地陶醉了。他对老子说："读了您的著作啊，我再也不想当这个边境官了，我要跟您一起出走。"据说，关令尹喜真的跟着老子出走了，由长官转变为隐士，不知所终。

后人评价老子，认为他主张清静无为却能独善其身，修身正己。

老子"道"的基本含义

"道"的本义是指路，引申为途径、方法，表示某种主张或学说等；春秋后期引申为法则、天道、人道。老子首次用"道"作为专指，是在《道德经》的第二十五章：吾不知其名，字之曰道，强为之名曰大……人法地，地法天，天法道，道法自然。"

第14篇
孔子：中国人最崇敬的古代老师

孔子（前551—前479），名丘，字仲尼，春秋时鲁国陬（zōu）邑（今山东曲阜）人，中国古代思想家、教育家、儒家学派创始人。他对中国思想文化的发展有着极其深远的影响，也是世界上知名度最高的中国人之一。

创办私学

西周教育制度的特点是"学在官府"，只有贵族子弟有权受教育，也只有贵族子弟才有当官的资格。到了孔子生活的春秋时期，社会的政治经济和文化教育都在下移，为私人办学提供了机会。孔子正是抓住了这一机会，开始了其创办私学的职业生涯，希望通过兴办教育来培养"贤才"和官吏，以实现其政治理想。

在教育对象上，孔子明确提出了"有教无类"的主张。"有教无类"的意思是教育对象不分贵族与平民。孔子的弟子有来自贵族阶层的，如南宫敬叔、司马牛、孟懿子；也有很多是来自平民家庭的，如颜回、曾参、闵子骞、仲弓、子路、子张、子夏、公冶长、子贡等。孔子开创私人办学的风气，相传他有三千弟子，其中贤弟子七十二人。

周游列国

孔子五十五岁时，因在鲁国难以实现自己的政治抱负，于是带着自己的部分学生开始周游列国。他向所到之国宣传自己的主张，希望君主能施以仁政礼教。他游历十多个诸侯国，历时十多年，其间经历的辛苦曲折一言难尽。

有一次，孔子到了宋国，与学生们在大树下练习礼仪，险遭杀害。又有一次，孔子到了郑国，与学生们失散了，一人独立东门。郑国有人告诉孔子的学生子贡："东门有一个人，没精打采的样子，像一只丧家狗。"子贡如实告诉孔子，孔子说："说我像丧家狗，是这样的，是这样的。"孔子和学生，被困陈国与蔡国的边境，断粮数天，许多弟子因困饿而病，后被楚国人相救。

孔子在困顿中坚持教学，向列国宣教。但春秋时期，各国都想拥有更多的土地，只对战争感兴趣，所以不可能听取他的政治主张，也不会重用他。

晚年修订"六经"

孔子晚年喜欢读《易经》，据说因经常翻阅，穿连竹简的牛皮绳子断了三次。这就是成语"韦编三绝"的来历。

孔子晚年修订了"六经"——《诗》《书》《礼》《乐》《易》《春秋》，对保存先秦文化做出了伟大贡献。

可以说，孔子前期教了很多学生，是对社会的大贡献；晚年修订"六经"，功在千秋。

《论语》

孔子去世后,其弟子和再传弟子把孔子及其弟子的言行和思想记录下来,整理编成了儒家经典《论语》。北宋政治家赵普曾有"半部《论语》治天下"之说。它从一个侧面反映出此书在中国古代社会所发挥的作用与影响之大。

第15篇
越王勾践卧薪尝胆

春秋末年,越国与吴国争霸。吴、越两国为邻国,当时的国力在中原的影响下迅速发展,都想扩大领土,掠夺财富。吴王阖闾重用伍子胥等人治理国家,打败了楚国,转而与越国争雄。而越国想往北面发展,被吴国挡住。因而两国互相较劲,战争不可避免,胜负取决于双方各自的意志、策略与国力。吴越之间大的决斗,大致有三个回合。

第一回合:槜李之战,越胜吴败

公元前496年五月,越王允常去世。吴王阖闾积多年的怨愤,趁越国办丧事,起兵伐越。越王允常的儿子勾践即位,率兵抵御,双方在槜李(今浙江嘉兴西)摆开战场。越王勾践派遣死罪刑徒向吴军挑战,他们排成三行,冲入吴军阵地,大呼着自刎身亡。吴兵看得目瞪口呆,越军趁机袭击了吴军。阖闾身受重伤,在败退途中,临终命其子夫差一定不要忘记越国的仇恨。槜李之战,以吴败越胜告终。

第二回合：夫椒之战，吴胜越败

公元前494年，吴王夫差率军在夫椒（今江苏太湖洞庭山）大败越军。这年，越王勾践听说吴王夫差为报父仇，正加紧训练军队，准备攻越，不听大夫范蠡（lí）的劝阻，决定先出兵攻吴。吴王发精兵击越，两军战于夫椒。越军战败，损失惨重，仅剩五千余人，退守会稽山（今浙江绍兴南）。吴军乘胜追击，占领会稽城，包围会稽山。越王无奈，采纳大夫范蠡、文种建议，派文种以美女、财宝贿赂吴太宰伯嚭（pǐ），请其劝吴王夫差准许越国附属于吴国。夫差急于北上与齐争霸，乃听信伯嚭谗言，不采纳伍子胥的意见，与越讲和，并率军回国。

第三回合：卧薪尝胆，越胜吴灭

被吴王赦免后，勾践回国，深思熟虑，苦心经营，把苦胆挂到座位上，坐卧即能仰头尝尝苦胆，饮食也尝尝苦胆，还时时提醒自己："你忘记会稽的耻辱了吗？"他亲身耕作，夫人亲手织布，吃饭不吃肉，也从不穿两层华丽的衣服，对贤人彬彬有礼，能委曲求全，招待宾客热情诚恳，能救济穷人，悼慰死者，与百姓共同劳作。越王在范蠡等众贤臣的辅佐下，定好灭吴的策略，等待时机。而吴王更加骄狂，几次拒绝伍子胥的谏言，听信已被越国收买的太宰伯嚭的谗言，令忠臣伍子胥自杀。

公元前482年，勾践在范蠡的辅佐下，乘吴王率领精兵北上黄池（今河南省封丘县西南）与中原诸侯会盟，内部空虚的时机，攻打吴国，杀死吴太子。又过了几年，越军大破吴国,打到吴国的姑苏(今江苏省苏州市)。吴王终于被越王彻底打败,亡国自杀。勾践平定吴国,并成为霸主。

卧薪尝胆

这个成语形容一个人忍辱负重,发愤图强,终能够苦尽甘来。《史记·越王勾践世家》原文写了勾践"尝胆",但还没有写到"卧薪"(躺在柴草上)。后来,北宋的苏轼在《拟孙权答曹操书》中将这一典故写成了"卧薪尝胆"。

第16篇
纵横家的故事

战国时期,齐、楚、燕、韩、赵、魏、秦七雄并立。战国中期,齐、秦两国最为强大,东面的齐国与西方的秦国对峙,互相争取盟国,以图击败对方。其他五国也不甘示弱,与齐、秦两国时而对抗,时而联合。大国间冲突加剧,外交活动也更为频繁,出现了合纵和连横的斗争。

合纵与连横

战国后期,秦国力量越来越强,东方六国都不能单独抗秦。洛阳人苏秦先后游说六国,联合抗秦,称为"合纵"。秦国用魏国人张仪,劝说各国帮助秦国进攻其他的弱国,叫作"连横"。主张合纵或连横的策士(为各国出谋划策的人)即纵横家。当时最著名的纵横家代表人物是苏秦与张仪。他们都是以权变之术和雄辩家的姿态,雄心勃勃,一往无前,为追求事业而将生死置之度外的人物。

苏秦苦读，曾佩六国相印

合纵派的领军人物苏秦一开始是对秦惠王倡导连横战略的。苏秦游说秦王的奏章，虽然一连上了十多次，但他的建议始终没被秦王采纳。他的黑貂皮袄破了，带的金币也用完了，最后甚至连房旅费都付不起了，不得已只好离开秦国回到洛阳。他腿上打着裹腿，脚上穿着草鞋，背着一些破书，挑着自己的行囊，形容枯槁、神情憔悴，面孔又黄又黑，很显失意。他回到家里以后，正在织布的妻子不理他，嫂子也不肯给他做饭，甚至父母也不跟他说话。于是，苏秦闭门不出钻研古代兵书，发愤攻读。当他读书读到疲倦而要打瞌睡时，就用锥子刺自己的大腿，鲜血一直流到脚上。过了一年，他的研究和演练终于成功了。

于是，苏秦就步入赵国，游说赵王。他对赵王滔滔不绝地说出合纵的战略和策略，赵王听了大喜过望，立刻封他为武安君，并授予相印，让苏秦到各国去约定合纵，拆散连横，以此压制强秦。苏秦佩六国相印，名震天下。

张仪受辱，拆散齐楚联盟

张仪在游说诸侯的过程中曾经受过人身侮辱。他曾陪着楚相喝酒，席间，楚相丢失了一块玉璧，门客们怀疑张仪，说："张仪贫穷，品行卑劣，一定是他偷去了宰相的玉璧。"于是，张仪被拘捕起来，拷打了几百下。张仪始终没有承认，只好释放了他。他的妻子又悲又恨地说："唉！你要是不读书游说，又怎么能受到这样的屈辱呢？"张仪对他的妻子说："你看看我的舌头还在不在？"他的妻子笑着说："舌头还在呀。"张仪说："这就够了。"

齐国与楚国结盟，对秦构成了一种威胁。秦派张仪入楚游说，离间齐、楚。张仪成功运用连横的外交策略，用离间、收买、假许诺等手段，替秦国拆散齐国与楚国的联盟。张仪到楚国先是收买了贵族靳尚等，然后向楚怀王表态，愿意献出商、於之间的六百里土地，条件是楚与齐断交。楚怀王不听屈原等人的劝告，真的与齐断交。当楚人向秦讨取土地时，秦国却不给。楚怀王大怒，发兵攻秦，结果楚军大败。从此，秦国国力更加强盛。张仪也因此被秦王封为武信君。

三家分晋

春秋晚期，晋国由赵、魏、韩、知、范、中行六卿专权。经过几番斗争，晋国最后被赵、韩、魏三家瓜分。周威烈王二十三年（前403），周天子正式承认三家为诸侯。"三家分晋"常被视为春秋、战国的分水岭。

战国七雄

战国（前475—前221）是中国历史上继春秋时期之后的大变革时期。"战国"之名，源自西汉刘向编定的《战国策》。经过春秋时期的旷日持久的争霸战争，"战国七雄"格局正式形成，这七国分别是：齐、楚、燕、韩、赵、魏、秦。诸侯国互相攻伐，战争不断。

第17篇
燕昭王求贤,"千金买马骨"

战国时期,各国兼并激烈,都重视人才,求贤若渴,借助人才发展自己,增强国家竞争力。各国之争成了一场吸引人才的竞争。

燕国求贤的背景

燕国原是周朝分封的一个姬姓诸侯国,到战国时期成为七雄之一。燕国的疆域范围大致为今天的北京、天津、辽宁的全部,河北、吉林、山西、内蒙古的一部分。由于燕国在较长时间内与中原各地来往甚少,所以文化较中原各国落后。燕国在战国七雄中的国势相对较弱。燕国与齐国、中山国、赵国为邻,相互之间经常发生战争,到战国中期愈演愈烈。

公元前320年,燕国发生内乱,齐国、中山国乘燕国动乱的危局,攻破燕国国都燕都(在今北京西南,保定市易县),杀死燕王哙(kuài)。后齐国迫于周边国家的不满而撤军。燕王哙的一个儿子公子职,曾经在韩国做人质。燕国内乱平定后,由于原先的太子平被杀,于是公子职由赵武灵王派重兵护送回国即位,史称燕昭王。燕昭王收拾了残破的燕国以后登上王位，想要依靠招募贤才来报齐国破燕杀父之仇。

千金买马骨

燕昭王立志使燕国强大起来，下决心物色治国的人才，可是没找到合适的人。有人提醒他，老臣郭隗挺有见识，不如去找他商量一下。有一天，燕昭王亲自登门拜访。对郭隗说："齐国乘人之危，攻破我们燕国，我深知燕国势单力薄，无力报复。然而如果能得到贤士与我共商国是，以雪先王之耻，这是我的愿望。请问先生，要报国家的大仇应该怎么办？"

郭隗沉思了一下说："要推荐现成的人才，我也说不上，请允许我先说个故事吧。"接着，他就说了个故事：

古时候，有个国君，最爱千里马。他派人到处寻找，找了三年都没找到。有个侍臣打听到远处某个地方有一匹名贵的千里马，就跟国君说，只要给他一千两金子，准能把千里马买回来。那个国君挺高兴，就派侍臣带了一千两金子去买。没料到侍臣到了那里，千里马已经害病死了。侍臣想，空着双手回去不好交代，就把带去的金子拿出一半，把马骨买了回来。

侍臣把马骨献给国君，国君大发雷霆，说："我要你买的是活马，谁叫你花了钱把没用的马骨买回来？"侍臣不慌不忙地说："人家听说你肯花钱买死马，还怕没有人把活马送上门来？"

国君将信将疑，也不再责备侍臣。这个消息一传开，大家都认为那位国君真爱惜千里马。不出一年，果然从四面八方送来了好几匹千里马。

郭隗说完这个故事,说:"大王一定要征求贤才,就不妨把我当马骨来试一试吧。"

燕国求贤的成效

燕昭王听了大受启发,回去以后,马上派人造了一座很精致的房子给郭隗住,还拜郭隗做老师。各国有才干的人听说燕昭王这样真心实意招请人才,纷纷赶到燕国来求见。其中最出名的是魏国的军事家乐毅、齐国的阴阳家邹衍,还有赵国的游说家剧辛,等等。落后的燕国一下子便人才济济了。在众贤才的帮助下,燕国果然一天天强大起来。接着,燕昭王又兴兵报仇,将齐国打得只剩下两个小城。

知识加油站

黄金台

黄金台亦称"招贤台",原是战国时期燕昭王所筑,是专为敬重郭隗所盖的宫殿,作为样板,以此吸引人才。当时只说筑台而无"黄金"二字,后世的诗人可能为夸大燕昭王招徕人才的手段,抬高此建筑的名气与地位,逐渐把它说成是黄金台了。

第18篇
屈原：战国时期杰出的爱国诗人

屈原（约前340—前278），名平，是战国时期楚国杰出的爱国诗人。他的生平事迹有司马迁的《史记·屈原贾生列传》记载，他自己的作品《离骚》《天问》等也流传至今。

受小人谗毁，写《离骚》抒怨

屈原曾担任战国时期楚怀王的左徒、三闾大夫（楚国的高官）等职。他见闻广博，记忆力很强，通晓治理国家的道理，熟悉外交应对辞令。对内与楚怀王谋划商议国事，发号施令；对外接待宾客，应对诸侯。一开始，楚怀王很信任他。但后来屈原遭同朝的上官大夫的嫉妒，在楚怀王面前被谗毁，楚怀王很生气，就疏远了屈原。

屈原痛心楚怀王被小人之言所迷惑，邪恶的小人妨碍国家，正直的君子则不为朝廷所容，所以忧愁苦闷，写下了《离骚》。"离骚"，就是遭到忧愁的意思。屈原行为正直，竭尽自己的忠诚和智慧来辅助君主，谗邪的小人却来离间他和君主。保持诚信，却被怀疑，为人忠实，却被诽谤，能够没有怨恨吗？司马迁认为，屈原之所以写《离骚》，大概是因怨愤引起的。他推崇屈原志趣高洁，行为廉正，认为屈原的志向可以和日月争辉。

遭流放，仍然心系楚国

秦国为了拆散齐国和楚国的联盟，就派张仪来离间楚国，把厚礼和信物呈献给楚怀王，说："如果楚国确实能和齐国绝交，秦国愿意献上商、於之间的六百里土地。"楚怀王起了贪心，信任了张仪，就和齐国绝交，然后派使者到秦国接受土地。张仪抵赖说："我和楚王约定的只是六里，没有听说过六百里。"楚国使者愤怒地离开秦国，回去报告楚怀王。楚怀王发怒，大规模出动军队去讨伐秦国，却被秦国打败。后来张仪第二次到了楚国，他又用丰厚的礼品贿赂当权的大臣靳尚和楚怀王的宠姬郑袖，替秦国进行活动。秦昭王要求和楚怀王会面，楚怀王想去，屈原极力劝阻，说："秦国是虎狼一样的国家，不可信任，不如不去。"楚怀王不听，最后被扣留，死在秦国。

楚怀王的长子楚顷襄王即位，屈原的处境更差了。屈原关心君王，想振兴国家，改变楚国的形势，在其作品中，再三表现出这种想法。然而，朝廷中的令尹（宰相）子兰、上官大夫相互勾结，在楚顷襄王面前说屈原的坏话。楚顷襄王一发怒，就放逐了屈原。但屈原仍然眷恋着楚国，念念不忘返回朝廷。

屈原投江,百姓怀念

屈原到了江滨,披散头发,在水泽边一面走,一面吟咏着诗歌,脸色憔悴,形体面貌像枯死的树木一样毫无生气。渔夫看见他,便问道:"您不是三闾大夫吗?为什么来到这儿?"屈原说:"整个世界都是混浊的,只有我一人清白;众人都沉醉,只有我一人清醒。因此被放逐。"于是他写了《怀沙》,抱着一块大石头,自投汨罗江而死。

屈原死后,百姓很怀念他。在他投江的五月初五这一天,江上的渔夫和岸上的百姓都纷纷划船来到江上,奋力打捞屈原的尸体,还拿出家中的粽子投入江中,希望鱼吃了就不会去咬屈原的尸身。从此,每年农历五月初五,楚国人民都到江上划龙舟、投粽子,以此来怀念屈原。后来这种风俗演变成我国民间的端午节。

知识加油站

《楚辞》

我国第一部浪漫主义诗歌总集。西汉末年刘向搜集屈原、宋玉以及部分汉朝人的作品,辑录成集。以其运用楚地的文学样式、方言声韵和风土物产等,具有浓厚的地方色彩,故名《楚辞》。其中,《离骚》《天问》《九歌》是屈原的代表作。后世称这种文体为"楚辞体";又因《离骚》一篇最为著名,而称为"骚体"。

第19篇
毛遂自荐

战国养士的风气

战国以后,"士"逐渐成为统治阶级中知识分子的通称。战国时的士,有著书立说的学士,有为知己者死的勇士,有懂阴阳历法的方士,有为人出谋划策的策士等。

养士之风起于春秋,至战国发展到登峰造极。所养之士又称门客、宾客、门人、食客等。平原君赵胜,是赵国的一位公子。在诸多公子中,赵胜最为贤德有才,担任过赵惠文王和孝成王的宰相。他好客养士,宾客投奔到他的门下大约有几千人,毛遂就是其中的一个。

毛遂自荐

秦国围攻邯郸时,赵王曾派平原君去求援,当时拟推楚国为盟主,订立合纵盟约联兵抗秦,平原君约定跟门下有勇有谋、文武兼备的食客二十人一同前往楚国。平原君说:"假使能通过客气的谈判取得成功,那就最好了。如果谈判不能取得成功,那么也要挟制楚王在大庭广众之下把盟约确定下来，一定要确定了合纵盟约才回国。同去的文武之士不必到外面去寻找，从我门下的食客中选取就足够了。"结果选得十九人，剩下的人没有可再挑选的了，竟没办法凑足二十人。

这时，平原君门下食客中有个叫毛遂的人，径自走到前面来，向平原君自我推荐。平原君问道："先生寄附在我的门下有几年了？"毛遂回答道："到现在整整三年了。"平原君说："有才能的贤士生活在世上，就如同锥子放在口袋里，它的锥尖立即就会显露出来。如今先生寄附在我的门下到现在已三年了，我的左右近臣们从没有称赞和推荐过你，我也从来没听说过你，这是先生没有什么专长啊。先生不能去，先生留下来吧。"毛遂说："我就算是今天请求被放在口袋里吧。假使我早就被放在口袋里，整个锥子都会露出来，不只是露出一点锥尖就罢了的。"平原君终于同意让毛遂一同去。那十九个人互相使眼色示意，暗暗嘲笑毛遂，只是没有发出声音来。

毛遂逼楚王订盟约

平原君与楚王谈判订立合纵盟约的事，再三陈述利害关系，从早晨谈到中午还没决定下来，那十九个人就鼓动毛遂说："先生登堂。"

于是，毛遂紧握剑柄，一路小跑地登阶到了殿堂上，问平原君："谈合纵不是'利'就是'害'，只两句话罢了。现在从早晨就开始谈合纵，到了中午还决定不下来，是什么缘故？"楚王见毛遂登上堂来，就对平原君说："这个人是干什么的？"平原君回答："这是我的随从家臣。"楚王厉声呵斥道："怎么还不给我下去！我是在跟你的主人谈判,你来干什么!"

毛遂紧握剑柄走向前去说:"大王敢呵斥我,不过是依仗楚国人多势众。现在我与你相距只有十步,十步之内大王是依仗不了楚国的人多势众的,大王的性命控制在我手中。我的主人就在面前,当着他的面,你为什么这样呵斥我?"听了毛遂这番述说,楚王立即改变了态度,说:"是,是,的确像先生所说的那样,我一定竭尽全国的力量履行合纵盟约。"毛遂进一步逼问道:"合纵盟约算是确定了吗?"楚王回答说:"确定了。"于是毛遂用带着命令式的口吻对楚王的左右近臣说:"把鸡、狗、马的血取来。"毛遂双手捧着铜盘跪下,把它进献到楚王面前,说:"大王应先吮血以表示订立合纵盟约的诚意,下一个是我的主人,再下一个是我。"就这样,双方在楚国的殿堂上订立了合纵盟约。

平原君回到赵国后,把毛遂尊为上等宾客。

战国四公子

战国时期,以养士著称的贵族有齐国的孟尝君田文、魏国的信陵君魏无忌、赵国的平原君赵胜和楚国的春申君黄歇。他们四人都礼贤下士,广招宾客,竭力网罗人才,以对付他国的入侵,挽救本国的衰亡,后人将他们合称为"战国四公子"。

第20篇
廉颇与蔺相如的故事

廉颇与蔺相如的故事,又称为"将相和"。廉颇是赵国优秀的老将。蔺相如原来只是赵国的宦官首领缪贤家的门客,后来因出使秦国,立了大功,担任了赵国的相,官位在廉颇之上,两人因此产生矛盾。但最后两人都以国家利益为重,互相和好,"将相和"成为历史上的佳话。

完璧归赵

赵惠文王在位的时候,得到了楚国的国宝和氏璧。秦昭王听说了这件事,就派人给赵王送来一封书信,表示愿意用十五座城池交换和氏璧。赵王同大将军廉颇以及诸大臣商量:如果把宝璧给了秦国,秦国的城邑恐怕不可能得到,白白地受到欺骗;如果不给他,又恐怕秦国来攻打。大家尚未找到合适的解决办法,要寻找一个能到秦国去回复的使者,也未能找到。宦官令缪贤说:"我的门客蔺相如可以出使。"于是赵王立即召见,问蔺相如:"秦王用十五座城池请求交换我的和氏璧,能不能给他?"蔺相如说:"秦国强,赵国弱,不能不答应他。"赵王说:"得了我的宝璧,不给我城邑,怎办?"蔺相如说:"秦国请求用城换璧,赵国如不答应,赵国理亏;赵国给了璧而秦国不给赵国城邑,秦国理亏。衡量一下两种对策,宁可答应他,使秦国来承担理亏的责任。"赵王说:"谁可以前往?"蔺相如说:"大王如果无人可派,臣愿捧护宝璧前往出使。城邑归属赵国了,就把宝璧留给秦国;城邑不能归赵国,我一定把和氏璧完好地带回赵国。"赵王于是就派遣蔺相如带着和氏璧,西行入秦。

秦王坐在章台宫接见蔺相如,蔺相如捧璧呈献给秦王。秦王非常高兴,把宝璧传着给妻妾和左右侍从看。蔺相如看出秦王没有用城邑抵偿赵国的意思,便走上前去说:"璧上有个小斑点,让我指给大王看。"

秦王把璧交给他,蔺相如于是手持璧玉退后几步靠在柱子上,怒发冲冠,对秦王说:"我来到贵国,大王却在一般的台观上接见我,礼节十分傲慢;得到宝璧后,传给姬妾、侍从们观看,这样来戏弄我。我观察大王没有给赵王十五座城邑的诚意,所以我又取回宝璧。如果大王一定要逼我,我的头今天就同宝璧一起在柱子上撞碎!"蔺相如手持宝璧,斜视庭柱,就要向庭柱上撞去。秦王怕他把宝璧撞碎,便向他道歉,请求他不要这样,并召来有关官员查看地图,指明从某地到某地的十五座城邑都给赵国。蔺相如估计秦王只不过用欺诈手段假装给赵国城邑,实际上赵国根本不可能得到,便要求秦王斋戒五天后,在朝堂上安排最隆重的礼节,到时再献上和氏璧。秦王无法强夺,只得答应。蔺相如估计秦王必定违背信约,就派他的随从穿上粗麻布衣服,怀中藏好宝璧,从小路逃出,把宝璧送回赵国。

最终,秦王还是在殿堂上隆重地接见了蔺相如,大礼完后让他回了国。蔺相如回国后,赵王封他为上大夫。

负荆请罪

后来,蔺相如回到赵国,由于功劳大,被封为上卿,官位在廉颇之上。廉颇不服气,扬言说:"我遇见蔺相如,一定要羞辱他一番。"蔺相如听到这话后,不愿意和廉颇相会。每到上朝时,蔺相如常常声称有病,不愿和廉颇去争位次的先后。

蔺相如的门客对廉颇的行为很不满。蔺相如向门客解释说:"我想到,强大的秦国之所以不敢对赵国用兵,就是因为有我们两人在呀。如今我们俩相斗,就如同两只猛虎争斗一般,势必不能同时生存。我之所以这样忍让,就是将国家的危难放在前面,而将个人的私怨搁在后面罢了!"

廉颇听说了这些话,就脱去上衣,露出上身,背着荆条,由宾客引领,来到蔺相如的门前请罪。他说:"我这个粗鄙之人,想不到您的胸怀如此宽大啊!"二人终于和好,成了生死与共的好友。

"廉颇老矣，尚能饭否"的典故

廉颇晚年备受排挤，离开赵国，投奔了魏国。后来，赵王想重新起用他，就派使者前往魏国看看这位老将是否还能任用。廉颇当着使者的面吃了一斗米、十斤肉，还披甲上马，威风丝毫不减当年。谁知使者早已收了廉颇仇人郭开的贿赂，回来报告赵王："廉将军饭量很好，但一顿饭的工夫去了三趟厕所。"赵王听后，觉得廉颇到底还是老了，就没有再重用他。廉颇在魏国郁郁而终。宋代词人辛弃疾在《永遇乐·京口北固亭怀古》中用了这一典故："廉颇老矣，尚能饭否？"现在这句话常用来表示：一个人老了，还能为国效力吗？

第四章

秦汉时期

第21篇
秦始皇统一中国

中国历史上第一个皇帝秦始皇（前259—前210），嬴姓，赵氏，名政。他是秦庄襄王的儿子。他当上皇帝，建立了第一个统一的中央集权的秦帝国，在我国历史发展的长河中，树立起一块新的里程碑。他的功绩伟大，但后来实行暴政，遭到谴责。

统一六国

秦王政初为王，吕不韦为相，独擅大权。公元前239年，秦王政二十一岁，开始亲自掌握政权后，首先果断地粉碎了吕不韦与嫪毐（lào ǎi）叛乱集团，车裂嫪毐，免除吕不韦的相职，把吕不韦放逐到巴蜀（今重庆、四川一带）。吕不韦知他与秦王政的关系无法挽回，饮毒酒自杀。

其次，秦王政重用李斯、尉缭等人，积极推行统一战略。他采取远交近攻、分化离间的策略，由近及远，集中力量，各个击破；先北取赵，中取魏，南取韩，然后再进取燕、楚、齐。自公元前230年至公元前221年，秦王政前后用了九年的时间，在三十九岁时完成了统一中国的大业，建立起一个统一的中央集权的王朝。

秦始皇认为自己的功劳胜过之前的三皇五帝,采用三皇之"皇"、五帝之"帝",构成"皇帝"的称号,所以自称"始皇帝"。

加强中央集权

在政治方面,秦始皇确立了至高无上的皇权。皇帝独揽行政、军事、经济等一切大权,天下大事都由皇帝一人裁决。建立从中央到地方的官制和行政机构。由三公(丞相、太尉、御史大夫)、九卿(高级官员)组成中央政务机构,以处理日常政事。地方实行郡县制,废除分封制。巩固国家的统一,颁布通行全国的法律法令。

在经济方面,秦始皇实行土地私有制,按亩纳税;统一度量衡;统一货币;统一车轨、驰道。

在文化方面,秦始皇推行"书同文",即统一文字。秦灭六国后,秦始皇授命廷尉李斯主持统一文字事宜,创制小篆(或称秦篆)作为标准文字。秦始皇还通过焚书坑儒,加强思想控制。

秦始皇的功罪

秦始皇最大的历史功绩是统一中国。秦统一中国前,国家处于分裂割据状态,战争频仍,严重阻碍了各地区经济文化的发展,同时给人民的生产、生活带来灾难。秦统一全国后,在政治、经济、文化方面推行郡县制等一系列改革,对中国的历史发展做出了重大贡献。

秦始皇的历史过失,是政治专横暴虐,施行了许多使人民不堪忍受的暴政。如焚书坑儒等做法,是倒行逆施。他求神仙、炼丹药,修长城、修骊山墓、修驰道,就是没有把民生放在心上。他自己动摇了秦朝统治的根基。秦始皇的儿子秦二世变本加厉地实行残暴统治,终于导致了秦朝的迅速灭亡。

知识加油站

秦长城

公元前214年,秦始皇遣大将蒙恬北逐匈奴,又将原来秦、赵、燕等国北部原有的长城连接起来,西起甘肃临洮(今临洮县新添镇)、东至辽东,长达万余里,以防匈奴南进。史称秦长城。

兵马俑

兵马俑,即秦始皇兵马俑,亦简称秦兵马俑或秦俑,位于今陕西省西安市临潼区秦始皇陵以东的兵马俑坑内。兵马俑是古代墓葬雕塑的一个类别,即制成兵马(战车、战马、士兵)形状的殉葬品。1974年3月,兵马俑被发现。1987年,秦始皇陵及兵马俑坑被联合国教科文组织批准列入《世界遗产名录》,并被誉为"世界第八大奇迹"。

第22篇
陈胜、吴广发动农民起义

在陈胜、吴广起义前,秦始皇为了抵抗匈奴,派人修造长城,发兵三十万,征集了民夫几十万;又用七十万囚犯,动工建造巨大的豪华的阿房宫。秦二世即位后,又从各地征调了几十万囚犯和民夫,大规模修造秦始皇的陵墓。这些大工程耗费了不知多少人力财力,逼得百姓怨声载道。

遇雨失期,密谋起义

公元前209年七月,九百多名民夫,被两个军官押送到渔阳(今北京市密云区西南)去守卫边境,其中就有贫苦农民出身的陈胜和吴广。陈胜,字涉,故又称陈涉,虽是雇农,却是个有志向的人。他曾经和别人一起被雇用耕田。一次,他停止耕作走到田埂上休息,感慨地对同伴说:"假如谁将来富贵了,大家可相互不要忘记呵。"他的伙伴们笑着回答说:"你是给人家耕田的,哪能富贵呢?"陈胜叹息着说:"唉!燕雀这类小鸟怎么能理解大雁、天鹅的远大志向呢!"

当时,陈胜、吴广驻扎在大泽乡(今安徽省宿州市东南),恰遇天下大雨,道路不通,他们估计已经误了规定到达渔阳的期限。过了规定的期限，按照律令是该杀头的。

陈胜、吴广就商量说："如今逃走也是死，起义干一番大事业也是死，同样都是死，为国事而死好不好?"于是他们准备冒用被秦二世杀害的秦始皇长子公子扶苏和楚将项燕的名义，向天下人民发出起义的号召。

大泽乡起义，陈胜自立为王

陈胜与吴广合力杀死了两个押送他们的军官，随即召集大家说："各位在这里遇上大雨，都误了规定的期限，误期是要杀头的。即使不被杀头，但将来戍边死去的肯定也有十之六七。再说大丈夫不死便罢，要死就要名扬后世，王侯将相难道都是有种的吗！"大家听了都异口同声地说："我们心甘情愿地听凭你差遣。"于是他们就起义了。

他们首先进攻大泽乡，接着攻克附近几个地方，一面进军，一面不断补充兵员扩大队伍。等行进到了陈县（今河南淮阳）的时候，已拥有兵车六七百辆，骑兵一千多，步卒好几万人。起义军占领了陈县，陈胜下令召集掌管教化的三老（乡官）和地方豪杰都来卅会议事。与会的人都表示拥戴说："将军诛灭暴虐的秦王朝，重新建立了楚国的政权，论功劳应该称王。"陈胜于是就自立为王，国号为"张楚"。

起义失败，陈胜被杀

起义不到三个月，赵、齐、燕、魏等地方都有人打着恢复六国的旗号，自立为王。陈胜派出周文率领的起义军向西进攻，很快攻进关中（指函谷关以西地区，陕西渭河流域一带），逼近秦朝都城咸阳。秦二世惊慌失措，赶快派大将章邯把在骊山服苦役的囚犯、奴隶放了出来，编成一支军队，向起义军反扑。原来的六国贵族各自占据自己的地盘，大家都不去支援起义军。周文的起义军孤军作战，终于失败。吴广在荥阳（今郑州西）被部下杀死。起义后的第六个月，陈胜在逃跑的路上被他的车夫庄贾谋害。

陈胜、吴广起义的意义

陈胜、吴广起义是中国历史上第一次大规模的农民起义。他们的革命首创精神鼓舞了千百万劳动人民起来反抗残暴的统治。它从根本上动摇了秦王朝的统治，为以后项羽、刘邦灭秦创造了有利条件。陈胜、吴广起义对后面的封建统治者也是一种警示，汉初实行休养生息政策和开明统治很大程度上是受农民起义的影响。

知识加油站

鸿鹄之志

这个成语出自《史记·陈涉世家》："嗟乎！燕雀安知鸿鹄之志哉！"燕雀，泛指小鸟。鸿，大雁。鹄，天鹅。意思是燕雀这类小鸟怎能知道大雁、天鹅这类飞得极高远的大鸟的志向呢？比喻目光短浅、胸无大志的人无法了解有远大抱负的人。

第23篇
项羽的英雄悲剧

项羽（前232—前202），名籍，字羽，古代著名的军事家，灭秦的关键人物，楚汉战争中的主要人物之一，是一位悲剧英雄。在秦末农民起义大潮中，项羽凭借无与伦比的勇力和过人的才气，与秦军殊死决战，为推翻秦朝暴政立下头功。但是，灭秦后，项羽的弱点充分暴露，最后兵败，自刎于乌江边。

"取而代之"

项羽少年时，他的叔父项梁教他读书，但他学了没多久就不学了。项梁又教他学剑，没多久又不学了，项梁因此特别生气。项梁于是又教项羽学习兵法，项羽非常高兴，但是只学个大概，又不肯深加研究了。可见项羽少年时读书不成，学剑不成，学兵法又不成。这"三不成"反映项羽从小做事无恒心，半途而废。

秦始皇到会稽游玩，驾大船渡浙江，项梁与项羽一起观看。项羽对项梁说："秦始皇是可以被取而代之的。"项梁捂住他的嘴说："小孩子别乱说，否则会给全族招来大祸。"可见项羽年轻时就有反秦的苗头和雄心。

巨鹿之战

秦二世元年（前209）七月，陈胜、吴广在大泽乡揭竿而起。同年九月，项羽与项梁杀了会稽太守殷通，在吴中（今江苏苏州）起义反秦。项梁连破秦军，非常骄傲。而此时秦派了大量的援军支援秦大将章邯，章邯在得到援军后突袭项梁，项梁在定陶（今山东定陶）兵败被杀。

章邯打败项梁后，认为楚兵不足为虑，于是引军北渡黄河，大破赵国。赵王败走巨鹿（今河北省邢台市辖县）。秦大将章邯率领四十万军队围攻巨鹿。赵国危在旦夕。在这危急关头，项羽当机立断，斩了不肯进军抗秦的宋义，夺取军权，率领全部兵马迅速渡过漳河，打破饭锅，凿沉渡船，只带三日军粮，表示与秦军决一死战——这就是破釜沉舟的故事。楚兵个个以一当十，呼声动天。项羽一举歼灭秦军主力，为反秦立下首功。

鸿门宴

项羽灭秦军以后，即率军向关中挺进。项羽带领四十万大军驻扎于新丰鸿门（今陕西省临潼区），刘邦率军十万驻扎灞上（今陕西省西安市东，因在灞水西高原上得名），两军对峙。此前，刘邦与项羽各自攻打秦朝的部队，刘邦兵力虽不及项羽，但刘邦先攻破秦都城咸阳。因有先入咸阳者称王关中之约，项羽失去了称王的机会，所以勃然大怒，派英布夺下函谷关。刘邦见势不妙，立即前往项羽鸿门营地赔罪。项羽设宴招待，席上项羽的谋士范增屡次示意项羽杀掉刘邦，但项羽犹豫不决。刘邦在谋士张良和将军樊哙的帮助下，逃离了鸿门。鸿门宴暴露了项羽政治上的严重弱点：缺乏策略，不会用人。这次与刘邦的宴会成了他一生由胜利走向失败的转折点。

垓下之战

鸿门宴后，项羽犯了一系列严重错误，他的势力逐渐由强变弱。他进入咸阳后，杀秦王子婴，火烧秦王宫，又返回彭城（今江苏徐州），自立为西楚霸王，分封刘邦为汉王。

汉王刘邦从汉中出兵进攻项羽，项羽与其展开了历时四年的楚汉战争——项羽为楚，刘邦为汉。

公元前202年，刘邦将项羽围困在垓下（今安徽省灵璧县）。楚军营地四面楚歌，项羽在帐中饮酒，慷慨悲歌。美人虞姬在一旁应和，项王流泪，左右侍者也都跟着落泪。项羽杀出重围，后面仍有数千汉军追击。对此困境，他说："此天之亡我，非战之罪也。"最后他逃到乌江边，遇见乌江亭长，亭长劝项羽回到江东以图东山再起，但项羽以无颜见江东父老为由拒绝，挥刀自刎而死。

知识加油站

《垓下歌》

这是西楚霸王项羽败亡之前吟唱的一首诗："力拔山兮气盖世，时不利兮骓（zhuī）不逝。骓不逝兮可奈何，虞兮虞兮奈若何！"

第24篇
刘邦建立西汉王朝

刘邦（前256—前195），沛县（今江苏省徐州市下属县）人，是灭秦的主要人物和楚汉战争的最后胜利者，汉朝开国皇帝。他晚年诛灭异姓诸侯，采用休养生息的宽松政策治理天下，让士兵复员归家，免除其徭役，重视农业，抑制商业，恢复残破的社会经济，稳定封建统治秩序，巩固政权，奠定了西汉二百多年的统治基础。

沛县起兵

刘邦出身农家，为人豁达大度，秦时任沛县泗水亭长。陈胜起义后，刘邦集合三千子弟响应起义，攻占沛县等地，人称沛公。公元前206年十月，刘邦的军队先于项羽的军队进入秦都城咸阳，接受秦王子婴投降。刘邦采纳部下樊哙、张良的意见，把秦王宫财宝货库封存起来，军队返回灞上。刘邦废除秦朝烦琐的法律，并与关中父老约法三章：杀人者死，打伤人以及偷盗财物的人，根据情节轻重判处相应的罪罚。秦人大喜，争着拿牛羊酒食来慰问刘邦的军队。

楚汉战争

鸿门宴后，刘邦被封为汉王，统治巴蜀及汉中（今陕西南部）一带。楚汉战争期间，他屡屡败给项羽。但他知人善任，注意纳谏，能充分发挥部下的才能。

公元前203年，项羽的军队正在荥阳（今河南郑州西）围攻刘邦，刘邦形势危急。这时，韩信平定了整个齐国，派人向刘邦上书，说："为有利于当前的局势，希望允许我暂时代理齐王。"刘邦打开书信一看，勃然大怒，骂道："我在这儿被围困，日夜盼着你来支援我，你却想自立为王！"张良、陈平暗中踩刘邦的脚，凑近他的耳朵说："目前汉军处境不利，怎么能禁止韩信称王呢？不如趁机册立他为王，不然可能发生变乱。"刘邦醒悟，又故意骂道："大丈夫平定了诸侯，就做真王罢了，何必做个代理王呢？"就派遣张良前往，封韩信为齐王，征调他的军队攻打楚军。

刘邦后来终于反败为胜，击败项羽，统一天下。刘邦的成功在于能用手下的三个人杰：张良在大本营出谋划策，决胜千里之外；萧何管后勤，兵粮不断送到前方；韩信指挥百万大军，战必胜，攻必克。公元前202年，刘邦登上皇帝宝座，定都长安，史称西汉。

刘邦性格具有双重性

刘邦性格中有豁达大度的一面，主要体现在打天下的过程中，团结了一批文臣武将。比如，谋士郦食其初见刘邦，刘邦正在洗脚，态度傲慢，被郦食其教训了一番。刘邦立刻停止了洗脚，穿整齐衣裳，把郦食其请到了上宾的座位，虚心请教。

不过,刘邦一生中也有很多毛病,如看不起读书人。许多人头戴儒生的帽子来见他,他就立刻把他们的帽子摘下来,在里边撒尿。其性格中最可怕、最阴暗的是对部下的猜忌和残忍,尤其是在建立汉朝后,诛杀功臣。刘邦对开国功臣韩信一直不放心。最后,刘邦的老婆吕后亲自动手,逮捕韩信,杀死并灭族。彭越是西汉开国功臣、著名将领,被刘邦以"反形已具"的罪名诛灭三族,枭首示众。

西汉

西汉(前202—8)是中国历史上继秦朝之后的大一统王朝,又称前汉,与东汉统称为汉朝。因刘邦曾被项羽以巴蜀、汉中封为"汉王",他称帝后就以封国名作为国号。又,刘邦所建汉室的都城在长安,位于后来刘秀所建汉室的都城洛阳之西,为加以区别,故称前者为"西汉"。

第25篇
司马迁与《史记》

司马迁（约前145或前135—?），字子长，夏阳（今陕西韩城南）人，西汉伟大的史学家、文学家、思想家。司马迁的父亲司马谈是太史令（史官）。司马迁的故乡在黄河边上，不太远的地方有传说是大禹开凿过的龙门山。他在龙门山南麓度过童年，十岁时已能阅读古文著作。后跟随父亲到了长安。

两次大游历

司马迁年轻时有两次大游历。第一次，司马迁从二十岁开始，离开首都长安，实地考察历史遗迹。他向南到过湖南九嶷山，到过长沙，在汨罗江边凭吊爱国诗人屈原，到过浙江绍兴的大禹陵；向东到过山东的曲阜，考察孔子讲学的遗址；还到过汉高祖的故乡，听取沛县父老讲述刘邦起兵的情况。第二次，司马迁当了汉武帝的侍从官，又跟随皇帝巡行各地，还奉命到巴蜀、昆明一带视察。这种游览和考察，使司马迁获得了大量的历史资料，又从民间语言中汲取了丰富的养料，增长了见识和才干，为司马迁以后写作《史记》打下了知识基础。

继承父志

汉武帝元封元年（前110），司马迁三十六岁。他父亲在临终前抓着他的手流着泪说："我死以后，你一定会做太史令。做了太史令，你千万不要忘记我要编写的论著啊。"司马迁低下头流着泪答应："儿子虽然不聪明，但一定会把父亲编纂历史的计划全部完成。"汉武帝元封三年（前108），司马迁三十八岁时，正式做了太史令。到太初元年（前104），司马迁参与制定了我国第一部历书《太初历》，同时开始撰写《史记》。

李陵之祸

汉武帝天汉二年（前99），司马迁四十七岁，已埋头写作《史记》六年，忽然大祸临头。这一年发生了李陵兵败投降匈奴的事件。当时汉武帝情绪极坏，一些当朝大臣则挑拨是非，夸大李陵的过错。司马迁感到很沉痛。恰逢皇上召见，询问他对李陵的看法。为了宽慰汉武帝，堵塞那些攻击、诬陷李陵的言论，司马迁根据平素对李陵的了解，认为李陵投降出于不得已，处分不宜过急。谁知这下惹怒了汉武帝，司马迁被加上"诬上"的死罪，被处以腐刑。

司马迁给他的旧友益州刺史任安写信（即《报任安书》），说了他对生死的看法："人总是要死的，有的死得重于泰山，有的死得轻于鸿毛，这是因为他们在死的意义方面有所不同。"他放弃了自杀的想法，毅然接受了腐刑。为什么？

因为《史记》没有写完，他就一定要活下去。

发愤著《史记》

周文王写《周易》，孔子编《春秋》，屈原写《离骚》，左丘明写《国语》，孙膑写《兵法》，还有《诗经》三百篇，司马迁从这些著名的作者写书的事例中，认识到这些作品都是在作者心里郁闷，或者理想行不通的时候，才写出来的。他从古人身上得到启发，吸取力量，在狱中发愤著《史记》。汉武帝征和二年（前91），司马迁五十五岁，《史记》全书基本完成了。他把从传说中的黄帝时代开始，一直到汉武帝为止的这段历史，编写成一百三十篇、五十二万字的巨著《史记》。他在《报任安书》中说："述往事，思来者。"他写史是给当时人、后代人看的。书中关于如何治国、如何做人的丰富内容永远值得后人阅读和思考。

对《史记》的评价

汉代班固在《汉书·司马迁传》中评赞《史记》"不虚美，不隐恶，故谓之实录"。意思是司马迁所记述的历史事件很真实，不做虚假的赞美，不掩饰丑恶的东西，所以可称作如实记录。鲁迅则在《汉文学史纲要》中说《史记》是"史家之绝唱，无韵之《离骚》"。

第26篇
张骞：丝绸之路的开拓者

张骞（前164—前114），字子文，汉中人，汉代杰出的外交家、旅行家、探险家。

第一次出使西域

西汉初年，匈奴首领冒顿（mò dú）单于（匈奴部落最高首领的称号）征服西域（汉以来对甘肃玉门关以西地区的总称），经常侵占汉朝的领土，骚扰和掠夺中原居民。汉武帝即位后，从匈奴投降者的口中得知西迁的大月氏（yuè zhī）与匈奴有世代仇怨。

建元二年（前139），奉汉武帝之命，张骞由匈奴人甘父做向导，率领一百多人出使西域，出使的目的就是为了与大月氏结盟，夹击匈奴。正当张骞一行匆匆穿过河西走廊（今甘肃西部）时，不幸碰上匈奴的骑兵队，全部被抓获。匈奴人把张骞一行扣留和软禁起来。张骞始终没有动摇为汉朝通使大月氏的意志和决心，在匈奴的领地留居了十年之久。

元光六年（前129），张骞趁匈奴人不备，带领其随从逃出来了。张骞向西南翻越葱岭（即现在的帕米尔高原），经过大宛（中亚古国，在今中亚费尔干纳盆地）、康居（中亚古国，约在今巴尔喀什湖和咸海之间，南及今阿姆河北），终于到达大月氏。不料，这时大月氏人已无意向匈奴复仇了。张骞从大月氏到达大夏（中亚古国，今阿富汗北部）。

元朔元年（前128），张骞动身返国。归途中，张骞等人再次被匈奴骑兵所俘，又扣留了一年多。元朔三年（前126）初，匈奴为争夺王位发生内乱，张骞趁机和甘父逃回长安。出发时是一百多人，回来时仅剩下张骞和甘父二人。汉武帝特封张骞为太中大夫，授甘父为"奉使君"，以表彰他们的功绩。西汉元朔六年（前123），张骞因出使西域，抗击匈奴，功勋卓著，被汉武帝封为"博望侯"。

第二次出使西域

元狩四年（前119），汉武帝派遣张骞以中郎将身份，率三百多名随员，携带金币丝帛等财物数千巨万，牛羊万头，第二次出使西域。这次出使的目的，一是外交上，招引与匈奴有矛盾的乌孙（古代西域国）东归故地，以断匈奴右臂，同时劝说西域诸国与汉联合，使之成为汉王朝之外臣；二是经济上，与西域通商。张骞到达乌孙时，恰逢乌孙内乱，没有达到劝说乌孙东归的目的。不过，张骞的副使则分别访问了大宛、康居、大月氏、大夏等国，扩大了西汉王朝的政治影响，增强了相互间的了解。张骞一行于元鼎二年（前115）返抵长安。

连通西南

张骞在大夏时,看到了四川的土产邛竹杖和蜀布,追问它们的来源。大夏人告诉他,是大夏的商人从身毒(今印度)买来的,而身毒国位于大夏的东南方。回国后,张骞向汉武帝建议,遣使南下,从蜀往西南行,另辟一条直通身毒和中亚诸国的路线。

元狩元年(前122),张骞派出四支探索队伍,分别从四川的成都和宜宾出发,向青海南部、西藏东部和云南境内前进。最后的目的地都是身毒。张骞所领导的由西南开辟新路线的活动,虽没有取得预期的结果,但对西南的开发是有很大贡献的。

汉武帝开通通往西域各国的道路,最初的想法只是为了征讨匈奴,开拓大汉疆域。张骞把古老的中国和遥远的西方世界连接起来,这条路,后来成为世界闻名的丝绸之路。

丝绸之路

简称"丝路",一般指陆上丝绸之路,广义上又分为陆上丝绸之路和海上丝绸之路。陆上丝绸之路起源于汉武帝派张骞出使西域,以首都长安(今西安)为起点,经甘肃、新疆,到中亚、西亚,并连接地中海各国。中国的丝绸、瓷器、铜铁器皿等商品从此通道销往中亚、西亚和欧洲,而西域的葡萄、苜蓿、石榴、胡桃、胡麻等由此传入中原。

第27篇
苏武牧羊,守节不亏

持节出使,匈奴遇变

苏武是汉武帝时的郎官。公元前100年,汉武帝派遣苏武以中郎将的身份出使匈奴,拿着节(古代使者所持的信物,用竹做竿,上面饰以羽或毛)护送被扣留在汉的匈奴使者回国。苏武同副中郎将张胜以及临时委任的使臣属吏常惠等,加上招募来的士卒等一百多人一同出发。到了匈奴那里,匈奴首领单于渐渐傲慢,不像汉朝所期望的那样。

当苏武完成任务,准备回国的时候,适逢匈奴内部谋反,而汉使张胜参与了密谋活动。然而,谋反失败。张胜听到这个消息,担心他和前已投降匈奴的汉人虞常的活动被揭发,便把事情经过告诉了苏武。苏武说:"事情到了如此地步,一定会牵连到我们。受到侮辱才去死,更对不起国家!"便想自杀殉国。

自杀未遂,怒斥卫律

单于派卫律来审讯苏武。苏武对手下随员常惠说:"丧失气节、侮辱使命，即使活着，还有什么脸面回到汉廷去呢！"说着拔刀自刎。卫律大吃一惊，扶好苏武，派人骑快马去找医生。常惠等人哭泣着，把苏武拉回营帐。在地上挖坑，放置只有烟而没有火苗的微火火堆，把苏武面朝下放在地坑上，轻轻敲打他的背，使淤血流出来。苏武本来已经断了气，过了好半天才恢复呼吸。单于佩服苏武的壮烈节操，早晚派人探望、询问苏武，而逮捕张胜。

苏武的伤势渐渐好了。卫律本是汉臣，投降了匈奴，单于让他来劝降苏武。卫律先以剑斩杀了虞常，想借此使苏武投降。卫律说："我卫律以前背弃汉廷，归顺匈奴，幸运地蒙受大恩，赐我爵号，让我称王，拥有部众数万，马牛之类的牲畜满山，如此富贵！苏先生你今日投降，明日也是这样。白白地让自己的身躯供野草做肥料，又有谁知道你呢！"苏武怒气冲冲地站起来，说："卫律！你是汉人的儿子，做了汉朝的臣子，却忘恩负义，背叛了父母，背叛了朝廷，厚颜无耻地做了汉奸，还有什么脸来和我说话？我决不会投降，怎么逼我也没有用。"

北海牧羊，终于归国

卫律知道苏武终究不能胁迫，报告单于。单于更加希望使他投降，就把苏武囚禁起来，放在地穴里，跟外界隔绝，不供给饮食。天下着雪，苏武卧着嚼雪，同毡毛一起吞下充饥，几日不死。苏武拒不投降，匈奴以为神奇，就把苏武迁移到北海（今俄罗斯贝加尔湖）边没有人的地方。单于给了他一群公羊，说要等公羊生下羊羔，才放苏武回去。苏武迁移到北海后，粮食运不到，只能掘取野鼠所储藏的野生果实充饥。他拄着汉廷的节牧羊，睡觉时都拿着，以至系在节上的牦牛尾毛全部脱尽。

汉昭帝（武帝之子，名弗陵）登位几年后，匈奴与汉朝议和，缔结婚姻关系。汉廷索求苏武等人，苏武被匈奴扣留十九年后，于汉昭帝始元六年（前81）春回到长安。当初他壮年出使，等到回来，胡须头发全都白了。汉昭帝任命苏武做典属国，主要负责对外事务。苏武活到八十多岁，于汉宣帝神爵二年（前60）病亡。

知识加油站

《苏武牧羊》歌词

苏武留胡节不辱。
雪地又冰天，穷愁十九年。
渴饮雪，饥吞毡，牧羊北海边。
心存汉社稷，旄落犹未还。
历尽难中难，心如铁石坚。
夜在塞上时听笳声，入耳痛心酸。
转眼北风吹，雁群汉关飞。
白发娘，望儿归，红妆守空帏。
三更同入梦，两地谁梦谁？
任海枯石烂，大节不稍亏。
终教匈奴心惊胆碎，拱服汉德威。

第28篇
刘秀建立东汉王朝

东汉的开国皇帝（即汉光武帝）叫刘秀，是汉高祖刘邦的九世孙。西汉建平元年（前6），刘秀出生于陈留郡济阳县（今河南省兰考县境内）。元始三年（3），父亲刘钦去世，年仅九岁的刘秀和兄妹成了孤儿，生活无依，只好回到祖籍枣阳舂陵白水村（今湖北省枣阳市境内），依靠叔父刘良抚养，成了普通的平民。他是怎样建立起东汉王朝的呢？

舂陵起兵

西汉末年，社会矛盾渐渐激化。汉成帝时，土地兼并严重，大量失地农民迫于生存，只能背井离乡，逃往他乡，成了流民。这时，社会开始动乱，农民起义此起彼伏。地主豪强乘机夹入其中，他称天子你称王的现象不断发生。当时著名的先有王莽建立的新朝，后有刘玄建立的更始政权。农民起义队伍大的有绿林、赤眉等军队。地皇三年（22）十一月，刘秀从宛城来到舂陵，会同大哥刘縯打出"复高祖（刘邦）之业"的旗帜，于舂陵正式起兵反王莽，参加到刘玄的联军里。

昆阳之战

更始元年（23）五月，王莽派遣王邑、王寻发精兵共四十二万扑向昆阳（今河南省叶县）和宛城（今河南省南阳市）一线，力图一举扑灭新生的更始政权。刘秀的部队就在昆阳，昆阳汉军仅九千人，大家怕打不过王莽的军队，想放弃昆阳。刘秀以"合兵尚能取胜，分散势难保全"为由，说服诸将固守昆阳。此时王莽军已逼近城北，刘秀率十三名骑兵乘夜出城，赴附近调集援兵。

刘秀于六月率领步骑万余人驰援昆阳。他亲自率领千余精锐为前锋，反复猛冲，斩杀王莽军千余人，汉军士气大振。随后又以勇士三千人，迂回到敌军的侧后，偷渡昆水（今叶县辉河），向王邑大本营发起猛烈的攻击。昆阳守军见城外汉军取胜，乘势出击。王莽军大乱，纷纷夺路逃命，互相践踏，积尸遍野。此时突然刮起了大风，暴雨如注，王莽军万余人涉水被淹死。新朝号称百万大军的主力被歼灭，新莽政权土崩瓦解。更始元年九月，绿林军攻入长安，王莽死于混战之中，新朝灭亡。

平定河北

昆阳之战后，刘秀、刘縯兄弟威名大振。更始帝刘玄借故杀了刘縯。刘秀深感不安，还向刘玄请罪，不讲昆阳的战功，不为哥哥服丧，饮食谈笑与平常一样，若无其事。刘玄见刘秀没有反对他的意思，派刘秀去平定河北。

刘秀在河北，每到一处都认真考察官吏，平反冤狱，释放囚徒，废除王莽苛政，恢复汉朝的官衔。官民欢喜，竞相持酒慰劳。在河北期间，刘秀在清理缴获的文书档案时，发现官吏毁谤他的材料有几千份。要是按这些材料提供的线索加以追究，必然会使一大批人惶恐不安。刘秀一律不看，他把有关官员召集起来，当着他们的面一把大火将这些材料烧掉。他解释说，这样做是"令心怀不安的人放心"。

刘秀称帝

河北一带大致平定，刘秀感到争夺天下的时机即将到来了。他便一边派将军邓禹率精兵两万向关中一带进发，相机行事；一边选定地势险要、财物富实的河内郡作为进取中原的立足点。

安排妥当以后，将领们纷纷给刘秀提建议，要他称皇帝。刘秀开始故作拒绝，仔细思考之后表示："我会考虑这个问题。"在听取他最亲密的将军冯异的建议后，刘秀于公元25年称帝，改元建武。

扫平群雄

刘秀即帝位之初，天下依然四分五裂，"帝王满天下"。除了农民起义军绿林、赤眉军之外，各地还有大大小小的土皇帝。广大人民饱受着分裂、战乱之苦。汉光武帝即位之后，利用"人心思汉"的社会心理，打出"刘氏宗室"的旗号，进行统一战争。

刘秀从二十八岁起兵，到灭掉蜀中皇帝那一年，已经四十三岁了。他通过十五年极为艰苦又残酷的戎马征战，扫平天下，使中国又一次走向了统一，定都洛阳，史称东汉。

隐士严光

我国古代有很多著名的隐士,严光是其中之一。严光,字子陵,是汉光武帝刘秀的同学,也是好友。他积极帮助刘秀起兵,事成后隐姓埋名,退居浙江富春山。光武帝多次派人去请他,但他始终不愿做官。后卒于家,葬于富春山。严光不慕富贵、不求名利的品格,受到后世的赞誉。

第29篇
班超投笔从戎，建功立业

东汉的班超（32-102）是扶风郡平陵县（今陕西咸阳西北）人，他的父亲班彪、长兄班固、妹妹班昭都是著名的历史学家。

心怀大志，投笔从戎

汉明帝永平五年（62），长兄班固受朝廷征召前去担任校书郎（宫中藏书处校勘典籍的官员），班超和母亲便跟随来到首都洛阳。由于家庭贫困，他常常受雇为官府抄书来供给家庭的生活所需。由于长时间的劳累辛苦，他曾经停下手中的工作，将毛笔扔在一边，叹息说："大丈夫没有别的抱负和才略，尚且应当学习傅介子（西汉时的勇士，著名外交家）和张骞在他乡建立功业，来博取封侯的赏赐，怎能长期待在这笔墨之间呢？"身边的人听了这话都笑话他。班超说："你们这群家伙又怎能理解壮士的志向呢？"

初使西域，鄯善归附

永平十六年（73），奉车都尉（掌管皇帝车马的官员）窦固等人出兵攻打北匈奴，班超随从北征。窦固很赏识他的才干，于是派他和郭恂一起出使西域。

班超和郭恂率领部下向西先到达了鄯善国（今新疆罗布泊西南）。鄯善王对班超等人先是嘘寒问暖，很有礼貌，后来突然变得冷淡。班超从接待他们的鄯善侍者那里了解到原来是北匈奴使者来到这里，使鄯善王对班超他们改变了态度。班超对部下说："不入虎穴，焉得虎子。现在的办法，只有乘夜用火进攻北匈奴使者了，只要消灭了他们，鄯善王就会吓破肝胆，我们就大功告成了。"部下一致称是。

这天天刚黑，班超就率领将士直奔北匈奴使者驻地。当时天上刮大风，班超顺风纵火，一时间三十六人前后大叫，声势喧天。匈奴人乱作一团，逃跑无门。班超亲手杀了三个匈奴人，他的部下也杀死了三十多人，其余匈奴人都葬身火海。第二天，班超请来了鄯善王，把匈奴使者的首级给他看，鄯善王大惊失色，表示愿意归附朝廷，并把自己的王子送到朝廷作为人质。

再使西域，镇抚于阗

汉明帝很欣赏班超的勇敢和谋略，下诏令给窦固，让班超等人再次出使西域。不久，班超到了于阗国（今新疆和田）。当时，于阗王广德刚刚攻破莎车国（今新疆莎车），在天山南边称雄，北匈奴派使者驻在于阗，掌握着于阗的大权。班超到达于阗后，用计杀了对汉朝使者不友好的于阗巫师，并逮捕了于阗大臣私来比，痛打数百皮鞭。于阗王因此很惶恐，当即下令杀死北匈奴使者，重新归附朝廷。班超两次出使，凭借智勇，先后使鄯善、于阗、疏勒（今新疆喀什）三个王国恢复了与汉朝的友好关系。

以夷制夷，威震远域

永平十八年（75），汉明帝去世。建初元年（76），汉章帝刘炟即位，朝廷下诏命班超回国。班超受疏勒、于阗人再三挽留，为了实现立功异域的大志，决定不回汉朝，重返疏勒。后来，班超送上报告给汉章帝，提出了"以夷制夷"的策略，他说："用夷狄来攻夷狄，这是最好的计策啊！"汉章帝看到报告后，非常满意。

元和四年（87），班超调发于阗等国士兵二万多人，攻入莎车国，莎车国只好投降，班超因此威震西域。永元三年（91），朝廷任命班超为西域都护（汉代西域最高军政长官）。西域五十多个国家都归附了汉王朝，班超终于实现了立功异域的理想。永元七年（95），朝廷为了表彰班超的功勋，封他为定远侯，后人称之为"班定远"。

归国病逝，赏赐优厚

班超久居在偏远的异地，年老以后便逐渐开始思念内地。永元十二年（100），班超送上报告给朝廷，请求回国，他的妹妹班昭也请求朝廷把班超召回国。汉和帝被感动，于是召班超回朝。班超在西域共三十一年。永元十四年（102）八月，班超回到洛阳后，被任命为射声校尉（率领皇帝宫廷警卫部队的官员)。同年九月,班超逝世,享年七十一岁。朝廷赏赐极为优厚。

班固
东汉著名史学家、文学家,所作《汉书》是继《史记》之后中国古代又一部重要史书。

投笔从戎
戎,指军队。成语"投笔从戎",指文人从军。

不入虎穴,焉得虎子
《后汉书·班超传》:"超曰:'不入虎穴,焉得虎子。'"班超说的这句话后来成为一个成语,原指不进老虎窝,怎能捉到小老虎。比喻不亲历险境,就不能获得成功。也用来比喻不经历最艰苦的实践,就不能取得真知。

第30篇
蔡伦：中国古代造纸术发明者的代表

中国科学技术史上对世界具有很大影响的四大发明，即指南针、造纸术、印刷术和火药，都是古代劳动人民的重要创造。这些发明经由各种途径传到西方，对世界文明的发展起了很大的促进作用。其中造纸术发明者的代表是东汉的蔡伦。

主管皇宫制造

蔡伦是东汉桂阳（今属湖南）人，在汉明帝永平末年开始在洛阳皇宫内任宦官，到汉和帝即位后，升任为中常侍（皇帝近臣，太监中的高官），参与政事。蔡伦有才能学问，尽心尽力，诚实谨慎，多次批评皇帝，陈述政事得失的道理。后来，他升任尚方令（"尚方"为主造皇室所用刀剑等兵器及玩好器物的官署名，主官有令、丞）。"尚方宝剑"就是尚方制作的宝剑，后来成为最高权力的象征。永元九年（97），蔡伦监督制作秘剑（皇宫专用的剑器）以及各种器械，全都精密牢固，成为后代制作器械效仿的对象。

东汉之前的文字载体

早在商朝，中国就有了刻在龟甲和兽骨上的甲骨文，龟甲和兽骨便是当时文字的载体。到了春秋时期，竹片和木片替代龟甲和兽骨，称为竹简和木牍，成了文字的新载体。但甲骨和简牍都很笨重。战国时期的思想家惠施喜欢读书，每次外出游学，身后都跟着五辆装满竹简的大车，所以有"学富五车"的说法。西汉时，宫廷贵族又用缣帛写字。缣是细绢，帛是丝织品的总称。缣帛又成了文字的新载体。在缣帛上写字，便于书写，还可以在上面作画，但是价格昂贵，只能供少数王公贵族使用。1972年至1974年，考古工作者从长沙马王堆西汉初年的墓中出土了帛书、帛画。

首创蔡侯纸

到了东汉时期，蔡伦主管监督制造宫中使用的各种器物，于是首倡一种方法，用树皮、麻头以及破布、破渔网造纸。元兴元年（105）奏报朝廷，汉和帝夸赞他的才能，下令朝廷内外使用并推广。由于在全国各地逐步推行的新造纸方法是蔡伦发明的，又因蔡伦曾经被封为龙亭侯（封爵名，因地而名，地在今陕西省汉中市洋县），人们便把这种纸称为"蔡侯纸"。

在蔡伦创造"蔡侯纸"之前，西汉时期已有麻纸出现。20世纪90年代，甘肃敦煌发现了西汉麻纸残片，上面有文字。

西汉麻纸的发明者都是不知道姓名的英雄，而蔡伦则是总结前人的经验，利用在皇宫担任尚方令官职，有相对优越的物质技术条件和机会，制造出了适合书写的植物纤维纸，改进了造纸术，才使纸成为人们普遍使用的书写材料。他使造纸工艺定型化，造出了完全可以向全国范围推广的"蔡侯纸"，蔡伦因而也成为汉代众多的造纸术发明者的代表。

中国古代四大发明

指南针、造纸术、印刷术和火药是举世闻名的中国古代四大发明，是中华民族对世界文明做出的伟大贡献。

指南针出现于两千多年前的战国时期，是一种指示方位的简单仪器，可以辨别方向。纸在西汉已经出现，东汉蔡伦总结改进了造纸方法，使纸作为书写材料得到广泛的应用。活字印刷术由北宋毕昇发明，其意义在于大大加快了排版、印刷的速度，有利于加速文明传播。火药出现的具体时间不可考。三国时有个聪明的技师马钧，用纸包火药的方法做出了娱乐用的"爆仗"，开创了火药应用的先例。唐朝末年，火药开始应用到军事上。

第31篇
东汉的党锢之祸

东汉末年桓帝、灵帝时，君主放纵贪逸，社会政治混乱，国家大事交给宦官，让他们去专权，胡作非为。当时，皇帝身边有三股政治势力，即外戚、宦官和正直的士大夫。士大夫、贵族和外戚等对宦官乱政的现象不满，与宦官产生矛盾，前后发生了两次党锢之祸。所谓"党锢之祸"，指宦官以"党人"（结党的人）罪名禁锢士人终身不得做官的事件。最后，反对宦官的士大夫集团都失败了，党人被残酷镇压。后世的史学家多同情士大夫，认为党锢之祸伤了汉朝的根本，为黄巾起义的爆发和汉朝的最终灭亡埋下了伏笔。

两次党锢之祸

第一次党锢之祸，起因为汉桓帝延熹九年（166）的张成案件。宦官唆使张成一个名叫牢修的弟子上书控告河南尹李膺（yīng）等结交各地学生，结成部党（朋党），诽谤非议朝廷。宦官又出来做证，汉桓帝大怒，下令各地逮捕党人，将李膺、范滂等二百余人逮捕下狱。第二年，窦皇后的父亲城门校尉（职掌京师城门守卫）窦武上书为党人求情，说这样做将使天下寒心。汉桓帝也借此下了台阶,下令释放部分党人,但党人释放后遭到了终身罢黜。

第二次党锢之祸,起因为窦武、陈蕃密谋杀死宦官。汉灵帝建宁元年(168),窦武、陈蕃密谋,决定要将宦官一党除掉。事情泄露,宦官曹节、王甫等先发制人,胁迫幼年的灵帝,颁皇帝文书逮捕窦武、陈蕃。窦武自杀,陈蕃被害。建宁二年(169),曹节等大捕党人,逮捕李膺、杜密、范滂等百余人,大多拷问致死;在地方,受牵连获罪而死或被废、被禁的达六七百人。许多人在这次事件中被灭族。此次党锢之祸延续了十余年,直到汉灵帝中平元年(184)黄巾起义爆发,朝廷才下诏赦免党人。

著名党人的故事

1. 陈蕃

陈蕃是汝南平舆(今河南平舆北)人。陈蕃曾任太尉(当时中央掌军事的最高官员),为朝廷乱而不亡做出了独特的贡献。汉桓帝时,宦官迫害忠良大臣。陈蕃借朝会之机,坚决为李膺等人申诉,请求汉桓帝赦免他们。汉桓帝不听从,陈蕃因此流泪起身而出。汉灵帝时,陈蕃与窦武商量诛灭宦官。陈蕃率领属官和学生,一起拔刀冲进承明门(皇宫内的建筑)。陈蕃拔剑大声呵斥宦官王甫,王甫的兵士不敢靠近他。王甫于是增兵包围陈蕃等人,捉了陈蕃,当天就杀害了他。范晔在《后汉书·陈蕃传》结尾赞扬陈蕃说:"汉世乱而不亡,百余年间,数公之力也。"

2. 李膺

东汉名士李膺做了司隶校尉，坚决反对宦官专权。当时宦官张让的弟弟张朔担任野王县令，贪婪残暴，无法无天，竟然杀害孕妇。他听说李膺的威严，于是畏罪逃回京师，躲在张让家的夹柱中，企图寻求哥哥的保护。李膺知道后，不甘示弱，直接派人去张让家里抓人，率领吏卒拆破夹柱捉拿了张朔，将其交付洛阳县的监狱。录供之后，便将其正法。

张让因而向汉桓帝诉冤，汉桓帝下诏召李膺入殿，并亲自到廊上责问李膺为什么先斩后奏。李膺坚定自辩，回答说："臣的确知道自己的罪责，死期就要到了。特请求宽留我五天，限期灭尽大恶，回来受烹煮之刑，这是我生的本愿啊！"汉桓帝没有再说什么，回过头来对张让说："这是你弟弟的罪过，司隶（指李膺）有什么过失？"便打发李膺出去。从此，各个常侍都屈身敛迹不敢出声气，休假时也不敢再出宫。汉桓帝诧异地问是什么原因，他们都叩头流泪说："怕李校尉。"当时，朝廷一天比一天紊乱，纲纪败坏，只有李膺独自保持风采。

知识加油站

月旦评

东汉末年由汝南郡人许劭兄弟主持对当代人物或诗文字画等品评、褒贬的一项活动，常在每月初一举行，所以称为"月旦评"。

第32篇
东汉末年黄巾起义

汉灵帝光和七年（184）发生了黄巾起义。东汉末年，朝廷腐败，又因全国大旱，粮食颗粒无收而赋税不减，走投无路的贫苦农民在张角的号令下，纷纷揭竿而起，他们头扎黄巾，向官僚地主发起了猛烈攻击。起义最后虽然失败，但有力地冲击了东汉的统治，使东汉名存实亡。

张角创立太平道

张角（？—184）是东汉末年农民起义军"黄巾军"的领袖。他与两个兄弟张宝、张梁三人都信奉道教。张角因得到道士于吉等人所传《太平清领书》（即《太平经》），就以宗教形式创立太平道。太平道为我国道教的早期教派之一，以推翻腐朽没落的东汉王朝、建立太平社会为目标。它以《太平经》为主要经典，以宗教的方式笼络人心，在贫苦农民中树立了威望，信众多达几十万。张角以给人治病来扩大影响，利用他在民众中的威望，把全国信徒按照地区，建立了军政合一的组织"方"，共设三十六方，各方设立首领，由他统一指挥，为大规模的起义做好了组织准备。他到处散布"苍天已死,黄天当立,岁在甲子,天下大吉"的口号,为起义做好舆论准备。各方首领及信徒用石灰在洛阳的城门及州郡官府墙上书写"甲子"的字样,暗示起义的时间与信号。甲子,即汉灵帝中平元年,又指这一年的甲子日,即三月五日,是举行起义的日子。

起义提前爆发

起义之前,张角派部下马元义数次到洛阳联络宦官,想要里应外合。二月十五日前后,张角的信徒济南人唐周向官府告密,供出京师的内应马元义。朝廷紧急捕捉马元义,在洛阳把他车裂处死。汉灵帝紧急动员官兵,捕捉、杀死张角的信徒一千余人,又通知冀州捕捉张角及其家人。

张角等发现事已败露,即用各种方法迅速通知各方,立即起义。起义时,起义军首先将抓获的贪官杀了祭天。张角的军队都头裹黄巾,黄色头巾象征黄天,当时人称他们为"黄巾军"。张角自称"天公将军",他的弟弟张宝、张梁分别为"地公将军"和"人公将军"。他们在北方冀州一带烧毁官府、四处劫掠。一个月内,全国到处都发生战事,黄巾军势如破竹,州郡失守、官吏逃亡,震惊京城洛阳。

朝廷倾力镇压

汉灵帝命各州郡在洛阳外围的重要关口设置都尉,布防护卫。任命外戚何进为大将军,总负责镇守京城。汉灵帝召开群臣会议,接受东汉名将皇甫嵩的建议,解除党禁,赦免天下党人,并拿出皇宫钱财及洛阳西园良马赠给军士,提升士气。

汉灵帝命令皇甫嵩及朱俊各领一军，率精兵共四万多人，倾力镇压黄巾军。张角手下的义军拼命抵抗，虽然也打败过朝廷官军的部队，但最终被逐个消灭。张角本人病死，他的弟弟张宝、张梁先后被杀。黄巾起义经过了十几年的秘密准备，但起义后仅九个多月的时间，主力就遭到彻底失败。

东汉名存实亡

虽然黄巾起义被东汉朝廷镇压，但汉朝王室威信自此遭遇严重打击。汉灵帝继续过腐败的生活，在宫中享乐。中平五年（188），黄巾军余部再度发动起义，即第二次黄巾起义。

汉灵帝为了进一步镇压黄巾起义，让皇族或重臣担任部分地方官，让他们拥有地方军政之权，有效打击消灭黄巾军残部。但汉灵帝下放权力的措施，助长地方军阀的势力，他们互相攻击，各自独立。在镇压黄巾起义的过程中，地方割据势力形成军阀，中央权力被架空。此后握有兵权的人都是由镇压黄巾军起家的，割据地方，如曹操、刘备、孙权等人。所以，黄巾起义促成了东汉名存实亡的局面，开启了三国鼎立的序幕。

《后汉书》

《后汉书》是由南朝宋时期的历史学家范晔编撰的一部记载东汉历史的纪传体史书。所谓纪传体，是司马迁在《史记》中开创的编写历史的一种形式，即主要以人物传记的形式记叙历史，皇帝的传记称"纪"，一般人的称"传"。《后汉书》与之前的司马迁的《史记》、班固的《汉书》，被史学界称为"三史"。这"三史"与之后西晋历史学家陈寿的《三国志》，又合称为"前四史"。

第五章
魏晋南北朝时期

第33篇
魏蜀吴三国鼎立

东汉末年,社会大动乱,出现了后来创建三国的领导人:曹操、孙权和刘备。他们在政治上企图统一中国,他们的身边各有一个非同一般的智囊团,运用谋略,互相攻击或联合,争夺天下,于是出现三国鼎立的局面。

三国领导人

1. 曹操

曹操是沛国谯县(今安徽亳州)人。他是三国中曹魏政权的奠基人。曹操在世时,担任东汉丞相,后为魏王,奠定了曹魏立国的基础。曹操小时候聪敏机警,有谋略,好打抱不平,为人放荡不羁,不从事正当的职业。他参加过镇压颍川黄巾军的行动,后来又镇压并击败青州黄巾军,俘获兵士三十余万,男女百余万口。他没有把这批俘虏屠杀掉,而是将其中的精锐兵士组建为自己的"青州兵",黄巾军降卒成了他的军事资本。

曹操不仅自己多智慧,还会采纳手下谋士的好主意。他手下有一批如荀彧(yù)、郭嘉这样的杰出人才。谋士毛玠(jiè)提出"奉天子以令不臣,修耕植,畜军资"的战略规划,被曹操接受。"奉天子以令不臣",意思是尊奉天子汉献帝,而命令言行不符合臣子规矩的人。这是个大策略。后来别人说曹操"挟天子以令诸侯"就是这个意思。建安元年(196)八月,曹操迎接东汉末代皇帝汉献帝从都城洛阳迁到许昌(今河南许昌)。曹操手里掌握了汉献帝,成了他的政治资本。他以汉天子的名义发号施令,征讨地方割据势力。

曹操在以许昌为基地后,听从部下的建议开始屯田,即利用士兵或招募农民垦殖荒地,取得军饷。东汉末年的战乱造成田园荒芜、农村萧条,甚至人吃人的局面。曹操提出"定国之术,在于强兵足食",当年就"得谷百万斛"。这就大大提升了他征伐四方的实力。建安五年(200),官渡一战,曹操击溃了最大的敌人、三国前期势力最强的军阀袁绍,为统一中国北方铺平了道路。建安二十五年(220),曹操在洛阳病逝。

2. 孙权

孙权的父亲孙坚和兄长孙策,在东汉末年群雄割据中建立了江东(长江在今芜湖市、南京市间的一段是从西南向东北流,秦汉以后,习称自此以下的长江南岸地区为江东)的基业。建安五年(200),孙策遇刺身亡,孙权继续掌权,成为江东诸侯。手下有鲁肃、张昭、周瑜等将士出色的谋划,孙权才有三分天下。建安十三年(208),孙权与刘备建立孙刘联盟,并于赤壁之战中击败曹操,奠定三国鼎立的基础。

黄武元年(222),孙权被魏文帝曹丕册封为吴王,建立吴国。黄龙元年(229),孙权正式称帝。他设置农官,实行屯田;设置郡县,促进了江南经济的发展。孙权晚年,群下党争,朝局不稳。他于太元元年(252)病逝。

3. 刘备

刘备是东汉末年幽州涿郡涿县（今河北省涿州市）人，西汉中山靖王刘胜的后代，三国时期蜀汉的开国皇帝。刘备的父亲刘弘死得早，刘备少年时家里生活非常艰苦，与母亲以织席、贩卖鞋子为生，但他有大志向。

刘备少年时拜卢植（东汉末年经学家、将领）为师，而后参与镇压黄巾起义。刘备早年投靠过多个诸侯，还曾经与人密谋诛杀曹操。但他因打了败仗，在曹操手下暂居。曹操在闲聊时对刘备说："当今天下英雄，只有你与我。袁绍之流，根本不值一提。"刘备正在进食，一听大惊，手中的筷子都掉落了。刘备在曹操手下低调度日，只待来日东山再起，不料被曹操抬举，着实使他吃了一惊，可见他当时的处境多么危险。

刘备后来的发展，离不开诸葛亮、关羽、张飞、赵云等人的苦心辅佐。赤壁之战时，诸葛亮极力主张孙权、刘备结成联盟，共同击败曹操，趁势夺取荆州（今属湖北）。而后进取益州（今四川和陕西汉中一带）。公元221年，刘备在成都称帝。公元223年，刘备病逝于白帝城。

三国始末

三国（220—280）在历史上存在大约六十年，是上承东汉下启西晋的一段历史时期，分为曹魏、蜀汉、东吴三个政权。赤壁之战时，曹操被孙权、刘备联军击败，奠定了三国鼎立的基础。公元220年，曹操的儿子曹丕篡汉称帝，定都洛阳，国号为"魏"，史称曹魏，三国历史正式开始。221年，刘备在四川成都称帝，国号为"汉"，史称蜀汉。229年，孙权称帝，定都建业（今江苏南京），国号为"吴"，史称东吴。至此，三国正式成立。三国之间虽不时发生战争，但疆域大致稳定。

263年，曹魏权臣司马昭命部下率军攻伐蜀汉，进逼成都，最后刘禅投降，蜀汉灭亡。不久，司马昭去世，他的儿子司马炎于265年篡位，建立晋朝，是为晋武帝，定都洛阳，史称西晋，曹魏灭亡。280年，西晋灭东吴，统一中国，至此三国结束，进入晋朝。

《三国志》与《三国演义》

《三国志》是西晋史学家陈寿写的一部记载魏、蜀、吴三国鼎立时期的纪传体断代史。《三国志》尊魏为正统。在《魏书》中为曹操写了纪，而《蜀书》和《吴书》则只有传，没有纪。《三国演义》（又称《三国志通俗演义》）是元末明初小说家罗贯中编著的小说。它是以历史为依据进行改编创作的小说，其中不少故事情节是作者虚构的。《三国志》与《三国演义》所写的历史事件大体一致，但《三国志》是正史，《三国演义》是小说。

九品中正制

九品中正制是魏晋南北朝时期重要的选官制度，始于魏文帝曹丕黄初元年（220），直到隋唐时期确立科举考试制度，才被废除。

第34篇
诸葛亮：三国时期杰出的军师

诸葛亮（181—234），字孔明，徐州琅琊（今山东省临沂市沂南县）人，隐居于南阳隆中（今属湖北省襄阳市）。后被刘备请出山，成为刘备的军师，既管谋划，也掌兵权。诸葛亮是军事战略家，又是安邦治国的政治家。他担任蜀汉丞相，奉行法制，助刘备安抚百姓，廉洁自守，为蜀汉政权的建立和巩固做出了不朽贡献。

隆中对策

汉献帝建安十二年（207）十月，当时刘备驻军新野（今河南省新野县），在帐下谋士建议下，三次到隆中拜访诸葛亮，但直到第三次方得见，史称"三顾茅庐"。这可以证明刘备的求贤下士是出自真心诚意。

诸葛亮为刘备分析了天下形势，提出先取荆州，再取益州，成鼎足之势，继而再考虑夺取中原的战略构想，这次谈话内容是后来指导刘备多年行动的纲领。诸葛亮针对刘备所提的问题陈述其对策，后世称"隆中对"。刘备听后认为很好，邀诸葛亮相助，于是诸葛亮便出山加入刘备的阵营。

赤壁之战

建安十三年（208），曹操南下，刘备败逃到夏口（今湖北武昌）。刘备派诸葛亮向孙权求救。诸葛亮到柴桑（今江西九江）见孙权，说服孙权联合刘备，共拒曹操。孙权派周瑜、程普等水军三万，与刘备合力，与曹操在赤壁交战，大败曹军，火烧曹操的战船。刘备与吴国军队水陆并进，追击曹军，曹军遭受了非常大的损失。再加上军中又暴发瘟疫，曹操不得不退回北方。孙权、刘备赤壁之战的胜利，证明了诸葛亮提出的孙刘联盟战略方针的正确。

刘备托孤

刘备称帝后，任命诸葛亮为丞相。后来，刘备病重，把自己的儿子托付给诸葛亮。他对诸葛亮说："你的才能是曹丕的十倍，必定能够安顿国家，终可成就大事。如果嗣子（刘禅）可以辅助，便辅助他；如果他没有才干，你可以自行取代他。"诸葛亮流着眼泪说："我必定竭尽辅佐的力量和报效忠贞的节气，直到死为止！"刘备又要刘禅把诸葛亮当作父亲。刘备逝世后，刘禅即位，封诸葛亮为武乡侯，政事不论大小，都由诸葛亮决定。

诸葛亮为了实现全国统一，在平息南方叛乱之后，于227年决定北上伐魏，军队临行之前上书后主刘禅，即《出师表》。诸葛亮为实现刘备的遗愿，复兴汉朝，率领军队进驻汉中，曾经六次出祁山（今甘肃省礼县东），北伐中原，但终究不敌曹魏。刘后主建兴十二年（234），诸葛亮病逝于五丈原

(今陕西省宝鸡市境内)。

诸葛亮《诫子书》

这是诸葛亮临终前写给他儿子诸葛瞻的一封家书。从文中可以看出诸葛亮是一位品格高洁、才学渊博的父亲,对儿子的殷殷教诲与无限期望尽在此文中。开头一段:"夫君子之行,静以修身,俭以养德。非淡泊无以明志,非宁静无以致远。夫学须静也,才须学也,非学无以广才,非志无以成学。"这段话至今仍是励志的名言。

第35篇
华佗：三国时期的医学奇人

华佗（约145—208）是曹魏时的医学奇人，他是沛国谯县（今安徽亳州）人。他曾在今江苏徐州地区漫游求学，通晓几种经书。他性情爽朗刚强，而且淡泊功名利禄，曾先后几次拒绝做官，只愿做一个平凡的民间医生，以自己的医术来解除病人的痛苦。

发明麻沸散

华佗医术精湛，可称神奇绝妙。他擅长两大医技：一是利用针灸疗法治病，即利用针刺与艾灸进行治疗；二是让病人喝他自己配制的麻醉药"麻沸散"，使病人麻醉后无知觉，再动手术治病。

华佗精通各种药方，治病时，配药只要几种就行。他十分熟悉剂量，一抓即得，不必再称。煮熟饮用，交代一下注意事项，病人吃完药就感到好多了。如果病患集结郁积在体内，针灸、药物不能治，须动手术的，他便让病人先喝麻沸散，一会儿病人就如醉死一样，毫无知觉。于是他就开刀切除坏死部位。病患如果在肠中，他就割除肠子病变的部位，洗净伤口和易感染部分,然后缝好腹部刀口,用药膏敷上。四五天后,病人就慢慢康复,不再疼痛了。在华佗生活的时代,医疗卫生条件十分落后,他能为病人开刀做手术,简直是一件不可思议的奇事。因此,他被誉为"神医"。后世还尊称他为"外科鼻祖"。

医德高尚

华佗医德高尚,医病不分贵贱。有一天,他走在路上,看见一个人咽喉堵塞,想吃东西却咽不下,家里人用车载着他去求医。华佗听到病人的呻吟,连忙去诊视,告诉他们说:"刚才我来的路边上有家卖饼的,有蒜泥和大醋,你向店主买三升来吃,病痛自然会好。"他们马上照华佗的话去做,病人吃下后吐出一条寄生虫。他们把虫悬挂在车边,想到华佗家去表示感谢。华佗还没有回家,他的两个孩子在门口玩耍,迎面看见他们,小孩相互说道:"像是遇见咱们的父亲了,车边挂着的'病'就是证明。"病人上前进屋坐下,看到华佗屋里北面墙上悬挂的这类寄生虫的标本大约有十几条。华佗在路上见到病人,主动热情上前诊视,可见他医德的高尚。

曹操害死华佗

华佗高明的医技,名扬天下。曹操听说了,就召华佗来,让他待在身边。曹操为头痛病所苦,每当发作时,就心情烦乱,脑袋眩晕。只要华佗为曹操针刺鬲(膈俞穴)这个部位,曹操就会感觉舒服很多。华佗不愿留在曹操身边,供他个人使唤,就以妻子有病做托词回家。曹操多次写信召唤,华佗还是不肯去。曹操非常生气，派人逮捕了华佗，在狱中将他拷问致死。华佗死后，曹操的头痛病又发作了好几次，无人能医，但他却并无悔意。直到爱子曹冲患病，所有的医生都束手无策，曹操才感叹说："我后悔杀了华佗，让儿子活活病死了。"

知识加油站

华佗创"五禽戏"

《三国志·华佗传》记载，华佗有一种锻炼方法，叫作五禽戏：曰虎戏，曰鹿戏，曰熊戏，曰猿戏，曰鸟戏，可以用来防治疾病，同时可使腿脚轻便利索。

第36篇
三国时期的三个读书故事

吕蒙折节好学

吕蒙是三国时期吴国孙权手下的将领，曾经设计袭取荆州，击败蜀汉名将关羽，使东吴国土面积大增。最初，孙权对吕蒙说："你现在手握权柄，不可以不读书。"吕蒙辩解说，不是他不读书，而是军中事情太多，没有时间。孙权说："我岂是要你研究儒家经典，去当教书匠？只不过希望你大略有个印象，知道从前发生过什么事就够了。如果说没有时间，谁能比我更忙，我还常常读书。从我统领事务以来，读了'三史'（指《史记》《汉书》《东观汉记》），以及各家兵书，自以为大有帮助。你应该读一下《孙子》《六韬》《左传》《国语》及'三史'。光武帝刘秀担当军事要务，手不释卷；曹操也自称老而好学。你就不能勉励自己吗？"吕蒙从此开始求学，而且坚定不移。

后来，孙权手下谋士鲁肃跟吕蒙谈论，不由得大吃一惊，说："你今天的才识智略，已不是当年吴郡时代的吕蒙。"吕蒙说："士别三日，就要刮目相看，大哥发现得未免太迟！"鲁肃遂与他结交成为好友。孙权赞叹吕蒙"折节好学"，即改变过去的志趣和行为,喜爱读书,称得上是"国士"。

董遇利用"三余"时间读书

董遇是三国时期魏国弘农(古县名,今河南省灵宝市北)人。建安初举孝廉,魏明帝时任掌管租税财政的大司农。他是魏国著名儒宗。

董遇性格质朴,不善说话,但从小喜欢学习。汉献帝兴平年间,关中李傕(què)等人作乱,董遇与哥哥季中便投奔段煨将军。董遇兄弟经常采集野生稻谷背回去卖,每次劳作时,董遇都带着经书,有空闲就拿出书诵读。哥哥讥笑他,但董遇照样不改读书的习惯。

起初,董遇善于研究《老子》,给《老子》作了注释;又善于研究《左传》,用朱笔和墨笔批点,加以区别。

读书人有跟从他学习的,他不肯教,对人家说:"读书百遍,其义自见。"请教的人说:"只是苦于没有时间。"董遇说:"应当用'三余'时间。"有人问"三余"是什么,董遇说:"冬天没农活是一年里的空余时间,夜间是一天里的空余时间,阴雨天也是一种空余时间。"利用"三余"时间读书,说明读书的时间是自己挤出来的。

邴原哭泣求学

邴原是东汉末年的名士。他十一岁时死了父亲,成了孤儿,家境贫穷。他家隔壁有学堂,邴原经过学堂旁就哭泣。老师问他:"小孩子悲伤什么?"邴原说:"孤独的人容易悲伤,贫穷的人容易感怀。那些读书学习的人,必定都是父兄都有的人。我一是羡慕他们没有成为孤儿，二是羡慕他们能够学习，心里悲伤，因此流泪。"

老师也为邴原的话哀伤，说："想读书，可以啊！"邴原回答说："没有学费。"老师说："如果你有读书的志向，我教你，不要学费。"于是，邴原就入了学。一个冬天的时间，他背诵了《孝经》和《论语》。

邴原成年后，为曹操所敬重。曹操出征，令邴原与太子曹丕留守。有一次，太子举行宴会，来宾一百数十人，太子提出一个问题："君王与父亲各有重病，但只有一颗药，可救一人，应当救君王呢，还是救父亲呢?"有人说先救父亲，有人说先救君王。当时邴原也在座，不参与这种讨论。太子问邴原，邴原因发怒而变了脸色，回答："先救父亲。"太子也不再为难他。邴原即使在曹丕面前也敢说实话，表现出不畏权贵的高尚品质。

知识加油站

建安文学

东汉末年汉献帝建安年间，文学领袖有"三曹"和围绕在他们身边的"建安七子"。"三曹"即曹操、曹丕和曹植；"建安七子"即王粲、陈琳、徐干、刘桢、应玚、孔融、阮瑀。以他们为代表的这一时期的文学，即"建安文学"。鲁迅在《魏晋风度及文章与药及酒之关系》中提出，这个时代可以说是"文学的自觉时代"。

第37篇
司马昭之心，路人皆知

魏齐王曹芳嘉平元年（249），司马懿杀了三国时期曹魏宗室、权臣曹爽，独揽朝政大权。司马懿死后，他的大儿子司马师以抚军大将军辅政，权势更大。嘉平六年（254），司马师将曹芳废为齐王，改立高贵乡公曹髦为帝。正元二年（255），司马师死后，司马懿的次子司马昭继承为大将军，专揽国政。从司马懿到他的两个儿子，先后掌控了曹魏的军政大权。

曹髦不甘心做司马氏的傀儡

曹髦是魏文帝曹丕的孙子，原被封为高贵乡公。曹髦被立为皇帝，其实只是司马氏的傀儡罢了。曹髦即位后，派身边的一批侍从官员到全国各地巡视，代表天子了解各地风土人情，慰问地方官员和百姓，同时调查有无冤案和官员失职的情况。他还到最高学府太学与学者讨论《易经》等经书。当时的谋士钟会说曹髦文才与曹植相同，武略类似曹操。曹髦一直不甘心做司马氏的傀儡，力图有所作为。他见自己要权无权，要势无势，不胜愤恨。曹髦的前任皇帝曹芳是被司马师废黜的。现在司马昭又独断专行，自己前途也很危险。

甘露五年（260）五月，曹髦发动政变，企图消灭司马昭的势力。曹髦对官员说："司马昭之心，路人所知也。我不能坐等他来废黜、羞辱我。"于是他亲自率领宫中卫兵、仆人数百人，敲起战鼓，讨伐司马氏。

谁知，早有官员去向司马昭告密。司马昭接到报告后，立即召令护军贾充等做好戒备。在两军相持不下时，贾充对着自己的部下说："司马家如果失败了，我们这些人还会有好下场吗？"在他的鼓动下，站在司马昭一边的太子舍人成济刺杀了曹髦，令他血溅宫墙，当场身亡。

司马昭听到消息后故作吃惊，喃喃自语道："天下将怎么看我啊？"

司马昭决定拿成济做替罪羊。他高声宣布："成济弑君，罪大恶极，应诛灭九族！"

成济兄弟不服罪，光着身子跑到屋顶，大骂司马昭，被军士从下面以乱箭射杀。

司马炎建立晋朝

曹魏元帝曹奂咸熙二年（265），控制魏国朝政的司马昭病逝，享年五十四岁。几个月后，司马昭的儿子司马炎代魏称帝，建立晋朝，定都洛阳，历史上称西晋（266—316）。西晋代魏后，于公元280年灭孙吴，结束了三国鼎立的分裂局面，国家重新统一。灭吴后，晋武帝司马炎开始在全国采取了一系列措施，鼓励垦荒，兴修水利，促进农业生产，逐步使百姓摆脱了战乱之苦，使国家走上了发展之路。

司马昭之心，路人皆知

指司马昭夺取皇位的野心，已是人人都知道的事情。成语"司马昭之心，路人皆知"就由这个典故发展而来，比喻野心家的阴谋，人所共知。

魏晋南北朝

魏晋南北朝（220—589），从220年曹丕称帝到589年隋朝灭南朝陈而统一中国，共三百六十九年。可分为三国时期（曹魏、蜀汉与东吴并立）、西晋时期、东晋时期、十六国时期、南北朝时期。

第38篇
西晋灭亡

西晋建立以后，朝廷上下奢侈腐败的风气也逐渐兴起。晋武帝出身世代显贵的家族，其家族经过长期发展，早就形成庞大的权贵集团，成为皇室后更加腐朽。而其他世家大族也是贪婪暴虐，放肆无顾忌，奢侈成风。

西晋富豪的腐败

石崇是西晋开国功臣石苞的儿子，他请客宴会，常常让美人劝酒，如果哪个客人不干杯，就叫家奴杀掉劝酒的美人。每当轮到大将军王敦时，他总是坚持不喝。石崇已经连续杀了三个美人，王敦神色不变。一起做客的丞相王导责备他。王敦却说："他杀他自己家里的人，干你什么事！"这暴露了豪门贵族的凶残暴虐、穷奢极侈，视人命如儿戏。

石崇与王恺比赛谁更富有。石崇是州官，是富商，又与权臣贾谧友善，而王恺是晋朝外戚、富豪，靠裙带关系发财。

晋武帝是王恺的外甥，王恺为斗胜石崇，常常让武帝帮忙。有一次，晋武帝把宫里收藏的一株两尺多高的珊瑚树赐给王恺。这棵珊瑚树枝条长得十分繁茂，世上很少有珊瑚可以与它相比。王恺特地把这棵珊瑚树拿出来给石崇看，说："我家这件罕见的珊瑚，你观赏一番怎么样？"石崇看完，并不说什么。他顺手抓起案头的一支铁如意，朝着大珊瑚树砸去，只听"当"一声响，珊瑚被砸得粉碎。王恺当然很惋惜，又以为是石崇嫉妒自己的宝物，声色俱厉地斥责他："你砸了它干吗？"石崇回答说："不值得你这样愤恨，现在还你。"就命自己身边的人将自己的珊瑚树全都拿出来，有三尺高的，也有四尺高的，枝条世上罕见、光彩夺目的就有六七棵。

当时有一个大臣傅咸，上了一道奏章给晋武帝，以为奢侈而引起的铺张浪费，比天灾更严重，严厉批评这种奢侈风气。晋武帝看了奏章，根本不理睬。他跟石崇、王恺一样，一面加紧搜刮，一面穷奢极侈。西晋王朝一开始就这样腐败，这就注定要发生大乱了。

八王之乱

在晋武帝死后即位的是晋惠帝司马衷。晋惠帝除了享乐之外，什么都不懂，是历史上有名的白痴皇帝。关于他，有个著名的笑话。当时天灾严重，饿死了很多百姓。大臣向他汇报情况，说老百姓没有饭吃。晋惠帝竟然反问："那他们为什么不吃肉粥呢？"令人哭笑不得。如此糊涂又无能的皇帝，怎么可能治理好国家，把持好朝政？于是，大权就落入了他的皇后贾南风——一个野心勃勃又阴险狠毒的女人手中，形成了贾后专权的局面。

贾后掌权七八年，胡作非为，嚣张跋扈，为了权力，甚至不惜派人毒死了太子。掌握禁军的赵王司马伦却将这件事视作一个好机会，以此为把柄，派禁军校尉、齐王司马冏带兵进宫逮捕了贾后，并且杀了她。

掌握大权的司马伦，野心膨胀，干脆软禁了晋惠帝，自己当起了皇帝。各地的同姓诸侯王闻讯，岂肯罢休，人人都想夺皇帝的宝座，由此，爆发了"八王之乱"。加入这场厮杀的八个诸侯王分别为：赵王司马伦、齐王司马冏、成都王司马颖、河间王司马颙、长沙王司马乂、东海王司马越、汝南王司马亮和楚王司马玮。

八王之乱持续了十六年。这是西晋世族势力恶性发展的后果，暴露了统治阶级的腐朽、凶残，并且给百姓带来了很大的灾难。无数平民被迫服役，死于这场恶斗；还有无数人因生产遭到破坏，饥饿而死。所以，八王之乱之后，爆发了各族人民大起义。

316年，匈奴首领刘渊的养子刘曜攻破长安，晋愍帝投降，西晋至此灭亡。

知识加油站

《晋书》

这是唐朝房玄龄等人合著的历史书，记载上起三国时期司马懿早年，下至东晋恭帝元熙二年（420）的历史。该书同时还以"载记"形式，记述了十六国政权的状况。《晋书》的作者多是文学大家，叙事往往能做到简明扼要，有时还有生动、精彩之笔。

第39篇
东晋北伐名将祖逖

祖逖生活的时代大背景

西晋王朝灭亡后,镇守建康(今南京)的司马睿于317年在江南重建晋王朝,史称东晋。东晋政权与北方的五个少数民族建立的十六国并存,所以,这一时期,整个中国四分五裂。为了实现统一,东晋政权多次北伐,在此过程中,出现了一批能征善战的将领,其中最著名的就是祖逖。

闻鸡起舞

祖逖(266—321),范阳人,家中代代为官吏,为北方幽州(今河北省北部)之地的名门显族。祖逖少年时,父亲去世,兄弟共有六人。祖逖性格豪爽倜傥(tì tǎng),不注重修饰仪表,不拘小节,十四五岁时还不知道用心读书,他的兄长都为之担忧。然而祖逖轻视财物,好行侠仗义,慷慨大方,具有节操风范,每到田庄,则以兄长的名义拿出粮食布帛散给贫困之人做救济品,乡中父老、族中宗亲因此特别看重他。长大后,他博览经史子集,通晓古今事理,常到京师活动,见过他的人都说他具有辅佐君王治理天下的才能。

祖逖年轻时就有大志向，曾与后来成为东晋将领、诗人的刘琨一起担任司州的主簿（掌管文书的官员），两人关系非常亲密，晚上同床共被而眠。半夜时分听到野外鸡叫的声音，祖逖将刘琨推醒后说："这不是令人厌恶的声音。"然后与刘琨到屋外舞剑练武。

祖逖、刘琨都有豪迈的气度，每谈及天下之事，常半夜披衣起坐，相互勉励说："要是四海鼎沸，天下有事，四方豪杰并起，我们率兵在中原相遇，应该互相退让一步啊。"

带领亲族南下

西晋怀帝永嘉五年（311），洛阳陷落，京师大动乱，祖逖带着宗族亲戚数百家逃往淮水、泗水一带躲避战乱。他自己坚持步行，把车马让给老弱病人，又把粮食、衣物和药品分给别人。逃亡途中多遇盗贼危险，祖逖都能灵活自然地应对，被同行的人推为"行主"——主持行旅的人、带队的人。可见他在避难队伍里的领导能力、亲和力很强，受到同行人的拥戴。他们到达泗口（今江苏省淮安市西南）后，祖逖被当时的琅琊王司马睿任命为徐州刺史，不久就率领部属屯驻京口（今江苏省镇江市）。

北渡长江

祖逖住在京口，聚集起骁勇强健的壮士，请求司马睿派遣将领率兵出师北伐。司马睿一直没有北伐的志向，他虽然任命祖逖为奋威将军、豫州（今属河南）刺史，但仅仅拨给他一千人的口粮、三千匹布,不供给兵器,让祖逖自己想办法去募集。

司马睿的消极态度,并未动摇祖逖北伐的决心。祖逖率领跟随自己南下的宗族亲戚百余家,毅然从京口渡过长江北上。当船至大江之中时,他眼望面前滚滚东去的江水,感慨万千。想到山河破碎和百姓苦难的情景,想到眼前的处境和实现壮志的决心,他充满了豪气,敲着船桨大声发誓:若不能平定中原,收复失地,而再渡江回到江东,自己就像这大江一样有去无回!他这个誓言表示了收复失地、统一国家的强烈愿望。大家都为之慨叹。

祖逖在渡江后,暂驻淮阴(今江苏省北部),筑起炉子炼铁,铸造兵器,又招募到士兵两千多人。祖逖攻占谯城(今安徽亳州)后,终于在豫州站住脚跟,打通了北伐的道路。

但是在晋元帝的挟制下,祖逖终究还是未能实现理想。朝廷不信任他,贵族们忙于争权夺利,北伐难成,祖逖因此忧愤成疾,病逝于雍丘。

门阀制度

东晋政权是由门阀士族控制的。所谓门阀士族,指当时社会上具有特殊地位、由官僚士大夫所组成的政治集团。

第40篇
王羲之与《兰亭序》

王羲之,东晋时期著名书法家,后代人称他为"书圣"。官至右军将军(将军只是名,实际是文职官员)、会稽内史(会稽一地的最高行政长官)。他的书法,隶、草、楷、行各体都好,自成一家。代表作《兰亭序》被誉为"天下第一行书"。在书法史上,他与儿子王献之被合称为"二王"。

东床袒腹

有一次,太尉郗(xī)鉴派人来见东晋宰相王导(王羲之的长辈),想在王家子弟中选一个女婿。王导让来人到东边厢房里去看看王家子弟。郗鉴派来的人回去后,对郗鉴说:"王家子弟个个不错,可是一听到有外人到来,都显得拘谨而不自然,只有一个人坐在东床上,敞开衣襟,袒露胸腹吃东西。"郗鉴说:"这正是我要选的好女婿。"一打听,原来是王羲之。郗鉴就把女儿嫁给了他。

东床袒腹,是王羲之平时生活的一个写照。因为他心中没有杂念,已有自己的书法成就,有自己的正直个性,他并不想依傍大官,所以对太尉郗鉴派人来挑选女婿的事很坦然。

而其他王氏子弟的拘谨表现正好成了王羲之的陪衬。

兰亭相聚

东晋穆帝永和九年（353），农历三月初三，王羲之和谢安（当时隐居上虞东山，以后才成为东晋宰相）、孙绰（诗人、书法家）等四十一人在绍兴兰亭修禊（xì，一种消除疾病和不祥的民俗活动），众人饮酒赋诗，把所写的诗汇编成集，王羲之即兴挥笔，为此诗集作序，这便是著名的《兰亭序》，又称《兰亭集序》。这篇序文记述了当时文人雅集的情景和感想。作者的书法水平发挥到极致，据说后来再写已不及第一次的好。这篇书法共三百多字，凡字有复重者，皆变化不一，其中有二十多个"之"字，写法各不相同。精美绝伦，堪称神品。宋代米芾称之为"天下第一行书"。《兰亭序》的文辞意味深长，引人入胜，被后世作为古文典范来吟咏背诵。兰亭也因此成为历代书法家的朝圣之地。

后来，唐太宗李世民酷爱《兰亭序》的书法，因而在房玄龄编撰的《晋书·王羲之传》后，亲自撰写了《王羲之传论》。

养鹅题扇

王羲之生来喜欢鹅，会稽有个孤老太太养了一只鹅，叫声好听。王羲之想买没买来，于是带领亲友命人驾车前去观看。没想到老太太听说王羲之要来，就把鹅杀了煮熟等他来，王羲之为此感叹惋惜了好几天。

山阴有个道士养了一群好鹅，王羲之去看，非常喜欢，再三要买他的鹅。道士说:"给我书写《道德经》,我就把这群鹅全都送给你。"王羲之欣然给他书写,把鹅装在笼子里带回去了,非常快活。

王羲之曾经在蕺(jí)山(今绍兴市区)看见一个老太婆,拿着六角竹扇卖。王羲之在每把扇子上题了五个字,然后对老太婆说:"你只要说这是王右军的字,就可以卖一百钱。"老太婆就这样对人说,果然,人们都争着买扇子。绍兴市区至今还留有与王羲之有关的这一处遗迹——"题扇桥"。

《兰亭序》真迹的下落之谜

据唐朝人何延之撰写的《兰亭始末记》,说唐太宗李世民极爱王羲之的书法作品,把天下民间所藏都收到宫中,还设法获取了王羲之的《兰亭序》真迹。唐太宗命令当朝著名书法家欧阳询、虞世南、褚遂良等写成各种摹本传世,而把真品藏在身边。唐太宗临死时,太子李治遵照他的遗命把这绝代墨宝作为陪葬品埋入唐太宗昭陵里。但该墨宝的真正下落至今仍是一个谜。

第41篇
陶渊明：寻找桃花源

陶渊明，名潜，字渊明，浔阳柴桑（今江西九江）人，东晋末期至南朝宋初期的大诗人。他是东晋名将陶侃的曾孙。少年时知识渊博，善做文章，为乡里邻居所看重。四十一岁时曾做过彭泽（今江西湖口东）县令，仅八十余日即辞官回家，从此隐居，归耕田园，创作了不少赞美农村生活的诗篇，意境平淡，语言质朴。陶渊明因此成为中国最著名的田园诗人。

不为五斗米折腰

陶渊明家境贫穷，亲戚朋友多劝他去做官，他听了也有所考虑，想做个文官，来挣些钱补贴家用。上面管事的人听说了，就任用他为彭泽县的县令。

他向来简朴自爱，不去讨好长官。在那年冬天，浔阳郡的太守派出一名督邮（监督考察下属的官员），到彭泽县来检查公务。浔阳郡的督邮以凶狠贪婪远近闻名，每年两次以巡视为名向辖县索要贿赂，每次都是满载而归，如不遂愿，就栽赃陷害当地县令。这次派来的督邮，是个傲慢的人，他一到彭泽的旅舍,就差县吏去叫县令来见他。陶渊明平时蔑视功名富贵,不肯趋炎附势,对这种假借上司名义发号施令的人很瞧不起,但也不得不去见一见,于是他马上动身。不料县吏对陶渊明说:"大人,参见督邮要穿官服,并且束上大带去迎见,不然有失体统,督邮要乘机大做文章,会对大人不利的!"陶渊明觉得忍受不了,长叹一声说:"我不能为五斗米向乡里小人折腰!"当天就解下官印辞去官职,写了一篇《归去来兮辞》。后来,朝廷征聘他为著作郎(官职名),他也没有接受。

寻找桃花源

陶渊明回乡隐居后,亲身参加一些劳作,接近了农民。他的隐居生活记录在他的田园诗中。他留给后世的作品,影响最大的是散文《桃花源记》。这篇散文原是《桃花源诗》的序言。作者借武陵一个渔民进入桃花源的经过,把现实和理想境界联系起来,通过对桃花源的安宁和乐、自由平等生活的描绘,表现了作者追求美好生活的理想和对当时现实生活的不满。他描写桃花源里的美好情景:"土地平旷,屋舍俨然,有良田美池桑竹之属。阡陌交通,鸡犬相闻。其中往来种作,男女衣着,悉如外人。黄发垂髫,并怡然自乐。"这些描写使得景物历历在目,令人神往。但文章最后,写了那个渔民出来后,想再次去桃花源却找不到原路了。另一位高士想去桃花源,也无结果。这表明桃花源其实是不存在的,只是作者幻想的一个世外小社会而已。不过,这个桃花源反映了人们对美好生活的追求,所以后世人会经常提到它。

"不为五斗米折腰"的解释

对"不为五斗米折腰"的传统解释,即不能为俸禄向乡里小人弯腰行礼,把五斗米理解为县令官俸。有学者进一步认为五斗米是指当时县令的俸禄。也有学者认为,陶潜所谓五斗米,与当时县令俸禄绝无关系,而是东晋南朝士大夫的食量,正好是每月五斗米左右。陶潜说,不能为五斗米向乡里小人折腰,就是说,他不能为求自己一饱之故向乡里小人折腰。

第42篇
南北朝三位数学家的故事

南北朝时期有三位著名的数学家：南齐的祖冲之、祖暅（gèng）父子和北齐的信都芳。他们在数学上都有重要创造，而且互相都有密切关系。这是中国科学史上的一段佳话。

祖冲之对圆周率的重大贡献

祖冲之（429—500），字文远，出生于建康，祖籍范阳郡遒县（今河北省涞水县），是中国南朝时期杰出的数学家、天文学家。

祖冲之一生钻研自然科学，其主要贡献在数学、天文历法和机械制造三个方面。其中最著名的数学研究成果是他对圆周率的计算。圆周率是圆的周长与直径的比值，现在我们用希腊字母π表示，是一个在数学及物理学中普遍存在的数学常数，也是精确计算圆周长、圆面积、球体积等几何形状的关键值。祖冲之首次将圆周率精确到小数点后第七位，即在3.1415926和3.1415927之间，他提出的圆周率被称为"祖率"。直到16世纪，阿拉伯数学家阿尔·卡西才打破了这一纪录。

由祖冲之撰写的《大明历》是当时最科学、最进步的历法，为后世的天文研究提供了正确的方法。

祖暅提出"祖暅原理"

祖冲之的儿子祖暅也是数学家、天文学家。受家庭的影响，尤其是父亲的影响，他从小就热爱科学，对数学具有特别浓厚的兴趣。祖暅读书思考时，十分专一，即使有打雷的声音，他也听不到。有一次，他边走路边思考数学问题，走着走着，竟然撞了对面过来的仆射徐勉。徐勉是高级长官，又是朝廷要人，被这个年轻人撞了，不禁大叫起来。这时，祖暅方才醒悟。

祖暅提出了著名的"祖暅原理"，是关于球体体积的计算方法，这是他一生最有代表性的发现。他在求球体体积时，使用一个原理："幂势既同，则积不容异。""幂"是截面积，"势"是立体的高。意思是两个同高的立体，如在等高处的截面积相等，则体积相等。更详细点说就是，介于两个平行平面之间的两个立体，被任一平行于这两个平面的平面所截，如果两个截面的面积相等，则这两个立体的体积相等。上述原理被称为"祖暅原理"。

信都芳向祖暅学习数学

信都芳，字玉琳，河间（今河北沧州）人，北齐著名的数学家、天文学家。他擅长算术，安丰王元延明请他当门客，把他安置在书馆里。那时祖冲之的儿子祖暅在边境被俘获，也居住在元延明府上。开始时，祖暅并不被元延明优待。信都芳向元延明建议礼待祖暅。祖暅就这样结识了信都芳。信都芳向祖暅学习数学,两人常常在一起研讨天文、数学,十分投机。后来祖暅在回江南之前将一些算术方法教给信都芳,这使信都芳的数学大有长进。信都芳还著有《乐书》《遁甲经》《四术周髀宗》等书。他又纂修了历法,名为《灵宪历》,但书还没有完成,就去世了。

中国古代的数学

中国在数学上很多原理的发现早于西方国家,古代历史上出现了很多的数学大家和有名的数学著作。如《九章算术》,它是中国第一部数学专著,大约成书于东汉初期。魏晋时期刘徽所作的《九章算术注》是后世流行的一个注本,已经形成了一个比较完整的理论体系。此外,中国还发明了最早的计算器——算盘。

第六章

隋唐时期

第43篇
隋朝：父亲开国，儿子亡国

南北朝时期，中国大地上纷纷攘攘地闹了一百六十多年。直到581年，出现了一个新的王朝——隋。隋朝存在的时间很短，只有三十八年，而且只历父子两代：开国者，隋文帝，父亲杨坚；亡国者，隋炀帝，儿子杨广。

节俭的父亲

隋文帝杨坚是以节俭著称的皇帝。他小时候生长于寺庙之中，素衣素食，生活贫苦，养成了勤俭朴素的习惯。他虽贵为天子，却食不重肉，不用金玉饰品，宫中的嫔妃不作美饰。他的车马用具坏了，就派人去修补，不许做新的。

隋文帝留意民间疾苦。有一次，隋文帝巡查一个村庄，看到农民正在吃豆腐渣和杂糠混做的饭，他难受地说："这都是我的错啊！我没有把国家治理好，才害得老百姓吃这种饭啊！"他回到长安后，要求各级官员和全国人民从吃食到着装都务必节俭。自己也以身作则，约法三章：一、今后吃饭不大摆宴席；二、不带酒带肉；三、穿普通布服。此后有一年多的时间，隋文帝没有吃肉喝酒。

扬州刺史豆庐通见隋文帝穿着普通的布服，就进贡了一匹刺有花纹的上好细绫。隋文帝接到后，立即召集满朝文武大臣，当着全体大臣的面，非常生气地批评豆庐通："现在，我们国家尚处在困难时期，老百姓穿粗布衣尚感困难，你却让我穿这样昂贵的上等细绫，这能取信于民吗？倘若上行下效，那我们的国家和人民，何时才能兴旺发达、繁荣富强呢？"语重心长的一席话，说得豆庐通满脸愧色，跪倒认错。隋文帝令人当堂将细绫烧毁。

隋文帝不仅躬行节俭，还是一个非常勤政的皇帝。他每天都亲自上朝处理政事，从天不亮就上朝，一直到太阳落山才下朝，虽然非常辛苦，但是他始终认认真真，不敢有丝毫懈怠。

暴虐的儿子

隋炀帝杨广则是一个骄奢淫逸的昏君。他三次巡游扬州，耗费无数财物。随行的嫔妃、歌舞乐队、侍从军士近二十万人。整个船队首尾相接，前后二百多里，为船队拉纤的壮丁就达八万多人，运河两岸还有大队骑兵护送。船队所过州县，强令五百里内居民贡献珍品美味。由于勒索品太多，每次起程前，要把许多食品倒入河里或埋到地里。船队如同蝗虫一般，所到之处，皆被吃尽搜空。

隋炀帝好大喜功，频频发动战争。他三次派军队攻打高句丽，用了一百多万的军队，其中渡过鸭绿江的三十多万人，回来的不到两千七百人。

战争损耗了大量的人力、物力，带来无休止的兵役、徭役。各地人民纷纷起义，反抗隋炀帝的暴政。隋炀帝却依然奢侈腐化，横征暴敛。

618年，隋炀帝的侍卫部队发动政变，在江都用巾带缢死了隋炀帝。繁荣一时的隋朝灭亡了。

隋朝的贡献

隋朝结束了三百多年的分裂割据状态，实现了自秦汉以来中国的又一次统一。三国两晋南北朝时期，中国出现了三百多年的分裂，政权频繁更替，战乱连年不断。589年，隋文帝遣兵挥戈南下，割据南方的陈朝灭亡了。连续三百年的战争得以停止，全国安宁，南北民众获得休息。

隋朝确立的三省六部制，奠定了此后封建官僚体制的基础。隋朝中央设尚书、门下、内史三省，以尚书令、纳言、内史令为长官，行使宰相职能，辅助皇帝处理全国事务，其中内史省负责决策，门下省负责审议，尚书省负责执行。尚书省下设吏、民、礼、兵、刑、工六部，每部设尚书，总管本部政务。三省六部制的设置，表明封建制度已发展到成熟阶段，对唐及以后历代王朝影响巨大。自隋定制，一直沿袭到清朝。

隋朝开创的科举考试制度具有长远的影响。隋文帝废除了以前选官用的九品中正制，首开科举制。规定选官不问门第，各州每年向中央选送三人，参加秀才、明经等科的考试，合格者录用为官。自隋开先河后，科举制一直是封建王朝选拔人才的主流制度。

隋朝开凿的大运河，分成永济渠、通济渠、邗沟、江南河四段。以洛阳为始，北通涿郡，南达余杭，是世界上最早最长的大运河。大运河是一项改造祖国河山的伟大创举，它不仅是一条南北水上大动脉，而且在中国历史上的政治、经济、军事、文化等方面，都产生过重要的影响。此后运河一带经济空前繁荣，文化空前昌盛，交通空前发达，都有赖于此。

隋文帝不赦子

隋文帝的儿子秦王杨俊担任并州总管，因奢侈、骄纵而触犯刑律被免去官职。开国功臣杨素启奏道："陛下十分疼爱秦王，臣请求陛下不追究他的罪过。"隋文帝说："谁也不可违反法律。如果按照你的意思处理这件事，我就仅仅成了秦王杨俊的父亲，而不是天下人的父亲了。"最终，隋文帝没有答应杨素的请求而赦免杨俊。

第44篇
李密与瓦岗军

李密（582—618），字玄邃，一字法主，京兆长安（今陕西西安）人。隋末瓦岗军起义的组织者和领导者之一。他能文善武，才略卓著，为推翻隋王朝统治立下了汗马功劳。

牛角挂书遇杨素

李密的祖辈是北周和隋朝的贵族。他年少的时候，曾被派在隋炀帝的宫廷里当侍卫。但是，他生性活泼好动，经常在值班的时候左顾右盼。有一次被隋炀帝发现了，就免了他的差使。可是，李密并没有因为失去职位而沮丧，而是回家后发愤读书，做一个有学问的人。

有一天，李密骑着牛，出门去看望朋友。一路上，他把《汉书》挂在牛角上，抓紧时间看书。正巧，当朝丞相杨素坐着马车从后面赶来，看到前面这个少年坐在牛背上还看书，觉得奇怪，就向他招呼："是哪位书生，这么用功读书啊？"李密回头一看，认出丞相杨素，慌忙跳下牛背，行了一个礼，报了自己的姓名。杨素又问："你在看什么书？"李密回答："我在看史书，正在看项羽的传记。"杨素认定，这个少年很有抱负。

回家后,杨素对自己儿子杨玄感说:"我看李密的学识和才能,比你们兄弟几个都强得多,将来你们有什么要紧的事,可以去找他商量。"此后,李密和杨玄感成为了好朋友。

灭隋三策献杨玄感

隋炀帝第二次发动对高句丽的战争时,派杨玄感督运粮草。杨玄感发动运送粮草的八千个民工起兵反隋,但苦于没有一个人替自己出谋划策。他想起父亲的叮嘱,就派人到长安,把李密接到黎阳(今河南省浚县)来。

李密到了黎阳,杨玄感向他请教,要推翻隋炀帝,这个仗该怎么打法。李密说:"要打败官军,有三种办法。第一,皇上现在在辽东,我们带兵北上,截断昏君退路。他前有高句丽,后无退路,不出十天,军粮接济不上,我们不用打也能取胜,这是上策。第二,向西夺取长安,抄他们的老巢。官军如果想退兵,我们就拿关中地区做根据地,凭险坚守,这是中策。第三,就近攻东都洛阳,不过这可是一条下策。因为朝廷在东都还留着一部分守兵,不一定能很快攻下来。"

杨玄感急于求成,听完这三条计策,觉得前两条都太费时间,说:"我看你说的下策,倒是个好计策。现在朝廷官员家属,都在东都。我们攻下东都,把家属都俘虏起来。官兵军心动摇,保管能取胜。"

杨玄感立刻从黎阳出兵攻打东都洛阳。一路上,有许多农民踊跃参加起义军,队伍扩大到十万人,接连打了几个胜仗。隋炀帝正在带领大军猛攻辽阳,得到告急文书,连夜退兵,派大将宇文述等带领大军分路攻打杨玄感。杨玄感抵挡不住，最后无路可走，终于被杀。李密也被抓住了。但在押往隋炀帝行营的路上，李密和其他几个被捕者把随身的财物都送给看押他们的士兵，趁他们忙于喝酒作乐、防备松懈时逃掉了，大家一起投奔了瓦岗军。

瓦岗寨治军有方

瓦岗军是当时一支比较强大的反隋起义军。他们以瓦岗寨（今河南省滑县）为根据地，多数成员是擅长使用长枪的渔民和猎户。首领翟让，作战骁勇，而且有胆略，有气度，在军中有很高的威望。

李密参加瓦岗军后，帮助翟让整顿队伍，还积极联络附近各部起义军，说服他们与瓦岗军联合，听从翟让指挥。翟让非常高兴，对李密越来越信任。

李密鼓励翟让干一番大事业，建议首先攻打荥阳（今河南省荥阳市）。翟让依计而行，获得了胜利。隋炀帝派大将张须陀带重兵来镇压。李密请翟让正面迎敌，自己则在荥阳大海寺北面的丛林里设下埋伏，把张须陀率领的官军引进圈套，全部歼灭，张须陀也成了瓦岗军刀下之鬼。第二年春天，李密又建议翟让打下了隋朝最大的粮仓——兴洛仓（今河南巩义东北），并开仓赈饥。贫苦的农民对瓦岗军充满了感激之情，纷纷参加瓦岗军，附近其他起义军也都前来归附，瓦岗军很快发展到几十万人，占领了河南大部分郡县。从此，瓦岗军声威大震，李密的威信也提高了。他不但要求部下纪律严明，而且自己能以身作则，生活也很朴素，从而赢得了瓦岗军上下的拥戴。不久，李密被翟让推为魏公，取得了组织和领导瓦岗军的权力。

李密取得实权后,为了进一步联合各地的农民起义军,吸引隋朝文武官员前来投降,就率领大军向隋朝的东都洛阳进发。他在行军的路上,撰写了一篇讨伐隋炀帝的檄文,号召各方人士齐心协力,共同起来推翻隋朝的统治。各地农民起义军看到这一檄文后,纷纷响应瓦岗军的号召,向隋朝发起猛烈的攻击。618年,隋朝就被推翻了。

此李密非彼李密

　　除了前面我们说到的隋唐时期牛角挂书的李密,西晋历史上也有一个很有名的李密(224—287)。他幼年时丧父失母,由祖母抚养成人,后以对祖母孝敬甚笃而名扬乡里。他在晋武帝朝为官时,以祖母年老多病、无人供养而上表力辞回乡尽孝。这就是著名的《陈情表》,是古代文学史上的名篇。

第45篇
唐太宗与贞观之治

当李密率瓦岗军与隋军战斗时，任隋朝太原留守的李渊于617年在晋阳举兵反隋。同年十一月，他们攻占长安。618年三月，隋炀帝在扬州被杀。五月，李渊自立为帝，国号为唐，定都长安。

从618年至628年，李渊父子消灭了各地割据势力，统一了全国。李渊即唐高祖。唐太宗李世民是唐朝第二位皇帝。他在位期间，经济发展，社会安定，政治清明，人民安康，唐朝出现了空前的繁荣，开创了天下大治的理想局面。因其年号为贞观（627—649），故将其在位期间的清明政治称为"贞观之治"。

以民为本

唐太宗从波澜壮阔的农民战争中认识到人民群众力量的伟大，吸取隋朝灭亡的教训，非常重视老百姓的疾苦。他常用隋炀帝作为反面教材，来警诫自己及下属。他常说："民，水也；君，舟也。水能载舟，亦能覆舟。"

唐太宗非常崇尚节俭。他患有气疾，不适合居住在潮湿的旧宫殿,但他在隋朝的旧宫殿里住了很久。他又遣散了三千多宫女,还紧缩政府机构,减少各级官吏,以节省政府开支。

隋末唐初的天下大乱造成了田园荒芜,百姓流离。唐太宗招抚流民回乡,给他们分田地房屋,让他们安居乐业。关中连年灾荒,他下令开仓赈济灾民,批准百姓外出投亲靠友,同时拿出御府金帛,为灾民赎回卖出的子女,使灾民得以度过荒年。

唐太宗特别关注农业生产,奖励垦荒,配发牲畜,下令免去四方珍贡,使农民有可能安定生产,耕作有时,衣食无忧。唐初赋税徭役比隋朝有所减轻,尤其是力役征发,比较有节制,减轻了人民的负担,老百姓能够休养生息。

虚怀纳谏

唐太宗以隋炀帝拒谏亡国为戒,即位后尽力求言,他把谏官的权力扩大,又鼓励臣下直谏。他在位期间,进谏的官员不下三十五人,如魏征、王珪、马周、孙伏伽、褚遂良等,皆以直谏知名。

魏征一人所谏前后二百余事,数十万言,皆直陈其过,太宗多克己接纳,或择善而从。有一次,魏征进谏,言辞激烈,伤了唐太宗的面子。唐太宗回到后宫,大为恼火,说:"总有一天我要杀了这个乡巴佬!"长孙皇后却为此向唐太宗祝贺道:"今天魏征能直言不讳,正说明遇上了明主,我自当祝贺。"唐太宗不觉转怒为喜,厚待魏征如初。后来魏征去世,唐太宗十分痛心地说:"人以铜为镜,可以正衣冠;以人为镜,可以知得失。魏征死了,我失去了一面镜子!"

唐太宗能够兼听众议，注意纳谏，其臣下敢于犯颜直谏，形成了中国君主专制社会中少有的良好政治风气。

唯才是举

唐太宗任人唯贤，不看门第，不看地位。他以科举代门第，逐渐改变了魏晋南北朝以来重视门第的风气，打开了平民进入上流阶层的通道。

他十分注重人才的选拔，严格遵循德才兼备的原则。他认为只有选用大批具有真才实学的人，才能达到天下大治，因此求贤若渴，曾先后五次颁布求贤诏令，并增加科举考试的科目，扩大应试的范围和人数，以便使更多的人才显露出来。

由于唐太宗重视人才，贞观年间涌现出了大量的优秀人才，可谓是"人才济济，文武兼备"。初期的房玄龄、杜如晦，人称"房谋杜断"；后期的长孙无忌、杨师道、褚遂良等，皆为忠直廉洁之士；其他如秦琼、李绩、李靖等，亦为一代名将。

依法治国

唐太宗十分注重法治，他曾说："国家法律不是帝王一家之法，是天下都要共同遵守的法律，因此一切都要以法为准。"他让臣下按宽简原则修订法律，制定了《贞观律》。法律制定出来后，唐太宗以身作则，带头守法，坚持王子犯法与民同罪，以维护法律的平等和稳定。

唐太宗执法时铁面无私，但量刑时又反复思考，慎之又慎。他说："人死了不能再活，执法务必宽大简约。"由于唐太宗的苦心经营，贞观年间治安情况很好，犯法的人少了，被判死刑的人更少。

唐太宗十分重视官吏的清廉，曾命房玄龄裁并多余的官员，派李靖等十三名官员巡察全国，考察吏治；又亲自选派都督、刺史等地方官，并将其功过写在宫内屏风上，作为升降奖惩的依据。他又规定五品以上的京官轮流在朝廷值宿班，以便随时延见，了解民间疾苦和施政得失。皇帝率先做出榜样，官员一心为公，吏佐各安本分，滥用职权和贪污渎职的现象大大降低了。

玄武门之变

唐朝建立后，秦王李世民和他的哥哥李建成为了争夺皇位，在玄武门发生的兄弟相残事件，史称"玄武门之变"。李建成是唐高祖李渊的长子，唐朝建立后被立为太子。而从太原起事到统一全国，李世民的功劳最大。李建成为了对付李世民，和三弟李元吉联手，多次策划谋害李世民。武德九年（626）六月初四，李世民率领长孙无忌、尉迟恭等人，伏兵太极宫北面的正门——玄武门，趁李建成、李元吉上朝时，发动袭击。李世民射杀李建成，尉迟恭杀了李元吉，后来又把他们的儿子也杀了。

第46篇
玄奘西行取经

在近一千四百年前,唐代高僧玄奘不畏艰险,历经十多年,行程五万里,专程到天竺(今印度一带)取经。这次西行,玄奘带回了佛教经典五百二十箧,六百五十七部。这是一次伟大的文化之旅,是中印文化交流的象征。

早年立志

玄奘(602—664),俗姓陈,洛州缑氏(今河南省偃师市缑氏镇)人。少年时代父母双亡,十三岁那年出家当了和尚,二十岁时在成都受具足戒,正式取得僧人资格。此后他游历各地,参访名师,佛学造诣日深。在多年的学习中,他感到所学的各种佛教经论的说法不一,且许多经文都是由古印度梵文写成的,或是由西域各族的文字转译的,由此萌发了一个念头,去佛教的故乡天竺求取真经,再把它译成中文。

当时从长安到天竺,路途遥远,必须背着沉重的水和粮食,爬过无数险峻的山岭,渡过无数湍急的河流,横越茫茫的沙漠。即使是骑着牲口,一切顺利,至少也得花上好几个月,甚至更久的时间。所以玄奘在未起程之前,先培养吃苦耐劳的毅力，做好出行的各种准备。

当时唐朝初建，西北面临突厥的威胁，因此规定，出关要申请"过所"（通行证）。玄奘上书申请西行求法，但未获批准。但玄奘已拿定主意，无论批准与否，一定要赴天竺取经。

路途遇险

唐贞观二年（628），玄奘离开京城长安，到天竺游学。玄奘经甘肃兰州，过凉州（今武威），至瓜州（今属酒泉市）。

在瓜州，玄奘遇到生死之险。先是被守关将领李昌捉住，幸运的是李昌也是信佛之人，便把他放了。玄奘被放之后，去一座庙里求佛，遇到了一个名叫石磐陀的胡人，希望高僧为他受戒，让他成为居士。玄奘于是帮他受戒。当他得知玄奘要远赴印度求法时，心中十分敬仰，发誓要帮助玄奘，随师父前往印度。但经过几天的日夜兼程后，石磐陀吃不了苦了，又怕偷渡过境会惹来杀身之祸，竟产生了杀师叛逃的恶念。一天夜晚，玄奘刚躺下睡觉，突然发觉石磐陀拿着刀向他逼近，但他走过来，返回，又走过来，又返回，来回多次。玄奘知道他已经动了杀机。此刻，不论是厉声斥责，还是乞求饶命，都会激起石磐陀的杀心。于是玄奘静静地躺着，闭目不视。见此情景，石磐陀竟不敢下手，徘徊良久终于还刀入鞘。第二天早晨，石磐陀承认了自己的举棋不定。玄奘对他进行了佛法开导，并送了他一匹骏马，打发了他。

玄奘带着老胡人送的瘦马继续走向前途。他独自一人，经玉门关，越过五烽道，冒险穿越大戈壁，历尽艰险到达伊吾（今新疆哈密），至高昌国（今新疆吐鲁番境内）。受到高昌王麴文泰的礼遇。在高昌王的资助下，他通过丝绸之路的传统北道行进，终于到达天竺，访问了慕名已久、当时最大规模的佛教寺院那烂陀寺。他在天竺停留多年，足迹遍及整个天竺国境。经过多年的研习，他精通佛学全部经典，即经、律、论三种经藏，获得了"三藏法师"的称号。

归来弘法

玄奘在归国途中整整走了两年，当他回到阔别近二十载的祖国时，恰好是大唐贞观十九年正月。当时，长安城内人流如织，几十万僧俗摩肩接踵，聚集在那里，迎接从西方取经归来的玄奘。第二天，玄奘把带回的经书、佛像送往弘福寺。由于玄奘回国，京城万民停业数日，许多人皈依了佛门。

玄奘回到长安时，唐太宗正在洛阳准备出征。于是玄奘便来到洛阳拜见唐太宗，将带回来的各种奇珍异宝献给他。二人在宫中促膝交谈。后来玄奘要求选择贤能的人和他一同翻译佛经，唐太宗同意了。从此，玄奘就积极致力于翻译佛经和弘扬佛法，成为中国佛教史上最有名的译经师之一。

当唐太宗出征回到京城长安后，玄奘请求唐太宗为他所译的佛经写序。唐太宗为玄奘的诚意所感动，就亲笔撰写了著名的《大唐三藏圣教序》。从此，朝廷众臣纷纷读经，佛法得到空前弘扬。唐太宗对玄奘的高深学养很是倾慕，曾劝他还俗做官，但玄奘拒绝了。

后来，玄奘还应唐太宗的要求，完成了闻名中外的《大唐西域记》一书。书中记述了他亲自游历西域的所见所闻，对西域各国、各民族的风俗、文化、地理、历史、宗教等情况，叙述生动真实，文辞绚丽雅赡，后被译成多国文字，广泛流传。

大慈恩寺

　　大慈恩寺是唐朝长安城内最著名、最宏丽的佛寺，为李唐皇室敕令修建。唐太宗贞观二十二年（648），玄奘首任该寺住持并在此从事译经工作，创立了汉传佛教八大宗派之一的法相宗。寺内的大雁塔是为了保存玄奘由印度带回的佛经而建。

第47篇
文成公主与松赞干布

中国历史上,封建王朝常常将公主或宗室女远嫁少数民族首领,通过结亲建立友好关系,这就是和亲。和亲主要有两种情况:一种是国力衰弱,以和亲委曲求全;另一种是国力强盛,以和亲安抚边远少数民族,有赐婚的意味。唐太宗时期,文成公主远嫁松赞干布,就是后一种和亲情况的典范。

松赞干布求亲

贞观年间,经济繁荣,文化发达,周围少数民族非常向往,纷纷派使者前来修好,称臣纳贡。许多少数民族首领都来求亲,以能够与唐朝宗室联姻为荣。唐太宗为了确保边疆太平,各族人民和睦相处,也制定并推行和亲政策。比如,唐太宗把妹妹衡阳公主嫁给突厥处罗可汗的儿子阿史那社尔,把弘化公主嫁给吐谷浑可汗诺曷钵,从而建立了唐朝和突厥、吐谷浑之间的友好关系。

当时西南地区的青藏高原上,崛起了一个强盛的吐蕃(bō,古代藏族自称)政权。其首领松赞干布,从小就精通骑马、射箭、击剑等各种武艺,而且很有文化素养,会写诗歌,吐蕃人十分爱戴他。在他父亲去世不久,吐蕃贵族发动叛乱,企图夺取政权。年轻的松赞干布镇静地面对复杂的形势,凭着超凡的智慧和勇敢,很快就平定了叛乱。

634年,松赞干布派使者到长安,一方面是想学习唐朝的先进文化,另一方面则是向唐皇室求亲。但唐太宗没有马上答应。

640年,松赞干布派出了一支上百人的队伍,由聪明能干的大论(宰相)禄东赞带队,准备了许多金银珍宝,再次到长安求亲。禄东赞向唐太宗转达了松赞干布想和唐朝友好的心愿,巧妙地提出了年轻的国王希望娶一位大唐公主的要求。

唐太宗对禄东赞的言谈举止很赞赏,并从他那里对松赞干布有了更多的了解。唐太宗在皇族的姑娘中,挑选了一位文化素养较高、美丽而又温柔的,封为"文成公主",许嫁给松赞干布。

文成公主进藏

贞观十五年(641)隆冬,一支浩大的送亲队伍,在礼部尚书、江夏郡王李道宗的率领下,护送文成公主前往吐蕃和亲。之所以要在隆冬季节出发,是因为由长安经陇南、青海到西藏有一个多月的路程,沿途要经过几条湍急的大河,隆冬季节河水平缓,便于送亲的队伍通过。这支队伍,除了携带着丰盛的嫁妆外,还带有大量的书籍、乐器、绢帛和粮食种子;队伍成员中除了随文成公主陪嫁的侍婢外,还有一批文士、乐师和农技人员,几乎就像是一个"文化访问团"和"农技队"。

经过一个多月顶风冒雪的艰苦跋涉,春暖花开的时候,文成公主一行到了黄河的发源地——河源，这里水草茂盛，牛羊成群，一改沿途风沙迷漫的荒凉景象。这时，松赞干布亲自率领的大队迎亲人马也赶到了河源。送亲和迎亲的队伍前呼后拥、威风八面地进入了逻些城（今拉萨的古名）。在李道宗的主持下，松赞干布与文成公主按照汉族的礼节，举行了盛大的婚礼，全逻些城的民众都为他们的首领和夫人歌舞庆贺。松赞干布为公主修筑布达拉宫，一切建制都模仿大唐宫苑的模式，用来安顿文成公主，借以慰藉她的思乡之情。

汉藏一家亲

文成公主远嫁吐蕃，揭开了唐蕃历史上影响深远的第一页。

松赞干布在世的时期，唐蕃之间保持着和平友好的关系，双方使节来往逐年增加。据不完全统计，自贞观四年（630）到会昌二年（842），双方来往共一百九十一次，其中大唐官员入蕃六十六次，吐蕃官员使唐一百二十五次。

永徽元年（650），松赞干布去世。文成公主一直居住在西藏。她热爱藏族同胞，为汉藏两族的友谊做了许多工作。随公主入藏的工匠，把中原地区的农具制造、纺织、缫丝、建筑、造纸、酿酒、制陶、碾磨、冶金等生产技术传入西藏。公主和她的侍女还把纺织、刺绣技术传授给吐蕃妇女。公主带来的诗文、农书、佛经、史书、医典、历法等，促进了吐蕃经济、文化的发展。永隆元年（680），文成公主逝世，吐蕃王朝为她举行了隆重的葬礼，唐遣使臣赴吐蕃吊祭。至今拉萨仍保存着为纪念她而造的塑像，距今已有一千三百多年历史。

甥舅会盟碑

松赞干布的儿子可黎可足效法父亲,向唐朝求亲。唐朝把金城公主许配给他,并立碑会盟,表示汉藏两族人民要世世代代友好下去。由于会盟的是唐穆宗与可黎可足,他俩的关系又是舅甥关系,因此这块碑又叫"甥舅会盟碑"。碑上用汉藏两种文字刻着世代友好的盟誓以及会盟使臣的姓名及职位。这是汉藏人民友好关系的历史见证。

第48篇
一代女皇武则天

武则天（624—705）是中国历史上唯一得到普遍承认和众人皆知的女皇帝。她名武曌（zhào，通"照"，武则天为自己的名字造的字），祖籍并州文水县（今山西省文水县东），生于长安。她执政的几十年间，国家政治安定，经济发达，文化兴盛。她以治国安民的雄才大略，为自己赢得了"封建时代杰出的女政治家"（宋庆龄语）的评价。

无能的皇帝和能干的皇后

武则天十四岁那年入宫，本来是唐太宗宫里的才人（一种妃嫔的称号）。唐高宗时，她被封为昭仪。655年，唐高宗又下诏，将武则天封为皇后。

唐高宗是个懦弱的人，而且有遗传的头晕病。660年以后，他的病日益加重，不能正常地处理朝政。武则天对政治很有兴趣，而且权力欲也很强，因此百官的奏章常由她代批。她极力树立自己的权威，不久就凌驾于唐高宗之上，渐渐地不把他放在眼里。唐高宗想干什么，没有经过武则天同意，就干不了。唐高宗心里气恼。有一次，他跟宰相上官仪商量。

上官仪是反对武则天掌权的，就说："陛下既然嫌皇后太专断，不如把她废了。"唐高宗是个没主意的人，听了上官仪的话就说："好，那就请你去给我起草一道诏书吧。"两个人说的话，被旁边的太监听见了。那些太监都是武则天的心腹，连忙向她报告了这件事。等上官仪把起草好的诏书送给唐高宗时，武则天已经赶到了。她厉声责问唐高宗说："这是怎么回事？"唐高宗见了武则天，吓得一下子矮了半截。他把上官仪起草的诏书藏在袖子里，结结巴巴地说："我本来没这个意思，都是上官仪教我干的。"武则天立刻下令把上官仪杀了。

从那以后，唐高宗上朝，都由武则天在旁边监视；大小政事，都得由皇后点了头才算数。674年，唐高宗称天皇，武后称天后，朝廷内外，将他们二人并称为"二圣"。

临朝执政的皇太后

683年，唐高宗死了。武则天先后把两个儿子立为皇帝——唐中宗李显和唐睿宗李旦，但都不中意。她把唐中宗废了，把唐睿宗软禁起来，自己以太后的名义临朝执政。这样一来，又遭到一些大臣和宗室的反对。

官员徐敬业被武则天降职，借这个由头，在扬州起兵反对武则天。武则天找宰相裴炎商量。裴炎说："现在皇帝年纪大了，还不让他执政，人家就有了借口，只要太后把政权还给皇帝，徐敬业的叛乱自然会平息。"武则天认为裴炎跟徐敬业一样，都想逼她下台，一气之下，就把裴炎打进监牢；又派出大将带领三十万大军讨伐徐敬业。徐敬业兵少势孤，抵抗了一阵，就失败了。

接着，又有两个李唐宗室——越王李贞和琅琊王李冲起兵反对武则天,也被武则天派兵镇压了。

经过这两场小小的兵变,全国恢复了安宁,没有人再敢反对武则天。武则天巩固了她的统治,就不满足于太后执政的地位了。

有作为的女皇帝

690年,武则天正式登基称帝,自称圣神皇帝,改国号为周。这时的武则天,已是六十八岁高龄,更是一个成熟的皇帝,具有丰富的政治经验。她成功地控制了政局之后,非常认真地做了许多事,国家并没有因为皇帝变成了女人就开始衰败下去。

武则天掌权的时候,特别重视科举考试。从她开始,设立了殿试制度,皇帝亲自在宫殿上面试考生。

她对官吏的管理和考核有所加强,扩充使职,建立了巡视制度,经常派出使官到各处巡察。

武则天还十分重视民族融合与国际交往。她千方百计维持丝绸之路的畅通,使丝绸之路上的贸易往来兴旺,同时积极恢复了同日本的友好关系,派使节促进两国的交流。

垂帘听政

"垂帘"是指太后或皇后临朝管理国家政事,殿上用帘子遮隔。中国历史上最早临朝听政的是战国时期秦昭襄王的母亲宣太后;最为著名的垂帘听政的女性是慈禧太后,执掌清代朝政达四十八年之久。

第49篇
唐玄宗与开元盛世

开元盛世又称开元之治,是唐玄宗李隆基统治前期所出现的黄金时代。其间,唐玄宗励精图治,任用贤能,锐意改革,使得政局稳定,经济繁荣,文化昌盛,国力富强,唐朝进入全盛时期,并成为当时世界上最强盛的国家。唐玄宗在位四十四年,开元盛世前后共二十九年。

改革吏治

唐玄宗李隆基即位于先天元年(712)。当时,由于太平公主的干政,他还不能完整地行使皇帝的权力。直到第二年七月成功地诛灭了太平公主集团之后,他才真正君临大唐王朝,得以一展治国理政的抱负。他把这一年改元为开元元年。

唐玄宗精心挑选宰相。开元初的姚崇、宋璟是有唐一代著名的贤相。姚、宋至李林甫之间的十几个宰相,如张嘉贞、张说、李元纮、杜暹、韩休、张九龄等,虽然品德才识各有高下,但各有所长,皆为一时人选,政治上均有所建树,使得朝政充满朝气。

同时,唐玄宗还采取了很多的有效措施,对官僚体制进行改革。第一，精简机构，裁减多余官员。第二，确立严格的考核制度，加强对地方官吏的管理。第三，将谏官和史官参加宰相会议的制度予以恢复。第四，重视县令的任免。经常亲自出题考核县官，确切地了解这些县官是不是真正称职。

发展经济

开元时期，为了增加国家的收入，打击强占土地、隐瞒不报的豪强，唐玄宗分派官员到各地去检查隐瞒的土地和被包庇的农户。这样下来，一年增加的客户钱就高达几百万之多。

唐玄宗下令兴修大型水利工程，农耕技术大幅度提高，水稻广泛采用育秧移植；茶叶生产迅速发展，饮茶之风开始兴盛，出现了世界上第一部茶叶专著——陆羽所著的《茶经》。

唐玄宗还在全国范围内提倡节俭，一改武则天以来社会特别是后宫的奢靡之风。

唐代的商业亦十分发达，国内交通四通八达，城市更为繁华，对外贸易不断增长，波斯（今伊朗的古名）、大食（本为阿拉伯一部族名，波斯人用以泛称阿拉伯人，自唐代起，中国史籍常以大食称阿拉伯帝国）商人纷至沓来，长安、洛阳、广州等大都市商贾云集。

治理边疆

早在唐玄宗即位之前，北方边境已是危机四伏。唐玄宗采取了很多措施，为收复北方领土做准备。他首先对征兵制度进行了改革。开元十年（722），唐玄宗接受张说改府兵为募兵的建议。府兵制的特点是平时为民，战时为兵；兵不识将，将不知兵。募兵制则由国家招募男子当兵，供给衣食，免征赋役。这就减轻了农民的兵役负担，节省了府兵往来与路途的消耗，有利于生产的发展，国家也得以建立一支强有力的军队。

在做好了充分准备后，唐朝逐步收复了营州等地，长城以北的回纥（维吾尔族古名）等族则自动取消了独立割据的称号，重新归附唐朝。安北都护府也恢复了，唐朝重新行使对长城以北土地的管辖权。

文化交流

唐玄宗具有深厚的文化修养，深知文化建设对于治国安邦的重要意义。他不仅倡导整理图书、编纂典籍，而且身体力行，著书立说，写诗作文。至今流传下来的唐玄宗的诗歌就有六十多首。

唐诗是唐代文学的代表，其创作在开元时期达到了顶峰，出现了李白、杜甫、王维、孟浩然等一流诗人。此外，这一时期还出现了大书法家张旭、颜真卿，大画家吴道子，大音乐家李龟年。其他舞蹈、雕刻、塑造等艺术，也都有辉煌而显著的成就。

当时，唐朝的对外文化交流比较活跃，唐朝政府鼓励各国文人到中国交流，允许他们长期居住。长安是各民族交往的中心，成了当时一座国际性的大都市。唐朝在世界上享有很高的声望，至今世界上仍有许多国家的人称中国人为"唐人"。

"海上生明月,天涯共此时"

这是唐朝开元年间名相、诗人张九龄《望月怀远》中的名句。全诗为:"海上生明月,天涯共此时。情人怨遥夜,竟夕起相思。灭烛怜光满,披衣觉露滋。不堪盈手赠,还寝梦佳期。"此诗乃古人望月怀思的名篇。

第50篇
李白斗酒诗百篇

李白（701—762），字太白，原籍陇西成纪（今甘肃天水），出生在西域的碎叶（今属吉尔吉斯斯坦）。五岁那年，又随父亲迁居绵州昌隆（今四川江油）青莲乡，所以又号青莲居士。李白是伟大的浪漫主义诗人，被后人誉为"诗仙"，与杜甫并称"李杜"。他的诗，想象丰富，语言轻快，意境奇妙，豪迈奔放，清新飘逸，对后代产生了极为深远的影响。有《李太白集》传世。

贺知章称他"谪仙人"

李白初到长安时，人生地不熟。遇到贺知章后，李白取出《蜀道难》一篇呈上，贺知章边读边点头，一遍未完，已称叹数次。最后，他跷起大拇指对李白说："先生，您真是天上的谪仙人啊！""谪仙人"的意思是被降低身份下到凡尘的神仙。贺知章立刻解下身上佩戴的金龟，呼唤店家换来美酒，与李白倾杯尽醉。贺知章是当时文坛权威，《蜀道难》得到他如此推许，不久之后，这首诗连同他送给李白的"谪仙人"的名号自然就传遍天下了。

在皇帝身边当翰林供奉的日子

李白进宫后，唐玄宗很高兴，封他为翰林供奉，也就是随时听候皇帝召唤的有文艺特长的专职人士。据说，唐玄宗当时曾亲自走下台阶迎接李白。出于信任，他还让李白参加了起草诏书的工作。唐玄宗对李白，只是希望他成为一个宫廷诗人，为太平盛世做些诗文点缀。但李白是一个有远大抱负的人。初进宫廷时，他对政治了解不多，因此奉命写了不少歌颂升平的诗。不久，他的思想就起了变化。

李白的个性是十分狂放的。他又特别喜好饮酒，常喝得酩酊大醉。杜甫曾在《饮中八仙歌》中这样描述他："李白斗酒诗百篇，长安市上酒家眠，天子呼来不上船，自称臣是酒中仙。"这样的个性使他很难被朝中的权贵们所容忍。

据说，他得罪了唐玄宗最信任的太监高力士。高力士故意歪曲他写的诗《清平调》，使杨贵妃对他也心生忌恨。最后连唐玄宗也疏远他了。可是李白的个性使他"安能摧眉折腰事权贵，使我不得开心颜"。这时，他最向往的，还是他之前云游天下的自由生活。于是，李白向唐玄宗上书请求离京。

晚年入永王幕府遭祸

离开长安以后，李白长期过着漂泊流浪的生活。安史之乱爆发时，李白正在江西庐山避乱隐居。唐玄宗第十六子永王李璘东巡经过浔阳（今江西九江），得知李白在此，便派人请他到自己的幕府工作。出于一片爱国心，李白立刻答应了，并一连写了十一首《永王东巡歌》赞扬永王。可是，后来李璘反叛唐肃宗，最终兵败自杀。李白也因"附逆"被判死刑。多亏郭子仪等人相救，李白被改判流放夜郎（今贵州省境内）。还没到夜郎，朝廷宣布大赦，李白得以返回四川。李白的晚年是在安徽当涂度过的，他的族叔李阳冰在那儿做县令。唐代宗即位后，下诏拜李白为左拾遗。但诏书还没到，李白已离开了人世，那一年他六十二岁。

知识加油站

"长风破浪会有时，直挂云帆济沧海"

这是李白《行路难》中的诗句，意思是：尽管前面路上障碍重重，但总会有一天乘风破浪，挂上云帆，横渡沧海，到达理想的彼岸。"乘风破浪"现在已是成语，比喻不畏艰险，奋勇向前，表现一种高远的志向和努力拼搏的精神。

第51篇
安史之乱

安史之乱是唐代于755年至763年发生的一场政治叛乱，是唐由盛而衰的转折点。由于发起叛乱的乃是安禄山与史思明二人，所以被戴上"安史"之名，又由于爆发于唐玄宗天宝年间，故也称天宝之乱。

安史之乱的原因

朝中奸臣与地方军阀争权夺利是安史之乱的直接原因。唐玄宗后期，奸佞人物李林甫，入朝为相达十九年之久。他在职期间排斥异己，培植党羽。继他上台的杨贵妃之兄杨国忠，更是一个"不顾天下成败"，只顾徇私误国之人。杨国忠与安禄山之间的矛盾，成了安史之乱的导火线。此外，西北派军阀哥舒翰与东北派军阀安禄山之间，也素有裂隙。

少数民族与汉民族之间的矛盾被叛将利用是安史之乱的重要因素。隋唐以来，河北北部幽州一带杂居着许多少数民族，安禄山利用他们与唐王朝和汉族的矛盾，拉拢少数民族上层，作为反唐的亲信。

地方军阀实力超过中央军是安史之乱的必备条件。由于唐朝均田制和府兵制被破坏，从唐玄宗起便以募兵制代替府兵制。这些招募来的职业军人受地方军阀的收买笼络，同将领形成一种特殊的盘根错节、牢不可分的关系。加之，开元以后，在边防普遍设立节度使制度，他们的权力越来越大，形成尾大不掉的局面。到天宝元年（742），边军不断增加，占全国总兵数百分之八十五以上，仅安禄山所掌范阳（今河北一带）等三镇即达十五万人。而中央军则不仅数量不足，而且素质太差，平时毫无作战准备，打起仗来，不堪一击。

安史之乱的经过

天宝十四载（755）十一月，身兼范阳、平卢、河东三节度使（地方军政长官）的安禄山趁唐朝内部空虚腐败，伙同部将史思明发动所部及同罗（古代一个部落）、奚、契丹、室韦等族兵马，以"忧国之危"、奉密诏讨伐杨国忠为借口在范阳起兵，安史之乱爆发。河北州县立即望风瓦解，当地县令或逃或降。

天宝十五载（756），安禄山破潼关，活捉守将哥舒翰，直入洛阳、长安。唐玄宗仓皇进入四川。行至马嵬坡（在今陕西省），六军将士哗变，杀死杨国忠等人，杨贵妃被逼自缢。太子李亨在灵武（在今宁夏灵武西）自行即位，是为唐肃宗，尊李隆基为太上皇。郭子仪被封为朔方节度使，奉诏讨伐，联合朔方军李光弼分兵进军河北，会师常山（河北正定），击败史思明，收复河北一带。

唐肃宗至德二载（757）正月，安禄山长子安庆绪杀死父亲，自立为帝，年号载初。郭子仪得回纥之助，收复长安和洛阳。

乾元元年（758），安庆绪为郭子仪的二十余万兵马所围困，后唐军增至六十万。次年春，叛军得史思明之助，大败唐军。但此时，叛军内部矛盾也已激化，先是史思明杀安庆绪，后来史思明又为其子史朝义所杀，内部离心，屡为唐军所败。宝应元年（762）十月，唐代宗继位，借回纥兵大破史朝义，收复洛阳。广德元年（763）春天，史朝义无路可走，于林中自缢而死，历时七年又两个月的安史之乱结束。

安史之乱的后果

安史之乱使社会遭到了一次浩劫。整个黄河中下游几乎一片荒凉，广大人民皆处在无家可归的状态中。杜甫《无家别》诗中有云："寂寞天宝后，园庐但蒿藜。我里百余家，世乱各东西。"

安史之乱使唐王朝一蹶不振。此后表面上统一的中央王朝已经无力再控制地方，安史余党在北方藩镇割据，各自为政。后来这种状况遍及全国，其他地区亦皆各自割据，把地方军事、政治、经济大权皆集于一身，与唐王朝分庭抗礼。

安史之乱使农民和唐王朝的矛盾日益尖锐。国家掌握的户口大量减少。但朝廷却把负担强加于仍在户籍上的农民。唐宪宗元和年间，江南八道一百四十万户农民，要负担唐朝八十三万军队的全部粮饷。唐政府和各藩镇的横征暴敛，终于激起了农民不断的武装起义，形成唐中叶农民起义的高潮。

安史之乱使唐王朝也失去了对周边地区少数民族的控制。安禄山乱兵一起，唐王朝将陇右、河西、朔方一带重兵皆调遣内地，造成边防空虚，西边吐蕃乘虚而入，尽得陇右、河西走廊，安西四镇随之全部丧失。此后，吐蕃进一步深入，唐政权连长安城也保不稳了。唐王朝从此内忧外患，朝不保夕，岌岌可危。

郭子仪

郭子仪是唐朝名将。他一生经历了武则天、唐中宗、唐睿宗、唐玄宗、唐肃宗、唐代宗、唐德宗七朝，其中有二十余年系天下安危于一身，为维护唐朝的统一和社会的安定做出了巨大贡献。在平定安史之乱、收复两京、智退吐蕃和回纥的战斗中有勇有谋，立下赫赫战功。

睢阳之战

唐至德二载（757）正月至十月，河南节度副使张巡等率军民坚守睢阳（今河南商丘南），抗击、牵制安禄山叛军。张巡等以不足七千之众，前后四百余战，歼灭叛军十二万人，坚守睢阳十月之久。这场著名的城市保卫战是安史之乱的转折点。

第52篇
鉴真和尚东渡日本

唐朝经济文化繁荣发达,日本为了学习中国文化,先后向唐朝派出使者,即遣唐使。遣唐使对推动日本社会的发展和促进中日友好交流做出了巨大贡献。与此同时,很多中国人也为中日两国人民的交流做出了贡献,其中,最为著名的是高僧鉴真。他不畏艰险,东渡日本,为中日两国人民的友谊谱写了光辉的篇章,成为缔结中日历史文化纽带的不朽人物,人们至今还崇敬这位献身异国的高僧。

受邀东渡

鉴真(688—763),俗姓淳于,出生于扬州,十四岁出家,二十岁起就到洛阳、长安游学,跟随多位高僧学习,后在长安实际寺受戒,正式取得僧籍。鉴真博学多识,除了讲经,在建筑、造像方面也很有造诣。在他修行的几十年间,由他受戒的僧侣先后达四万多人,其中有不少以后成为高僧。

鉴真的声望与学识吸引了来自日本的两位僧人荣睿和普照。他们于733年随遣唐使团来到大唐,天宝元年(742)离开长安,抵达扬州,到大明寺谒见鉴真。他们向鉴真介绍了当时日本佛教的情况，亟盼他能到日本讲习律学，为日本建立完善的受戒制度，使日本佛教得以弘扬，走上正轨。他们真诚恳切的态度，使鉴真深受感动。他决心离开故土，东渡日本。众僧跟随鉴真多年，都不愿他离开扬州，现见他决心已定，便纷纷表示，自愿在他的率领下前往日本。

六次东渡，五次不成

从唐天宝元年（742）第一次东渡到754年抵达日本，其间，鉴真先后六次东渡，五次不成，历尽千辛万苦。每一次东渡都惊心动魄。

鉴真五次东渡失败后，日本遣唐使晁衡等人于753年来到扬州，再次恳请鉴真同他们一道东渡。鉴真乘船至苏州黄泗浦（今张家港市境内），转搭遣唐使大船。11月16日，船队扬帆出海，12月20日，抵达日本萨摩。第六次东渡终于成功。

深刻影响日本佛教及其文化

到达日本后，鉴真受到了日本人民的热情接待。他留居日本十年，辛勤不懈地传播唐朝多方面的文化成就。763年五月初六，他在日本圆寂，终年七十六岁。日本人民为了纪念他，就在唐招提寺中竖起了鉴真的塑像，表达对鉴真的崇敬之情。

鉴真东渡对日本佛教发展产生了深远影响。他于天宝十三载（754）四月初在奈良的东大寺设立戒坛，成为日本佛教史上正规受戒的开始。他将带来的经书无私地交付东大寺的写经所，以供他们传抄。他和弟子先后在唐招提寺大力讲解这些章疏，传播佛学思想。他努力改变了日本僧侣的无序状态，建立了统一规范的制度，使日本佛教走上了正轨。

而在文化的影响上，随东渡所传入的医药、书法、建筑、雕刻、绘画乃至民生日用，都让大唐文化在日本留下了弥足珍贵的丰富遗产。也就是如此，鉴真更是被赞为日本"天平（日本年号）文化的巨人"。

比如，鉴真根据中国唐代寺院建筑的样式，为日本精心设计了唐招提寺的方案。经过两年修建，唐招提寺建成了。这座以唐代佛殿为蓝本建造的寺庙一直保存至今。

又比如在雕塑方面，鉴真及其弟子在日本用干漆法（又称夹纻法）塑造了许多佛像，著名的有唐招提寺金堂内的卢舍那大佛坐像、药师如来立像、千手观音菩萨像等。我国早在东晋时已经出现干漆法，到唐朝时技术已达到很高水平。鉴真及弟子将这种雕塑艺术在日本推广并发扬光大。

知识加油站

唐招提寺

唐招提寺是日本佛教律宗的总寺院，位于奈良西京。由唐鉴真主持，于759年建成，与东大寺的戒坛院并为传布和研究律学的两大道场。这座寺院具有中国盛唐建筑风格，其中金堂、经藏、鼓楼、鉴真像等被誉为国宝。建于1688年的御影堂内，供奉着鉴真坐像，表现鉴真于763年圆寂时的姿态。御影堂前东侧有鉴真墓。

第53篇
杜甫忧国忧民写"诗史"

杜甫（712—770），字子美，自号少陵野老，后世称杜少陵等。祖籍襄阳，河南巩县（今河南省巩义县）人，是伟大的现实主义诗人。杜甫生活在唐朝由盛转衰的历史时期，他的诗写出了当时的社会动荡、人间疾苦，记录了唐代由盛转衰的真实历史面貌，表达了诗人对国家对人民深厚的感情和强烈的忧患意识，被誉为"诗史"。

"会当凌绝顶，一览众山小"

杜甫是著名诗人杜审言的孙子。七岁学诗，十五岁扬名。二十岁以后开始了十年的游历生活，先漫游江苏、浙江一带，再游历山东、河北。在三十五岁以前，他是在读书和漫游中度过的。这一时期正值开元盛世，杜甫的经济状况也较好，是他一生中最快意的时期。他到山东，写了《望岳》，诗的最后两句是："会当凌绝顶，一览众山小。"意思是一定要登上最高峰，从泰山顶上往下看那众山，众山就会显得极为渺小，表现出年轻诗人不怕困难、敢于登顶、俯视一切的雄心和气概。

"朱门酒肉臭，路有冻死骨"

杜甫三十五岁后的十年，是在困居长安中度过的，这时正是安禄山、史思明大动乱的前夜。在长安，杜甫被授予"右卫率府胄曹参军"的官职，这是一个看管兵甲器仗的小官。

天宝十四载（755），他由长安往奉先县（今陕西蒲城）探望妻儿，写下了《自京赴奉先县咏怀五百字》，这是杜甫的代表作之一。杜甫途经长安东边的骊山时，唐玄宗、杨贵妃正在华清宫温泉玩乐。当时安禄山、史思明作乱的消息还没有传到长安。杜甫在这次途中的见闻，让他敏锐地感到国家的危机已迫在眉睫。诗中的千古名句就是"朱门酒肉臭，路有冻死骨"，以所见所感，联想到社会人群的对立。可见他在长安经历了十年的困苦生活后，对朝廷政治、社会现实的认识达到了新的高度。

"烽火连三月，家书抵万金"

755年底，安史之乱爆发了。京城长安沦陷，杜甫被叛军俘押长安半年多。他作《春望》，写春天长安凄惨破败的景象，写他挂念亲人、心系国事的情怀。"烽火连三月，家书抵万金"，诗人想起自己流落被俘，扣留在敌军营垒，好久没有妻子儿女的音信，他们生死未卜，也不知道怎么样了。要能得到一封家信多好啊。

后来杜甫冒死逃出长安，投奔唐肃宗设在凤翔（今陕西宝鸡）的流亡朝廷，被授予左拾遗（监察官员）的官职。由于他给皇帝上了文书，说了忠言，触犯皇上，被谪回家。这使他有更多的机会接触战乱中的普通百姓，写出了"三吏""三别"（即《新安吏》《石壕吏》《潼关吏》《新婚别》《无家别》《垂老别》）等一系列具有高度的人民性和爱国精神的不朽诗篇，表达了对受战祸摧残的老百姓的同情。

"安得广厦千万间，大庇天下寒士俱欢颜"

759年七月，杜甫弃官，携家人逃难，于这年年底到达四川成都，在成都西郊盖了一所草堂，过了五六年安定的农家生活。成都的朋友严武推荐他当了工部员外郎，所以后人称他"杜工部"。这时他写下了《茅屋为秋风所破歌》，叙述茅屋被秋风吹破，以致全家遭雨淋的痛苦经历。其中最为著名的诗句为"安得广厦千万间，大庇天下寒士俱欢颜"。诗人从自己家里"床头屋漏无干处""长夜沾湿何由彻"的痛苦生活体验中迸发出奔放的激情和火热的希望。

后来严武死了，杜甫再度漂泊到湖北、湖南一带。770年冬，他死在从长沙去往岳阳的一条破船上。大诗人已逝，但他的影响深远，直到今天。

知识加油站

杜甫草堂

杜甫草堂位于今四川省成都市西门外的浣花溪畔，是杜甫流寓成都时的故居。759年冬天，杜甫为避安史之乱，携家入蜀，在成都营建茅屋而居，今称"成都草堂"。杜甫先后在此居住近四年，他的诗歌流传至今的有二百四十余首。

第54篇
王叔文与"永贞革新"

"永贞革新"是唐朝中后期由唐顺宗发起的一场自上而下的政治运动,主要目的是为了防止结党营私和打击宦官势力。这是一次彗星般耀眼而短促的改革。因发生于永贞年间,故名"永贞革新"。从运动发起到结束,王叔文始终是其中的核心人物和实际领袖。最后,改革被保守派镇压,革新失败。

联络同志形成革新集团

王叔文(753—806),越州山阴(今浙江绍兴)人。为人聪明机智,胸怀大志,懂得治国之道,有文武谋略。唐德宗时,王叔文在东宫服务。与他同时在东宫服务的还有翰林待诏王伾。他们二人,一个是棋待诏,一个是侍书待诏,都是太子李诵的老师,和太子朝夕相处。在宫中,他俩常常和太子讨论国家大事,深得太子的赏识和信任。东宫的一切事情,都依靠王叔文裁量决定。

王叔文为了使李诵做皇帝后能够迅速推行革新,秘密结识了许多志同道合的士人,其中关系密切的有刘禹锡、柳宗元、陆质、吕温等人。王叔文尤其看重刘禹锡和柳宗元,说刘禹锡有宰相之器,柳宗元可大用,因此经常与他俩讨论政治问题。

雷厉风行发动改革攻坚

永贞元年(805),唐德宗去世,李诵正式继承皇位,为唐顺宗。唐顺宗任韦执谊为相,任王叔文为翰林学士,起实际决策的作用,正式启动了革新运动。

改革启动后,王叔文充分发挥了他坚决果断、注重效率的办事才干。就在正式被任命为翰林学士的前一天,他就惩办了大贵族大贪官李实,撤销其京兆尹(相当于今日首都的市长)职务,贬为通州长史。紧接着,又连办了不少好事,主要有:

一、罢宫市、五坊使。唐德宗以来,宦官经常借为皇宫采办物品为名,在街市上公开抢掠,称为宫市。这两项弊政被取消,人心大快。

二、取消进奉。贪官们以进奉为名,向人民搜刮财富。革新派上台后,通过唐顺宗下令,除规定的常贡外,不许别有进奉。

三、禁征宫中乳母。

四、释放宫女和教坊女乐。

五、重新起用正直敢谏的大臣。

六、罢盐铁使月进钱。

总的来说,"永贞革新"得到了民心和社会舆论的支持。

保守势力反扑使革新失败

"永贞革新"的矛头是针对宦官集团和藩镇（地方长官）势力的，自然遭到宦官集团和藩镇势力的反对和破坏。他们知道革新派的后台是唐顺宗，决策人物是王叔文，因此始终把他们君臣二人选定为主要攻击目标，伺机开刀。

宦官集团经过运作，迫使在位仅八个月的唐顺宗下诏禅让给太子李纯。王叔文、王伾、柳宗元、刘禹锡等人被贬到偏远地区当小官。第二年，已当上皇帝的唐宪宗李纯将王叔文赐死，王叔文时年仅五十四岁。"永贞革新"运动就此被扼杀。

知识加油站

唐宋八大家

又称"唐宋古文八大家"，是唐朝韩愈、柳宗元和宋朝苏洵、苏轼、苏辙、王安石、曾巩、欧阳修八位散文家的合称。其中，韩愈、柳宗元是唐朝古文运动的领袖，欧阳修、苏洵、苏轼、苏辙四人是宋朝古文运动的核心人物，王安石、曾巩是临川文学的代表人物。他们先后掀起的古文革新浪潮，使诗文发展的陈旧面貌焕然一新。

第55篇
唐末的黄巢起义

唐末农民战争是我国历史上爆发的大规模农民战争之一,主要由四次比较著名的农民起义组成,分别是裘甫起义、庞勋起义、王仙芝起义和黄巢起义,其中以黄巢起义的规模和影响最大。

官逼民反

唐朝后期,政治昏暗腐朽。宦官专权,朋党之争不断。统治者只知道聚敛钱财,官员的贪污现象非常严重。从皇帝到各级官吏,荒淫奢侈无度。唐懿宗在位期间,沉湎游乐,对宴会、乐舞和游玩的兴致远远高出国家政事,对上朝的热情明显不如饮酒作乐。这一时期,佛教势力迅速发展起来。唐懿宗沉溺其中,广建佛寺,大造佛像,布施钱财无数。他为女儿同昌公主举办的婚事更是大肆铺张。从皇帝到各级官吏的各种开销费用,最后都落到农民身上。农民在长期的压迫下基本生活得不到保障。

屋漏偏逢连夜雨。连年的大旱使得庄稼几乎颗粒无收,到处闹饥荒,人们啃食树皮也不能保证基本的温饱,很多人被活活饿死。而就是在这样的生存环境下，官府仍然催逼赋税，有的百姓甚至卖了房子和孩子都不能按时交钱，被逼到绝路的人们最终起来反抗官府的暴行了。

黄巢起义

黄巢是曹州冤句（今山东菏泽）人。他家是盐商。黄巢年轻时喜练武，学习骑马射箭，武艺很好。他读过书，考过几次进士，都没有考取，就去贩私盐。由此，他认识了许多私盐贩子，其中有个人叫王仙芝，濮州人，离黄巢家乡不远。

唐僖宗乾符二年（875），王仙芝等首先在长垣（今河南省东北部）发动起义，发布檄文指责唐政权。黄巢亦于同年率数千人起义，响应王仙芝。两支起义军汇合在一起壮大了声势，困于繁重赋税的农民争先恐后来归附的有数万人。878年二月，王仙芝义军在黄梅（今湖北黄梅西北）被唐朝政府军包围，经过激战，王仙芝在突围中不幸战死。

王仙芝死后，起义军推黄巢为"冲天大将军"，从此，起义军全部由黄巢来领导。起义军避实就虚，避开藩镇力量强大的中原地区，向南方长驱直下，渡过长江，转战湖北、皖南、浙东、福建。879年，起义军攻克南方重镇广州，并控制了岭南的大部分地区。起义军发布公告：要率大军直捣长安，推翻唐朝的统治。于是，黄巢率军从广州北上。881年，他们占领长安，唐僖宗带随从仓皇逃奔四川成都。几天之后，黄巢在长安称帝，建立政权，国号大齐。逃往四川的唐僖宗纠集各地的残余势力，向起义军反扑，黄巢率军顽强抵抗。883年，在关键时刻，大将朱温叛变降唐，起义军损失惨重，不得不撤出长安，转战山东泰山一带。884年，黄巢在莱芜（今属山东）与唐军决战时，兵败自刎，起义失败。

唐王朝逐步走向灭亡

唐末农民战争基本瓦解了唐王朝的腐朽统治。从859年的裘甫发动浙东起义，到884年黄巢起义被平定，历时二十五年，农民军席卷了现在的山东、河南、两江、闽浙、两广、两湖、陕西等十一行省，沉重地打击了唐朝的统治，加速了唐朝的灭亡。唐僖宗还京后，进一步失去了昔日的政治地位。

唐末农民起义虽然未能推翻唐朝的统治，但是却为新王朝的建立奠定了基石。唐朝经农民军打击后名存实亡，起义失败后不久，农民起义军出身的朱温亲手结束了唐朝。其后经历了短暂的五代十国时期，迎来了新的王朝——宋朝。

知识加油站

满城尽带黄金甲

黄巢在起义之前，曾到京城长安参加科举考试，但未被录取。科场的失利以及整个社会的黑暗和吏治的腐败，使他对唐王朝益发不满。他借咏菊花来抒写自己的抱负，写下了一首《不第后赋菊》：

"待到秋来九月八，我花开后百花杀。冲天香阵透长安，满城尽带黄金甲。"

第七章

宋元时期

第56篇
赵匡胤黄袍加身

黄袍,也称龙袍,是古代皇帝的袍服。黄袍加身,亦即登上帝位。历史上最著名的黄袍加身是五代后周赵匡胤在陈桥(今河南开封东北)兵变中,被诸将披上黄袍,拥立为帝。赵匡胤(927—976),宋朝开国皇帝,庙号宋太祖。作为五代十国野蛮政治的终结者和后世历朝文明政治的开拓者,赵匡胤是我国历史上一个承前启后的重要人物。

赵匡胤掌握兵权

赵匡胤是涿州(今河北涿州)人。周世宗柴荣时,他因战功升任殿前都点检(皇帝的禁卫军长官),掌握了后周的军权。周世宗柴荣死后,七岁的独生子柴宗训即位,就是周恭帝。由于年纪太小,由宰相范质、王溥辅政。当时,政局不稳,人心浮动,谣言四起。一些忠于后周的官吏,马上就敏锐地意识到动乱的根源十有八九要出在赵匡胤那里,指出赵匡胤不应再掌禁军,甚至有的人主张先发制人,及早将赵匡胤干掉。

此时,赵匡胤及其心腹也在加紧活动。一个很明显的事实是，在周世宗去世后的半年里，禁军高级将领的安排，发生了对赵匡胤绝对有利的变动。赵匡胤的少年好友慕容延钊、"布衣故交"王审琦、亲信石守信都进入禁军的核心。赵匡胤看到夺取后周政权的条件已经成熟，于是精心策划了一场历史上有名的陈桥兵变。

陈桥驿兵变

960年春节，后周朝廷正在举行朝见大礼，忽然接到边境送来的紧急战报，说北汉和辽朝联合，出兵攻打后周边境。大臣们慌作一团。小皇帝柴宗训征得宰相范质、王溥的同意后，命令赵匡胤率领禁军前往迎敌。

赵匡胤接到出兵命令，立刻调兵遣将，带了大军从汴京（今河南开封）出发。大军到了离开京城二十里的陈桥驿，赵匡胤命令将士就地扎营休息。一些将领却聚集在一起，悄悄商量。有人说："现在皇上年纪那么小，我们拼死拼活地去打仗，将来有谁知道我们的功劳，倒不如现在就拥护赵点检做皇帝呢！"

大伙听了，都赞成这个意见。没多久，这消息就传遍了军营。将士们全起来了，大家闹哄哄地拥到赵匡胤住的驿馆，一直等到天色发白。

赵匡胤隔夜喝了点酒，睡得挺熟，一觉醒来，只听得外面一片嘈杂的人声，接着就有人打开房门，高声地叫嚷，说："请点检做皇帝！"赵匡胤赶快起床，还没来得及说话，几个人把早已准备好的一件黄袍，七手八脚地披在他身上。大伙跪倒在地上磕了几个头，高呼"万岁"。接着，又推又拉，把赵匡胤扶上马，请他一起回京城。

赵匡胤骑上战马对将领们说："你们因为贪图富贵而拥立我，但你们必须服从我的命令，否则，这个皇帝我是不能当的！"将士们齐声回答说："自然听陛下命令。"

周恭帝禅让帝位

在率军回开封时，赵匡胤发布命令说：到了京城以后，一、不得抢掠百姓；二、对太后和小皇帝"不得惊犯"；三、对后周的公卿"不得侵凌"；四、对"朝市府库，不得侵掠"。执行命令的将来有重赏，否则就要严办。赵匡胤本来就是禁军统帅，再加上有将领们拥护，谁敢不听号令。将士们排好队伍前往京城。一路上军容整齐，秋毫无犯。

到了开封，赵匡胤派人同守卫开封的禁军将领石守信、王审琦联系，两人也巴不得立功，赵匡胤一到，便立即开城门迎接。个别将领想反抗，即被杀死。没费多大劲儿，就拿下了京城。

范质、王溥帮忙组织了周恭帝与赵匡胤的禅让帝位仪式。因赵匡胤在后周任归德军节度使时的任所在宋州，就以"宋"为国号，定都东京（今河南开封），历史上称为北宋。

虽然赵匡胤即了位，但当时全国还没有统一，周围还有一个个割据政权，也还有一些节度使，对赵匡胤当皇帝很不服气。后来，宋太祖采纳大臣"先南后北"统一中国的建议，以重兵征讨，先后攻灭了各地的割据政权，使五十多年混战的五代时期，宣告结束。

杯酒释兵权

为了加强中央集权,同时避免别的将领也"黄袍加身",篡夺自己的政权,宋太祖赵匡胤通过一次酒宴,巧妙地以威逼利诱的方式,让石守信、高怀德、王审琦、张令铎、赵彦徽等高级将领纷纷上表声称有病,要求解除兵权。宋太祖顺势免去他们的军中职务,解除了他们的兵权。与汉高祖大杀功臣的行为不同,赵匡胤这种解除将领兵权的方式被视为宽和的典范。"杯酒释兵权"后来成为一个成语,泛指轻而易举地解除将领的兵权。

第57篇
澶渊之盟

辽是中国历史上由契丹族建立的一个少数民族政权。1004年，即宋真宗景德元年，北宋与辽经过长年累月的战争，最后在澶（chán）州（今河南濮阳）城下签订一份休战协议。因澶州之西有湖泊叫澶渊，澶州亦名澶渊郡，这份协议便称为"澶渊之盟"。澶渊之盟结束了双方的战争状态，节省了大量军费，以极少的代价换取了战争所难以获取的效果。在此后的一百多年里，宋、辽虽小有冲突，但双方的经济文化交流获得了很大的发展，促进了中华民族的大融合，使北宋成为中华文化进步的重要时期。

辽国大军威胁宋都开封

宋辽战争长达二十五年，其目的在于争夺燕云十六州。燕云十六州，即今天的北京、天津全境，河北北部地区，山西北部地区。五代时期的后晋开国皇帝石敬瑭为了取得契丹的支持，把燕云十六州割让给契丹。到北宋时，燕云十六州即为辽占有。自古以来这些地方便是北方少数民族南下中原的必经之路，也是中原王朝北部边境天然的防御屏障。

北宋初期，宋太祖和宋太宗都有收复华北失地、统一中国的愿望。然而宋太宗两次大举伐辽（公元979年和986年）均告失败后，宋对辽就一直心存畏惧，逐渐由主动进攻转为被动防御。相反，辽对宋却是步步紧逼，不断南下侵扰。

景德元年（1004），边境告急文书频传，说辽军又要大规模入侵了。九月，辽圣宗和其母萧太后，率二十万大军，从幽州（今北京）出发，向南推进，直扑澶州城下。这样一来，不仅河北大片领土陷入敌手，而且仅隔一河的都城汴京也暴露在辽国骑兵的威胁之下。

宋真宗御驾亲征

辽国军队已威胁到宋朝京城，朝廷上下官员都很震惊，宋真宗急召群臣商量对策，主和、主战两派各持己见，莫衷一是。主和派主张迁都金陵（今南京）或四川成都避难，而集贤殿大学士寇准则力排众议，坚决主张抵抗。经过斗争，寇准等人的意见终于阻止了主和派逃跑避敌的主张。寇准派探子到前线侦察情况，根据对敌情的分析，制定了一套抗敌方略。同时，寇准特别强调，为了鼓舞士气，争取更大的胜利，宋真宗必须渡过黄河，亲临前线。

在寇准的劝说下，宋真宗起驾北上，亲征辽军。宋时，黄河从澶州流过，将澶州城一分为二，南城相对较为安全。宋真宗看到黄河对岸烟尘滚滚，就想留在南城，不去北城。寇准劝真宗："宋军的主力都在北城，陛下如果不去北城，亲征就没有任何意义了。再说各路大军已经陆续到达澶州，不会有什么危险。"大将高琼也劝宋真宗过河，不等宋真宗同意，他就催促卫兵们护送宋真宗前进。宋真宗勉强到了北城，在城楼上召见了各军将领。宋军将士看到城楼上的黄龙旗,得知皇帝到了,立即高呼万岁,士气大振。

澶州城下宋辽和议

宋、辽双方在澶州相持了十余日,形势对宋军相当有利,宋军坚守辽军背后的城镇,又在澶州城下射死辽军大将萧挞凛,使辽军士气一落千丈。萧太后唯恐腹背受敌,秘密派人前来求和。而本来就没有抗辽决心的宋真宗,也在离京亲征的同时向辽秘密派出议和使节。

经过几番交涉,两国议和成功,和约规定:宋朝每年输给辽绢二十万匹,银十万两;双方为兄弟之国。这就是历史上著名的"澶渊之盟"。

澶渊之盟是宋真宗在有利的军事形势下停战求和的结果。澶渊之盟本身并不值得赞颂,但在这以后,宋辽双方保持了百余年和平,对两国之间的贸易关系、民间交往和各民族之间的融合是非常有利的。

回銮碑

回銮碑,也称契丹出境碑,位于今天的河南省濮阳城内御井街西侧。銮,是挂在车上的铃。古代称帝王及后妃坐的车子为"銮驾"。皇帝外出回返,就称为"皇帝回銮"或"皇上回銮"。回銮碑原为青石,高2.6米,宽1.3米,碑文为宋真宗所作《契丹出境》诗,相传为寇准书写。此碑是宋辽大战与澶渊之盟的见证。

第58篇
范仲淹：先天下之忧而忧

范仲淹（989—1052），字希文，北宋著名文学家、政治家。祖籍邠（bīn）州（今陕西省彬县），后迁居苏州吴县（今江苏省苏州市）。他为政清廉，体恤民情，刚直不阿，力主改革，屡遭奸佞诬谤，数度被贬。他的传世散文《岳阳楼记》中有"先天下之忧而忧，后天下之乐而乐"一句，是他一生的自我写照。

勤学、爱民、谦虚

范仲淹两岁时，父亲早逝。母亲带他改嫁山东淄州长山县（今山东省邹平市）朱氏。范仲淹从小读书十分刻苦，他去附近长白山上的醴泉寺寄宿读书。晨夕之间，便就读讽诵，给僧人留下深刻的印象。那时，他用两升小米煮粥，隔夜粥凝固后，用刀切为四块，早晚各食两块，再切一些腌菜佐食，吃完继续读书。这就是"划粥断齑（jī）"的勤学故事。

范仲淹担任邠州地方官时，有一天闲暇无事，带同僚属下登上高楼，设置酒宴，还没有举杯饮酒，看到有几个披麻戴孝的人在营造下葬的器具。原来是一个客居在邠州的读书人死了，准备埋葬在近郊，但是棺材、墓穴和其他送葬器物都还没有着落。范仲淹听后露出哀悼的神情，立即撤去酒席，并给丧家一笔可观的钱，让他们办完丧事。

范仲淹曾给别人写墓志铭，当他写完封好，正准备寄走时，忽然想起应该让朋友尹师鲁看一看。第二天，他把墓志铭交给尹师鲁过目。师鲁看后说："你的文章现在影响很大，后代人将会引用你的文章做根据，所以下笔不能不谨慎啊。现在你把转运史写成部刺史，把知州写成太守等汉代官名，的确是够清雅的了，但是现在已经没有这些官名了，后代必将因此产生疑惑，这正是引起庸俗的儒生们争论不休的原因啊。"范仲淹马上起身感谢，说："幸亏请您过目，不然，我差一点就失误了。"谦虚使他获益。

延安守边

宋仁宗康定元年（1040），西夏李元昊称帝后举兵进攻延州（今陕西延安），宋王朝与西夏开始交兵。这一年七月，范仲淹和韩琦同时被任命为陕西经略安抚使（掌管军政的官）兼知延州（相当于州长），来到西北前线，主持对西夏的防务，后又与韩琦分管陕甘军政大事。

范仲淹到任后，对军队旧制进行了改革，命六将分领一万八千名延州兵，每将三千人，分部教练。作战时，视敌众寡，安排兵士出战。他发号施令明白无误，用兵有方，又爱抚士卒，西夏不敢轻易侵扰宋境。

范仲淹非常关心民众疾苦，注重民族团结。他采纳种世衡的建议，筑青涧城，大兴营田，许民互市，以通有无。他不歧视羌族的老百姓，还和他们订立友好协约，因此受到羌族人的尊重。

作为边关主帅，范仲淹关心爱护士卒，深味将士生活之辛苦，挥笔写下了一组《渔家傲》词，以述边镇之劳苦。

庆历新政主持人

范仲淹是北宋中期轰轰烈烈的庆历新政的主持人。宋仁宗赵祯在1022年登基之后，还不算一个坏皇帝，可他的日子并不好过。庆历三年（1043）九月，内外交困的仁宗在巨大压力下不得不考虑改革了。此际，他想起了刚刚被任命为参知政事（相当于副宰相）的范仲淹。

范仲淹认真总结从政二十八年来酝酿已久的改革思想，很快呈上了著名的新政纲领《答手诏条陈十事》。在这个奏折中，他阐述了"历代之政，久皆有弊。弊而不救，祸乱必生"的道理，提出了十条改革建议，包括：一、明黜陟，即严明官吏升降制度。二、抑侥幸，即限制侥幸做官和升官的途径。三、精贡举，即严密贡举制度。四、择官长。五、均公田。六、厚农桑，即重视农桑等生产事业。七、修武备，即整治军备。八、减徭役。九、覃恩信，即广泛落实朝廷的惠政和信义。十、重命令，即要严肃对待和慎重发布朝廷号令。这是以整顿吏治为中心的改革主张。宋仁宗采纳了大部分意见，陆续下诏，全国执行，时人称为"新政"，即后来所谓的"庆历新政"。

新政实施的短短几个月间，效果明显。但由于新政触犯了贵族官僚的利益，因而遭到他们的阻挠。1045年初，范仲淹、韩琦、富弼、欧阳修等人相继被排斥出朝廷，各项改革也被废止，新政失败。

 知识加油站

先天下之忧而忧,后天下之乐而乐

宋朝官员滕子京因遭诬陷被贬到岳州(今湖南岳阳)当知府,重新修复了岳阳楼。范仲淹受他的嘱托,写了一篇《岳阳楼记》,提出古代的仁人志士总是"先天下之忧而忧,后天下之乐而乐",即在天下人忧之前先忧,在天下人乐之后才乐。作者以这句话安慰与勉励遭贬受委屈的滕子京,同时也寄托着自己以天下为己任的政治抱负。

第59篇
王安石变法

王安石（1021—1086），字介甫，号半山，抚州临川（今江西临川）人。中国历史上杰出的政治家、文学家、思想家、改革家，"唐宋八大家"之一。他是北宋政坛最为著名的人物之一。一生为官三十余载，两度被任命为宰相，其间坚定不移地推行新法，励精图治，于悬崖边挽救了原本行将灭亡的北宋王朝。列宁称他为"中国11世纪的改革家"。

不愿到皇帝身边工作的地方官

按照宋朝当时的规定，凡是进士高第者，为官一任即三年后，就可以担任清要之馆职，包括昭文馆、史馆和集贤院，来到皇帝身边，成为为皇帝撰写诏令的翰林、知制诰等。很多宋朝的高官都是由此通道快速升迁，甚至成为宰相的。

聪明过人的王安石在二十二岁时考中进士，二十五岁即具备了入馆的资格，这在当时相当罕见。然而王安石却出人意料地上书辞谢，宁愿到一个边远小县去做县令。从二十二岁及第开始，直到四十六岁位居显宦推行变法为止，他多次拒绝朝廷授予的高位，对入朝为官并快速升迁的诱惑不为所动，踏踏实实地从县令一级级地做到太守。每到一个地方，都政绩斐然，深受百姓爱戴，成为具有崇高官声与民望的地方官。从宋仁宗开始，到京城里的士大夫，到朝堂上的文武百官，包括当时早已名声赫赫的范仲淹、欧阳修、包拯、富弼、韩琦、苏洵等，无不渴望见识一下王安石的真面目。宋仁宗嘉祐五年（1060），王安石终于不再推辞中央的诏令，在千呼万唤之中，走向了王朝的权力舞台。

熙宁变法

宋神宗和王安石正是在王朝无比危难的时刻走到历史前台的。熙宁元年（1068），年仅二十岁的宋神宗继位。他自幼痛心于朝廷对北方敌国的屈服退让，不满于朝廷、州县的萎靡不振，焦心于国家税收减少、财政紧蹙，有着富国安民、强兵雪耻的愿望。亲政以后，他急于物色能安邦治国的英才，最终将目光锁定在已颇具盛名的王安石身上。

熙宁元年（1068）二月，朝廷设"制置三司条例司"，这是王安石为推动变法设立的第一个机构，是当时最高的财政机关。次年，宋神宗排除朝中大臣的反对和阻挠，果断地任命王安石为参知政事（副宰相）。熙宁三年（1070），王安石任同中书门下平章事，位同宰相，在全国范围内推行新法，开始大规模的改革运动。所行新法在财政方面有均输法、青苗法、市易法、免役法、方田均税法、农田水利法等，在军事方面有置将法、保甲法、保马法等。

王安石变法的根本目的，是要改变北宋积贫积弱的局面，增强对外防御、对内弹压的能力，以巩固和加强封建统治。从新法次第实施，到新法为守旧派所废罢，其间十几年，"富国强兵"的效果是十分显著的。宋廷财赋有了明显的增加,国库充裕,宋神宗年间国库积蓄可供朝廷二十年财政支出。社会经济发展,人民负担减轻,呈现了百年来不曾有过的繁荣景象,改变了北宋"积贫"的局面。通过"强兵之法"的推行,"积弱"局面得以缓解,甚至一举扭转了西北边防长期以来屡战屡败的被动局面,对西夏、吐蕃等用兵都取得了空前的胜利,北宋国力大为增强。

但变法也得罪了既得利益的贵族势力,遭到了他们激烈的反对。当时甚至连司马光、苏轼等人都将王安石视为妖孽。面对人言汹汹,神宗皇帝最终还是犹豫、退缩了。1074年,王安石罢相;次年复相;第三年,再次罢相。王安石也在这一年彻底离开官场,隐居南京钟山。宋哲宗登基后,司马光当宰相,立即废止"新法"。1086年,六十五岁的王安石在钟山郁郁而终。

作为文学家的王安石

从文学角度综观王安石的作品,无论诗、文、词都有杰出的成就。北宋中期开展的诗文革新运动,在他手中得到了有力推动,对扫除宋初风靡一时的浮华之风做出了贡献。

王安石的论说文,针对时政或社会问题,观点鲜明,分析深刻,阐述政治见解与主张,具有较强的概括性与逻辑性。其山水游记,简洁明快,亦记游,亦说理。

王安石的诗歌,大致可以以熙宁九年(1076)王安石第二次罢相为界分为两个阶段。前期创作主要是"不平则鸣",注重社会现实,反映下层人民的痛苦,倾向性十分鲜明,风格直截刻露;晚年退出政坛后,心情渐趋平淡,大量的写景诗、咏物诗取代了前期政治诗的位置。王安石的抒情词作，写物咏怀，多选空阔苍茫、淡远纯朴的形象，营造出一个士大夫文人特有的情致世界。《桂枝香·金陵怀古》一词，豪纵沉郁，同范仲淹的《渔家傲·塞下秋来风景异》一词，共开豪放词之先声，给后来词坛以良好的影响。

梁启超为王安石变法翻案

南宋以后，在很长时间里，王安石变法总体上是被否定的。梁启超的《王荆公》是20世纪评议王安石及其新法影响的著作，为王安石及其变法翻了案。梁启超称王安石"三代下求完人，惟公庶足以当之矣"，他把青苗法和市易法看作近代"文明国家"的银行，把免役法视作"与今世各文明国收所得税之法正同"，"实国史上、世界史上最有名誉之社会革命"，还认为保甲法"与今世所谓警察者正相类"。梁启超的肯定性评价为大多数人所尊奉，成为20世纪前半叶学界对王安石变法的评价的主流观点。

第60篇
沈括与《梦溪笔谈》

在很长一段时期，古代中国的科技水平曾经居于世界领先水平，而且涌现出了大批的卓有成就的科学家。其中有一位科学家在世界上享有很高的声誉，英国著名科技史学者李约瑟称颂他是"中国整部科学史中最卓越的人物"。他之所以得此崇高的赞赏，是因为他在其著作《梦溪笔谈》中对中国古代科技的集大成的记录和创新。他就是沈括。

从政科研两不误

沈括（1031—1095），字存中，钱塘（今浙江杭州）人。北宋科学家、政治家、文学家。《宋史》称他"博学善文，于天文、方志、律历、音乐、医药、卜算无所不通，皆有所论著"。他出身官僚家庭，因父早丧，家境贫寒。仁宗嘉祐八年（1063）中进士，历任地方和中央官吏，做了许多有益于人民的实际工作。

沈括一生，可以概括为从政和科学研究两个方面。熙宁三年（1070），他参加了王安石变法，并且是改革派中的中坚人物。熙宁八年（1075），他出使辽国，严正驳斥辽国无理的争地要求，维护了宋室主权；继而镇守延州，加强武备，设防边陲，有效地抵御西夏。他一向重视兴修水利、监制兵器、管理财政等，以此促进国家强盛，人民幸福。

沈括在从政的同时，一生重视科学研究和科学发明的记载。晚年退居润州（今江苏镇江），在那儿买了一座园子，据说和他年轻时梦见的地方相似，因而起名为"梦溪园"。在这座园中，他用晚年的全部精力撰写《梦溪笔谈》。

"中国科学史上的坐标"

"中国科学史上的坐标"，这是李约瑟在其名著《中国科学技术史》中对《梦溪笔谈》的评价。《梦溪笔谈》共三十卷，包括《补笔谈》三卷和《续笔谈》一卷。内容涉及天文、历法、气象、地质、地理、物理、化学、生物、农业、水利、建筑、医药、历史、文学、艺术、人事、军事、法律等诸多领域，是一部包罗万象的百科全书式的著作。

《梦溪笔谈》属于笔记类著述。从内容上看，它以多于三分之一的篇幅记述并阐发自然科学知识，这在同类著述中是少见的。因为沈括本人具有很高的科学素养，他所记述的科技知识，也就具有极高的价值，基本上反映了北宋的科学发展水平和他自己的研究心得。

在天文学方面，《梦溪笔谈》阐释了沈括自己对浑仪、漏刻、圭表等天文仪器研制方面的许多创见，记述了他的"日有盈缩"这一重要发现，以及他关于实行阳历"十二气历"的建议，欧洲要到19世纪才有与此相似的萧伯纳历。他发展了前人之说，指出月亮本身并不发光，是太阳光照射在它表面才发光的，对日食、月食提出了合乎科学原理的解释。

在物理学方面,《梦溪笔谈》阐述了凹面镜成像的原理。沈括在琴弦上贴小纸人,以验证声音共振现象的发现,比欧洲类似的发现要早约七百年。

在数学方面,《梦溪笔谈》发展了《九章算术》以来的等差级数,创造出高等级数"隙积术"(二级等差级数的求和法)和求积法的"会圆术"(已知圆的直径和弓形的高,求弓形的弦和弧长的方法)。隙积术和会圆术的建立,为中国古代数学的发展开辟了新的方向。

在地质、地理方面,他发现陕北的石油可以用于照明和制墨,并最先将这一矿物命名为"石油"。

在印刷技术方面,书中记述有庆历年间布衣毕昇发明泥活字印刷术以及活字印刷的工艺过程。这是关于活字印刷术最早的文字记载。

在建筑学方面,书中记述有著名匠师喻皓加固杭州梵天寺木塔的事迹,以及其所著建筑学专著《木经》的片段。《木经》早已亡佚,人们仅借此方知这部重要著作,并了解其内容之一斑。

《梦溪笔谈》在国外的影响

早在19世纪,《梦溪笔谈》就因为其活字印刷术的记载而闻名于世。20世纪,法、德、英、美、意等国都有人对它进行系统而又深入的研究,并有全部或部分章节的不同语种的译本。日本早在19世纪中期,就用活字版排印了这部名著,是世界上最早用活字版排印《梦溪笔谈》的国家。从1978年起,日本又分三册陆续出版了《梦溪笔谈》的日文译本。

沈括星

为了纪念沈括，1979年7月1日，中国科学院紫金山天文台将在1964年11月9日发现的第2027号小行星命名为"沈括星"。

第61篇
司马光与《资治通鉴》

司马光（1019—1086），字君实，陕州夏县（今山西省夏县）人，北宋政治家、史学家，历仕仁宗、英宗、神宗、哲宗四朝。宋神宗时，司马光反对王安石施行变法。王安石变法以后，他离开朝廷十几年，主持编纂了中国历史上第一部编年体通史《资治通鉴》。

司马光的童年故事

司马光五六岁的时候，有一次拿了一只青胡桃，请他姐姐帮忙剥掉胡桃的皮。姐姐忙了半天也没有剥下皮，就生气地走开了。过了一会儿，家里的女佣过来，舀来一碗开水，把青胡桃放进水里。胡桃经开水一泡，皮很容易就剥下来了。司马光的姐姐从里屋出来，看见他在吃胡桃，就问胡桃皮是谁剥的。司马光说："当然是我剥的，我想了个办法，用开水一泡，这皮就剥下来了。"正在这时，司马光的父亲走进屋来，狠狠地训斥说："你这孩子，怎么能说谎话！"原来，女佣替司马光剥胡桃皮的情景，恰好被父亲在窗外看得一清二楚。司马光知道自己错了，马上低下了头。从此，他牢记父亲的教诲，老老实实做人，再也不撒谎了。

更著名的是司马光砸缸的故事。一天，司马光跟小伙伴们在后院玩耍。院子里有一口大水缸，有个小孩爬到缸沿上玩，一不小心，掉进水缸里。别的孩子一见出了事，吓得边哭边喊，跑到外面向大人求救。司马光急中生智，从地上捡起一块大石头，使劲向水缸砸去。水缸破了，缸里的水流了出来，小孩也得救了。小小的司马光遇事沉着冷静，从小就是一副小大人模样。

政治上的守旧派

司马光在政治上是标准的守旧派，他跟主持变法的王安石发生了严重分歧，几度上书反对新法，提出"治天下譬如居室，敝则修之，非大坏不更造也"。

司马光与王安石，就竭诚为国来说，两人是一致的，但在具体措施上，各有偏向。王安石主要是围绕着当时财政、军事上存在的问题，通过大刀阔斧的经济、军事改革措施来解决燃眉之急。司马光则认为在守成时期，应偏重于通过伦理纲常的整顿，把人们的思想束缚在原有制度之内。即使改革，也一定要稳妥，因为"大坏而更造，非得良匠美材不成，今二者皆无，臣恐风雨之不庇也"。司马光的主张虽然偏于保守，但实际上是一种在"守常"基础上的改革方略。王安石变法中出现的问题，如新法不能有效落实和用人不当等情况，从侧面证明司马光在政治上还是老练稳健的。

司马光之与王安石不合，仅仅是在政治观点上有分歧，在本质上都是为国为民的真君子——纯粹君子之争，绝对不是为了一己私利，不然王安石在痛恨司马光之余也不会由衷地道出:"司马君实,君子人也!"一个令政敌都叹为君子的人,绝对不是一个小人。

司马光对政治的理解比王安石要深刻得多。在为变法问题斗得死去活来之后,司马光对王安石的看法是:"介甫无他,唯执拗耳!"曾有人劝司马光弹劾王安石,司马光却一口回绝了。

主持编写《资治通鉴》

司马光的主要成就反映在学术上。其中最大的贡献,莫过于主持编纂《资治通鉴》。他和助手把一生大部分精力都花费在了奉敕编纂《资治通鉴》上,自宋英宗治平三年(1066),至宋神宗元丰七年(1084),历时十九年。他在《进资治通鉴表》中说"日力不足,继之以夜","臣之精力,尽于此书"。编书之辛苦,可见一斑。

《资治通鉴》是一部规模空前的编年体通史,是我国最大的一部编年史,按朝代分为十六纪二百九十四卷,共三百多万字。全书通贯古今,上起战国初期韩、赵、魏三家分晋(前403),下讫五代(后梁、后唐、后晋、后汉、后周)末年赵匡胤(宋太祖)灭后周以前(959),凡一千三百六十二年。作者把一千多年的史实,依时代先后,以年月为经,以史实为纬,按顺序记写;对于重大的历史事件的前因后果,与各方面的关联都交代得清清楚楚,使读者对史实的发展能够一目了然。

《资治通鉴》的内容以政治、军事和民族关系为主,兼及经济、文化和历史人物评价,目的是通过对事关国家盛衰、民族兴亡的统治阶级政策的描述警示后人。在这部书里,编者总结出许多经验教训，供统治者借鉴。书名就是宋神宗认为该书"鉴于往事，有资于治道"而钦赐的。

司马光"警枕"勤学

司马光从小到老，一直坚持不懈地学习，做官之后学习更加刻苦。他的居室，除了图书和卧具，再没有其他奢华的摆设。卧具很简单：一架木板床，一条粗布被子，一个圆木枕头。为什么要用圆木枕头呢？说来很有意思，当读书太困倦的时候，往往一睡就是一大觉。圆木枕头放在硬邦邦的木板床上，极容易滚动。只要稍微动一下，它就滚走了。头落在木板床上，咚的一声，他惊醒后就会立刻起来读书。司马光给这个圆木枕头起了个名字叫"警枕"。

第62篇
苏轼：浪淘尽，千古风流人物

苏轼（1037—1101），字子瞻，号东坡，眉州眉山（今属四川）人。他是历史上一位具有多种艺术才能的大文豪。有《苏东坡全集》传世。

家世显赫，底蕴深厚

苏轼的父亲苏洵（1009—1066），字明允，自号老泉，与其子苏轼、苏辙并以文学著称于世，世称"三苏"，均被列入"唐宋八大家"。苏洵擅长散文，尤擅政论，议论明畅，笔势雄健，著有《嘉祐集》二十卷等。苏轼的母亲程氏，是大理寺丞程文应的女儿，对苏轼后来的思想行为也有很大的影响。

显赫的家族背景和特殊的家庭教养，使苏轼从小接受了思想上和文化上的熏陶，具有深厚的文化底蕴，为日后成为震古烁今的大文豪、忠直敢谏的大臣奠定了坚实的基础。

仕途坎坷，三起三落

苏轼一生充满曲折与坎坷。虽才高八斗，却总是不得志，在将近四十年的官宦生涯中,三起三落,大部分时间都是在落魄不定和怀才不遇中度过的。

一起:初涉仕途。1057年,苏轼参加科举考试,名列第二。考中进士后,他历任地方官至湖州太守。因颇有政绩,逐步被提拔重用。一落:乌台诗案。宋神宗元丰二年(1079),由御史(监察官)告发苏轼在诗文中有反对新法的字句,后在御史台(监察机构,别称乌台)被逮捕受审。此案称为"乌台诗案"。出狱后,苏轼被降职为黄州(今湖北省黄冈市)团练副使,名义上是地方武官,实际是闲散不管事的官职。

二起:元祐更化(即改革)。1085年四月,宋神宗驾崩,年仅十岁的宋哲宗继位,太皇太后高氏摄政,尽废王安石变法,史称"元祐更化"。苏轼被召回京城,官至翰林学士知制诰(为皇帝起草文章的官员)。二落:知难而退。苏轼因与高太后和司马光政见不合,一再主动请辞外放,到杭州任职。

三起:两回中央。苏轼1091年三月回朝,当了短期的吏部尚书(相当于人事部部长)、兵部尚书(相当于国防部部长)、礼部尚书(相当于文化部部长)。三落:一贬再贬。1093年九月,高太后驾崩,宋哲宗亲政,把苏东坡赶出京城,然后再贬到儋州(今属海南省),就是今天的天涯海角。1101年八月,苏轼卒于常州,享年六十四岁。

多才多艺,享誉千年

苏轼是宋代文学最高成就的代表,在诗、词、散文、书法、绘画等方面都取得了很高的成就。苏轼继柳永之后,对词体进行了全面的改革,使词从音乐的附属品转变为一种独立的抒情诗体,从根本上改变了词史的发展方向。他的词作开创豪放派词风,与辛弃疾同是豪放派代表,并称"苏辛"。代表作如《水调歌头·明月几时有》,是在一个中秋节赏月时写的,怀念他弟弟苏辙。"人有悲欢离合,月有阴晴圆缺,此事古难全。但愿人长久,千里共婵娟",是流传至今的名句。

另一首著名的词作《念奴娇·赤壁怀古》,是豪放词的代表作之一。此词通过对月夜江上美景的描绘,借对古代英雄人物的追念,表达了作者怀才不遇的忧愤之情,同时表现了作者对人生的旷达之心。"大江东去,浪淘尽,千古风流人物。"开篇就布置了一个极为广阔而悠久的空间、时间背景,气魄极大,笔力非凡。全词借古抒怀,大气磅礴,将写景、咏史、抒情融为一体,给人以巨大的艺术力量,曾被誉为"古今绝唱"。

苏轼的诗忧国忧民如屈原,恬淡简朴如陶潜,任情挥洒如李白,寓意深厚如杜甫,充满了对人生的深刻感悟和体会,与黄庭坚并称"苏黄"。苏轼的散文是宋文中成就最高的一家,是"唐宋八大家"中的佼佼者,写有《赤壁赋》等名作。苏轼在书法、绘画,以及军事学、医药学、建筑学、水利学、语言学、音乐学、禅学方面均有极深的造诣。

苏轼还曾设计过帽子,酿造过美酒,制作过一种特殊的千层饼,调过一种别具味道的汤。所以,"东坡帽""东坡酒""东坡饼""东坡羹""东坡肉"等,一度成为当时的人追求的时尚。

林语堂评苏轼

现代著名作家林语堂在他的《苏东坡传》中这样评价苏轼：像苏东坡这样的人物，是世间不可无一、难能有二的，我们可以说，他是诗人、画家，是散文家、书法家，是乐天派，是道德家，是百姓的好朋友……可是这些都还不足以描绘他的全貌。苏东坡的人品，具有一个天才所具有的深厚和广博。苏东坡像一阵清风一样度过了一生，虽饱经忧患，却始终不失其赤子之心。苏东坡的独一无二，还在于他的平民气质。一个经常被放逐的官员却有着最多的人缘，文人骚客、贤士大夫自不必多说，难得的是他与野老村夫、渔樵僧道，都能找到沟通的话题。一千多年来，有那么多人热爱他，是因为苏东坡自有其迷人的魅力。苏轼的魅力是一个谜，在他身上包含了最大限度的人性的丰富性和发展的可能性，传统文化通过他这个载体历久弥新地在当代社会呈放光彩。

第63篇
宗泽临终三呼"过河"

宗泽（1060—1128），字汝霖，婺州义乌（今浙江省义乌市）人。北宋末、南宋初抗金名将，有《宗忠简公集》传世。宗泽所领导的东京（今河南开封）保卫战是宋朝军民抗击金军侵略、保卫首都的重要战争。

六十岁前怀才不遇难酬志

宗泽出身于贫苦农家，家境贫寒，为人豪爽。北宋元祐六年（1091），他参加进士考试，对策时直言朝政弊病。宗泽第一次在政治舞台上亮相，就充分反映出他革除弊政的强烈要求，以及与邪恶势力做斗争的勇气和决心。考官十分厌恶他直言，只给他"同进士出身"的名分录取。

从此，宗泽先后任大名府馆陶县县尉兼摄县令职事，衢州龙游、莱州胶水、晋州赵城、莱州掖县四县知县。所到之处，宗泽都能为官一任，造福一方，政绩卓著，"所至称治"，赢得了各地群众对他的信赖和爱戴。然而，由于宋王朝政治极端腐败，权奸当道，因而宗泽长期得不到提拔和重用。

守磁州首次击败金兵

靖康元年（1126），金兵南侵，有人推荐宗泽出任求和使，宗泽一口答应，说："这一去必不生还。"那人问他为什么，他慷慨激昂地说："我这次出使，不打算活着回来。如果金人肯退兵就好；要不然，我就跟他们争到底。宁肯丢脑袋，也不让国家蒙受耻辱。"宋钦宗担心刚正不阿的他妨碍和议，因此将他派到北边磁州（今河北邯郸）任知州。当时金兵已经攻克太原，黄河两岸危在旦夕。被派往北边任职的官员往往以种种借口不肯前去，只有宗泽率随从几十个人赴任。到磁州后，他积极修复城墙，整治兵器，招募义兵，广集粮饷，防止敌人进攻，迅速将残破不堪的州城建成了坚固的军事据点。

不久，宗泽受任河北义兵都总管，率大军救援真定（今河北正定）。攻破金兵三十多个营寨，斩杀了数百名金军，获得的羊群马匹金帛全部赏给将士。这是宋军首次击败金兵，极大地鼓舞了河朔（古代黄河以北地区）各地宋军的斗志。

领导东京保卫战

宋高宗即位以后，重新起用李纲担任宰相。李纲提出许多抗金的主张。他还跟宋高宗说："要收复东京，非用宗泽不可。"宋高宗采纳了李纲的举荐，任命宗泽为开封府知府。

经过两次大战的开封，城墙全部被破坏了。百姓和兵士混杂居住，再加上靠近黄河，金兵经常在北岸活动，开封城里人心惶惶，社会秩序很乱。宗泽一到开封，先下了一道命令："凡是抢劫居民财物的，一律按军法严办。"命令一下去，城里仍旧发生了几起抢劫案件。宗泽杀了几个抢劫犯，秩序就渐渐安定了下来。

河北人民忍受不了金兵的掠夺烧杀，纷纷组织义军，打击金军。宗泽到了开封之后，积极联络义军。河东有个义军首领王善，聚集了七十万人马，想袭击开封。宗泽得知这个消息，单身骑马去见王善。他流着眼泪对王善说："现在正是国家危急的时候，如果有像您这样的几个英雄，同心协力抗战，金人还敢侵犯我们吗？"王善被他说得也流下了感动的眼泪，说："愿听宗公指挥。"其他义军也都有人马几万到几十万。宗泽也派人去联络，说服他们团结一致，共同抗金。

他在开封周围，修筑二十四座堡垒，沿着黄河设立营寨，互相连接，密集得像鱼鳞一样，叫作"连珠寨"。这样一来，开封城的外围防御巩固了，城里人心安定，存粮充足，物价稳定，恢复了大乱前的局面。他号令严明，指挥灵活，接连多次打败金兵，威名越来越大。

出师未捷身先死

宗泽先后上了二十多道奏章，请求宋高宗赵构回开封，每每被朝廷奸臣所阻挠。他忧愤成疾，背上生了毒疮，病得特别厉害。诸将入室问候病情，宗泽看着诸将说："我因为徽、钦二帝遭受不幸，积愤成这样。你们如果能够消灭敌人，则我死而无恨了。"诸将都流着泪说："怎敢不效力！"诸将出去后，宗泽叹息道："唉，我揣度这病不会好了。"他吟诵杜甫《蜀相》里的诗句："出师未捷身先死，长使英雄泪满襟。"以此表达他自己的遗憾。

第二天，风雨交加，天暗得如黑夜一般。临死前的宗泽始终没有提及一件私事,而是盯着窗外,高呼三声:"过河!过河!过河!"这个河是指黄河。当北宋灭亡时,都城汴梁(今河南开封)被金国占据,宋朝的徽、钦二帝被金人掳去。宗泽临终前的三声"过河",就是要众人渡过黄河去,收复汴梁。

宗泽死后,高宗派投降派杜充继任东京留守。杜充把宗泽设置的防御设施尽数废去,于是豪杰离心,以前被宗泽招抚的义兵也因不满杜充的倒行逆施纷纷散去。宗泽苦心经营的开封防线再也无力抵挡金兵的进攻。

靖康之变

靖康二年(1127)正月,金军俘虏宋徽宋、宋钦宗二帝,皇室的宝玺、法物、礼器等也被洗劫一空,北宋就此灭亡,史称"靖康之变",亦称"靖康之难""靖康之耻"。

第64篇
岳飞尽忠报国

岳飞（1103—1142），字鹏举，汤阴县（今河南省安阳市汤阴县）人。著名军事家，抗金名将，其尽忠报国的精神深受各族人民的敬佩。

岳母刺字

岳飞出身农民家庭。据说他刚出生时，恰好有一群大雁从天空飞过，父母便依景给他取名岳飞。

虽然从小家境贫寒，食不果腹，但岳飞受母亲的严教，性格倔强，为人刚直。他从小刻苦读书，尤其爱读兵法。他力气大，十几岁的时候就能拉三百斤的大弓。后来，他听说同乡老人周同武艺高强，就拜他为师，学得一身好武艺，成为文武双全的人。

当时，北方的金兵常常攻打中原。宋朝当权者腐败无能，节节败退，国家处在生死存亡的关头。一天，岳母把岳飞叫到跟前，说："现在国难当头，你有什么打算？""到前线杀敌，尽忠报国！"岳母听了儿子的回答，十分满意。"尽忠报国"正是母亲对儿子的希望。岳母用绣花针在他背上刺了

"尽忠报国"四个大字，然后涂上醋墨。从此，"尽忠报国"四个字就留在了岳飞的后背上。他一生谨记母亲的教诲，即使在死的那一刻，也没有忘记尽忠报国。

岳家军

从1128年受到抗金名将宗泽赏识起，到1141年为止的十余年间，岳飞率领宋朝军队同金军进行了大小数百次战斗，所向披靡。他在与敌浴血奋战中建立起一支纪律严明、作战英勇的抗金军队，被人称为"岳家军"。岳家军的士兵都严格遵守纪律，宁可自己忍受饥饿，也不敢打扰老百姓。岳家军的士气和战斗力则让金军闻风丧胆。金兵统帅长叹道："撼山易，撼岳家军难!"

绍兴四年（1134）春，岳飞率军进行了第一次北伐，绍兴六年（1136）至绍兴十年（1140）间，岳飞又率军进行了两次北伐。绍兴十年五月，金兵大侵南宋。岳飞率领于湖北鄂州整训三年的十万岳家军迎战，开始了第四次北伐。两个月间，岳家军诛灭了大批金军主力，且对金军盘踞的东京开封形成了四面围攻之势。

然而，正当金军大势已去，欲弃开封北溃时，宋高宗却听从奸相秦桧（huì）"和金罢战"之议，先将策应岳家军的张俊、韩世忠、刘琦等军撤回，并连下十二道金牌，命岳飞"即刻班师"。岳飞接诏，上表争辩无果，面对昏君奸相弃胜求和，自毁"强弱已见，功及垂成"的大好胜势，激愤痛呼："十年之力，废于一旦!"岳飞主导的北伐，取得了重大胜利，然而，昏君奸相的十二道班师金牌，却断送了原本可以改写历史走向的大好局面。

千古奇冤"莫须有"

秦桧和宋高宗决心向金朝求和。他们恐怕受岳飞、韩世忠等人的阻挠,就把他们召回京城,解除了他们的兵权。秦桧夺了岳飞等人的兵权后,就派人向金朝求和。金朝将领完颜兀(wù)术在给秦桧的书信中说:"必杀岳飞,而后和可成。"

1141年,秦桧以"谋反"的罪名将岳飞关进监狱。岳飞义正词严地面对审讯,并袒露出背上的"尽忠报国"四个大字。主审官何铸见此,也被感动。何铸查得岳案冤情,如实禀告秦桧。秦桧却说:"此上意也!"改派心腹万俟卨(Mò qí xiè,万俟是复姓)主审此案。万俟卨用尽各种手段,也无法使岳飞和儿子岳云、部下张宪三人受屈招认。

当年十一月,金朝派使者到临安(今浙江杭州)谈判议和条件。谈判结果:东面以淮河中流为界,西面以大散关(今陕西宝鸡西南)为界,以南属宋,以北属金;南宋向金朝称臣,每年向金朝进贡银绢。历史上把这次屈辱投降的和约叫作"绍兴和议"。

据《宋史·岳飞传》记载,秦桧把岳飞定为"谋反"罪,按律要处死刑。此时担任枢密使(三军司令)的韩世忠内心不平,到秦桧那里追问岳飞罪名的证据。秦桧竟然回答,岳飞的儿子岳云给张宪的信虽未查明,但那件事"莫须有",即罪证也许是有的。韩世忠气愤地说:"'莫须有'三字,何以服天下?"

当年十二月廿九,岳飞在大理寺狱中被杀害,时年三十九岁,岳云和张宪也同时被害。岳飞的供状上只留下八个绝笔字:"天日昭昭,天日昭昭!"意思是青天是明白的、清楚的!岳飞的死讯传出,百姓们都为之哭泣。

1162年,宋孝宗即位,岳飞冤狱终于平反。后来,岳飞被以礼改葬在西湖边的栖霞岭山麓。

"尽忠报国"与"精忠报国"

岳母给岳飞背上刺字可能是民间传说,表达岳母鼓励儿子上战场的意愿。但据《宋史》记载,岳飞背上确实刺有"尽忠报国"四字。说岳飞"精忠报国",可能与宋高宗当初为表彰岳飞题写的"精忠岳飞"四个字有关——高宗让手下人做成了一面写有"精忠岳飞"的旗帜送给岳飞。到了明清以后,民间传说中岳母在岳飞背上刺的字就从"尽忠报国"慢慢变成了"精忠报国"。

第65篇
辛弃疾：醉里挑灯看剑

辛弃疾，一个本应驰骋天下、恢复河山的帅才，最终更为人所知的身份却是"南宋著名爱国词人"。其实，"人中之杰，词中之龙"，才是完整的辛弃疾。

他一生写了六百多首词，其词题材广阔而善用典故，风格沉雄豪迈又不乏细腻柔媚，强烈的爱国主义思想和战斗精神是其基本思想内容。在文学史上，他与苏轼齐名，号称"苏辛"；又与李清照并称"济南二安"，分别为宋代词坛"豪放派"与"婉约派"的代表人物。

少年抗金归宋

辛弃疾（1140—1207），字幼安，号稼轩，山东济南府（今济南市）人。出生时，家乡久已沦陷于金人之手。在他两岁的时候，岳飞遇害。父亲早逝，他自幼由祖父辛赞抚养。祖父临终时，将一大堆卷轴、书册交给辛弃疾，庄重地说："这是金占区地貌形势图、驻军情况以及内部矛盾等资料，你一定仔细研究，做到了若指掌，终究会起大作用的。"少年辛弃疾从此立下报国雪耻、恢复中原的志向。

绍兴三十一年（1161），金主完颜亮大举南侵，在其后方的汉族人民由于不堪金人严苛的压榨，奋起反抗。二十一岁的辛弃疾也聚集了两千人，参加由耿京领导的起义军，并担任掌书记（相当于机要秘书）。他在一次外出使命完成后归来的途中，听到耿京被叛徒张安国所杀、义军溃散的消息，便率领五十多人袭击叛营，把叛徒擒拿带到建康（今南京），交给南宋朝廷处决。辛弃疾惊人的勇敢和果断，使他名重一时。宋高宗便任命他为江阴签判（县里的辅助官），从此开始了他在南宋的仕宦生涯。这一年他才二十五岁。

一生壮志难酬

此后，辛弃疾便留在了南方。江阴虽靠近前线，但在主和派的势力下，辛弃疾的抱负和才能根本无法施展。辛弃疾曾向宋孝宗上奏了他的著名的《美芹十论》（又称《御戎十论》）。他分析了当时宋金双方的形势，提出了恢复中原的大计和克敌制胜的战略战术。但他的主张、建议都没引起朝廷的重视，这使他感到了极大的悲愤和苦闷。这时期他写了不少词，大都是抒发自己报国无门、壮志难酬的不平和悲愤的。

1181年，他被主和派排挤，罢官到江西上饶城外的带湖定居。1188年深秋，辛弃疾与南宋著名诗人陈亮同游鹅湖，共饮瓢泉，极论世事，展望未来，为祖国国土残缺而痛心疾首，爱国之情汹涌澎湃，盟誓为统一祖国奋斗不息。

宋宁宗嘉泰三年（1203），已六十四岁的辛弃疾重被起用担任绍兴知府。在绍兴期间，他特地去拜会了年近八十的诗人陆游。他们喝酒作诗，共论国是，相见甚欢。这年底，宋宁宗要召见辛弃疾。陆游特地写了一首七言长诗《送辛幼安殿撰造朝》,为他壮行。陆游对这个文坛后起之秀,给予了极高的评价。

1205年三月,辛弃疾又被任命为江苏镇江知府。正当他积极备战时,朝廷却以他所推荐的官员有不法行为为由把他连降两级,最后干脆罢了他的官。辛弃疾于1207年九月与世长辞,临终前大呼:"杀贼!杀贼!"

引领豪放词派

辛弃疾是南宋最负盛名的伟大词人,辛弃疾的词引领了同时代的豪放派词人。由于收复失地、抗金救国的伟大理想不能实现,他就用词来抒写他壮志难酬的满腔悲愤。

《破阵子·为陈同甫赋壮词以寄》就是代表作之一。这首词是写给陈亮的:"醉里挑灯看剑,梦回吹角连营。八百里分麾下炙,五十弦翻塞外声,沙场秋点兵。马作的卢飞快,弓如霹雳弦惊。了却君王天下事,赢得生前身后名。可怜白发生!"辛弃疾一心想完成替君王收复国家失地的大业,取得世代相传的美名。可惜壮志难酬,白发已生。

知识加油站

李清照

与辛弃疾并称"济南二安"的女词人李清照,号易安居士,擅长书画,通晓金石,尤通诗词,是婉约词派代表人物,被誉为"千古第一才女"。

第66篇
文天祥：留取丹心照汗青

文天祥（1236—1283），字履善，又字宋瑞，自号文山。吉州庐陵（今江西吉安）人。南宋末年，文天祥担任丞相，辅助风雨飘摇的南宋小朝廷，后来兵败被俘，从容就义，铁骨铮铮，彪炳史册。

二十岁考中状元

文天祥在童年时，就很仰慕英雄人物，特别喜爱诵读忠臣传记。有一天，他来到吉州的学宫瞻仰先贤遗像，看到乡先生欧阳修、杨邦乂、胡铨的遗像肃穆地陈列其中，十分钦佩和敬慕，说："如果我将来不成为其中的一员，就不是真正的男子汉。"这些忠烈之士都是本乡本土的人，他们能做到的，文天祥觉得自己也要做到。

他二十岁即考取进士，在集英殿答对论策。文天祥的文章有一万多字，没有打草稿，一气写完。宋理宗亲自选拔他为状元。卷子是密封的，拆开一看，考生姓名是文天祥。宋理宗觉得很吉利，高兴地说："天祥，天祥，这是天降的吉祥，是宋朝有瑞气的预兆。"此后，文天祥便以"宋瑞"作为自己的字。

临危受命赴敌营

宋理宗时期，奸相贾似道把朝政弄得一团糟，元世祖忽必烈便加快了兼并南方、统一全国的步伐。1275年，元朝大将伯颜率大军威逼临安，形势危急，朝廷急忙下诏，要各地派兵勤王。可是各地几乎没有人响应，只有文天祥立即招募了义军一万余人。但文天祥带兵到临安后，因投降派的刁难，最终未能上前线抗敌。当时宋恭帝年幼，朝廷大事都由他的祖母谢太后做主。谢太后见蒙古大军兵临城下，朝内又无抵挡的兵力，就打算派人到伯颜军营求和投降。谢太后无可奈何中，升了文天祥的官，派他前往。

文天祥临危受命，来到元军大营。一见伯颜，双方就唇枪舌剑地交锋起来。文天祥义正词严地说："你们蒙古若想消灭我宋朝，未必有什么好结果，因为我们南方的广大军民一定要同你们抗争到底。"伯颜非常恼怒，就将文天祥囚禁起来。伯颜将文天祥当俘虏押往元大都（今北京）。途经镇江时，文天祥趁元兵不防备，同他的随从杜浒等十二人连夜逃脱。他们往南奔走，听说张世杰在福州拥立了新皇帝宋端宗赵昰（shì），就又赶到福州。后来他作为朝廷的大臣，积极招募人马，组织抗元。宋端宗死后，张世杰、陆秀夫、文天祥又拥立了赵昺（bǐng）为帝，继续在南粤一带抗敌。1278年十二月，元军元帅张弘范大举攻打广东潮州，文天祥被迫率兵转移五坡岭，不幸兵败被俘。

一身正气拒投降

元兵将文天祥押去见张弘范。张弘范想让他投降,但文天祥不理睬,于是就把他软禁在军营中。当时张世杰正领兵在厓山(今广东省新会县南的大海中)抗击,张弘范便叫文天祥写信招降张世杰。文天祥便将船过零丁洋(今广东省珠江口)时所写的一首诗给了张弘范。这一首《过零丁洋》的最后两句是:"人生自古谁无死,留取丹心照汗青。"意思是:自古以来,人都不免一死,但死得要有意义,倘若能为国尽忠,死后仍可光照千秋,青史留名。这两句诗是千古绝唱,也是文天祥一生的写照。

张弘范读过诗后,苦笑一声,只好下令强攻厓山。厓山被攻破后,张弘范又劝降文天祥,被他严词拒绝。张弘范派人将文天祥送往元大都。当时,雄心勃勃的元世祖忽必烈正在搜罗中原人才,亲自召见文天祥,也企图劝降他。劝降不成,就将他囚禁在元都好多年。在牢房中,文天祥曾写下千古传诵的《正气歌》。他在诗中列举了历史上的忠臣义士,认为他们都是正气的表现,是自己效法的榜样。1282年,元世祖终于下令处死文天祥。文天祥临上刑场时特别从容不迫,对狱中吏卒说:"我的事完了。"向南跪拜后慷慨就义,终年四十七岁。

几天以后,他的妻子欧阳氏收拾他的遗体,发现他的衣带上有赞文说:"孔曰成仁,孟曰取义。惟其义尽,所以仁至。读圣贤书,所学何事?而今而后,庶几无愧。"

知识加油站

《指南录》

《指南录》是文天祥在患难之中写诗记录自己的经历并编辑而成的诗集,共四卷。文天祥在逃经黄海驶离扬子江时,写过一首绝句《扬子江》:"几日随风北海游,回从扬子大江头。臣心一片磁针石,不指南方不肯休!"因南宋在南方,故诗中用"南方"指代南宋王朝。用"指南"二字命名诗集意味着他心指南宋、冒死南归。

第67篇
一代天骄成吉思汗

成吉思汗（1162—1227），原名铁木真，是我国古代伟大的政治家和军事家。他统一了长期分裂混战的蒙古各部，使蒙古族摆脱了被压迫的地位，他为元统一全国、结束分裂奠定了基础，对我国各民族的融合具有重要意义。元世祖忽必烈追尊他为元太祖。

苦难的童年

铁木真出身于蒙古乞颜部贵族世家。父亲叫也速该，有拔都（勇士）称号。当时漠北高原有一百多个部落，互相攻战。铁木真生下来时，刚巧碰到他的父亲在作战中俘获塔塔儿部首领铁木真兀格。为纪念这次战役成功，也速该给儿子取了这个名字。

铁木真九岁那年，他的父亲带他到弘吉剌部去求亲。弘吉剌部的首领自愿将其女儿孛儿帖许配给铁木真。铁木真订婚后，根据当时的习俗留在岳父家居住。父亲也速该回家途中参加塔塔儿部人的宴会。塔塔儿部和也速该有过纠葛。塔塔儿部首领的儿子乘机在酒中下了毒药。也速该临死前给铁木真留下遗嘱,将来报仇时捉住塔塔儿人,凡是高于车轮的男子统统杀掉。也速该死后,铁木真和母亲被迫离开了部落。母亲领着铁木真和他的几个弟弟靠摘野梨、挖野葱、捉地鼠、钓鱼来填饱肚子。少年时期的艰险经历,培养了铁木真坚毅勇敢的素质。后来,十几岁的铁木真身体长得很健壮,其他部落的人怕他会团结旧部,和他们作对,便把铁木真捉了起来。当他被敌人捉到时,并没有垂头丧气,而是装出一副惊慌害怕的样子由别人摆布,心里却时刻寻找机会准备逃脱。铁木真靠自己的智慧和勇气终于逃了出来。他为了恢复父亲的事业,想尽办法,逐渐把他们部落失散的亲属和百姓聚集起来。他在跟别的部落的战斗中,渐渐壮大了自己的队伍。

建立大蒙古国

铁木真随着自己力量的不断强大,开始向杀害父亲的塔塔儿部寻仇。他配合金朝进攻塔塔儿部,把塔塔儿部打得全军覆没。以后,铁木真又经过几次战斗,陆续征服了蒙古高原上的一百多个部落,终于统一了全蒙古。

1206年,铁木真统一蒙古各部,在斡难河源头召开大聚会,即蒙古大汗位,号成吉思汗("成吉思"在蒙古语中是"海洋"或"强大"之意,"汗"是蒙古对统治者的尊称),建国号为"大蒙古国",漠北结束了长期混战的局面。成吉思汗正式登基成为大蒙古国皇帝,这是蒙古帝国的开始。

成吉思汗即位后,建立了军事和政治制度,使用了蒙古文字,他颁布了《成吉思汗法典》。

发动征服战争，病死西夏

成吉思汗立国后，势力益盛，开始对外发动大规模的征服战争。1211年，成吉思汗大举进攻金朝，迫使金朝求和，并把公主嫁给他，才撤兵。1219年，以西域花剌子模国（今里海东、咸海西）杀害蒙古四百九十九名和平商人和使者为由，以军事扩张和掳掠财物为目的，亲率大军约二十万分路西征，攻打花剌子模国。他派遣将领率军追击花剌子模国王摩诃末，迫使其逃至宽田吉思海（今里海）中小岛，后病死。接着，成吉思汗的军队又向西攻打，占领现在的中亚各国，前锋一直打到现在的欧洲东部和伊朗北部。

成吉思汗回来后，决心灭掉西夏。西夏（1038—1227）是中国历史上由党项人在中国西部建立的一个政权。成吉思汗为了要攻灭敌国金朝，势必要切断金夏联盟，所以西夏成为他首先消灭的目标。1227年，蒙古军包围西夏中兴府（今宁夏银川），西夏投降、灭亡。这年七月，成吉思汗在六盘山下（今属甘肃）病逝。

成吉思汗死后，他的后代接替他做大汗。1234年，在蒙、宋两朝的夹攻下，金朝灭亡。后来，蒙古军又征服了中亚、西亚的许多国家，一直打到欧洲的多瑙河畔。

知识加油站

可汗

可汗是古代匈奴、柔然、突厥、回纥、蒙古等君主的称号。亦称"可寒""合罕"。宋元以后汉文史籍中省称为汗。

第68篇
元世祖忽必烈建立元朝

忽必烈（1215—1294），蒙古族，大蒙古国的末代可汗，同时也是元朝的开国皇帝。他是成吉思汗第四子拖雷的儿子。他也是少数能够重视汉文化、推崇儒术的蒙古族统治者之一。

争夺王位

忽必烈从小就同父亲拖雷一起征战沙场，父亲去世时他才十七岁。后来，忽必烈的哥哥蒙哥继任蒙古国大汗。忽必烈领导关中漠南汉地的军政事务。过了两年，忽必烈又接受了京兆（今陕西西安）的封地。他热心于学习汉文化，承认和提倡以儒学为中心的汉族传统文化，任用汉人儒士整顿吏治，恢复农业，建立学校，进一步取得北方汉族地主阶级对他的拥护，为元王朝的建立提供了坚实的社会基础。

忽必烈于1259年八月得到了蒙哥死于军中的消息。十一月，忽必烈接到妻子的密报，他的弟弟阿里不哥正调兵遣将，准备继承汗位。王位的下一位继承者本是忽必烈，但是最小的弟弟阿里不哥的支持者反对忽必烈执政，认为他过于"汉化"，行为举止不够"蒙古化"。1260年，忽必烈正在鄂州

（今属湖北）与南宋丞相贾似道的军队交战。贾似道却偷偷派人来向忽必烈求和，答应南宋向蒙古称臣，以长江为分界，把长江北面的土地全割让给蒙古，另外每年进贡银帛各二十万。忽必烈顺势答应，与宋朝停战，并迅速从鄂州撤兵。

忽必烈挥兵西北，向其弟阿里不哥的驻地哈拉和林（蒙古大帝国的首都，在今蒙古乌兰巴托西）进军。忽必烈大军攻下哈拉和林后，利用该城同阿里不哥军队作战。经过四年激战，1264年，忽必烈终于打败了阿里不哥，从而统一了内部。忽必烈对弟弟进行了大赦，还为其分配了土地，但是忽必烈并没有放过那些在阿里不哥身边鼓动其造反的人。

建立元朝

忽必烈回到上都（今内蒙古自治区锡林郭勒盟正蓝旗境内）后，便大举南下，发动了对宋朝的新一轮进攻。在攻打南宋时，他听从汉人官员姚枢、刘秉忠的劝告，严禁屠杀无辜百姓，他说："贤明的君王出征，目的是在征服敌人，而不是屠杀老百姓。滥杀无辜只会伤了国家的元气！"

1271年，忽必烈取《易经》"大哉乾元"之意，将国号由"大蒙古国"改为"大元"，从大蒙古国皇帝变为元朝皇帝，正式建立元朝，成为元朝首任皇帝，定都燕京（今北京），并在次年将燕京升为元大都，简称大都。元大都由元代科学家刘秉忠规划建设，城址位于今北京市市区，其街道的布局，奠定了今日北京城市的基本格局。

1276年，元军统帅伯颜率领大军攻陷南宋首都临安（今浙江杭州），宋恭帝派遣使者给伯颜奉上传国玉玺和降表。南宋覆亡。1279年经广东厓山海战后消灭南宋残余势力，完全统一中国。元世祖忽必烈在位三十五年，1294年病逝。

主要功过

忽必烈统一中国有功。他建立了一个疆域广阔的庞大帝国，结束了中国数百年来军阀割据和辽、金、西夏等民族政权长期并立的分裂局面，使国内各民族之间的经济文化联系进一步加强，促进了统一的、多民族的国家的稳定和繁荣。

忽必烈重视农桑有功。他准许中原汉人继续农耕，而没有采纳蒙古贵族们"毁中原农田，建游牧草场"的建议，避免了中原经济的一次巨大倒退。他逐渐认识到"国以民为本，民以衣食为本，衣食以农桑为本"，确立了以农桑为主要经济方式的政策。设立司农司、劝农使，在贯彻重农桑的国策中发挥了作用。

但元朝统治者推行种族歧视，将人分四等是民族压迫，是大过。其中，第一等是蒙古人，地位最高；第二等是色目人，包括西夏人、回回人和畏兀儿人等；第三等是汉人，指原金统治区的汉人、契丹人和女真人等；第四等是南人，指原南宋统治区的汉人和其他各族人。南人社会地位最低，生活最穷苦，受到多重压迫和歧视。

 知识加油站

行省制度

忽必烈创立了行省制度,中央直辖地叫中书省,地方叫行中书省,简称行省或省。这项制度对后世影响极大。省,作为地方最高的行政区,一直保留至今。

涮(shuàn)羊肉

传说忽必烈率军远征,嫌伙食太差,想吃清炖羊肉。厨子便宰杀羔羊。可敌军突然来袭,厨子情急之下把羊肉切成薄片,放在锅里胡乱搅和一下,就捞出来,放点配料,给忽必烈端去了。忽必烈吃完就披挂上阵去了。回朝后,忽必烈不忘厨子的功劳,就让他再做一次,并给这道新菜赐名"涮羊肉"。

第69篇
马可·波罗游中国

《马可·波罗游记》由意大利人马可·波罗口述，鲁思梯谦记录。这本书记录了在中国元朝初期，马可·波罗和父亲、叔叔一行人经过长途跋涉，克服了种种困难，来到中国的见闻，第一次较全面地向欧洲人介绍了中国的物质文明和精神文明。

马可·波罗（1254—1324），出身于意大利威尼斯一个商人家庭。他的父亲和叔叔都是商人。马可·波罗小时候，他的父亲和叔叔到东方经商，来到元大都，并朝见过蒙古帝国的忽必烈大汗，还带回了大汗给罗马教皇的信。他们回家后，马可·波罗天天缠着他们讲东方旅行的故事。这些故事引起了马可·波罗的浓厚兴趣，使他下定决心要跟父亲和叔叔到中国去。

沿陆上丝绸之路来到中国

1271年，马可·波罗十七岁时，他父亲和叔叔拿着教皇的复信和礼品，带领他与十几个旅伴一起沿陆上丝绸之路前往东方。他们先从威尼斯进入地中海，横渡黑海，经过两河流域来到中东古城巴格达，从这里到波斯湾的出海口霍尔木兹就可以乘船直驶中国了。然而，当他们在一个镇上掏钱买东西时，被强盗盯上了。这伙强盗趁他们晚上睡觉时抓住了他们，并把他们分别关押起来。半夜里，马可·波罗和父亲逃了出来。当他们找来救兵时，强盗早已离开，除了叔叔之外，别的旅伴也不知去向。一直等了两个月，也没遇上去中国的船只，只好改走陆路。

他们从霍尔木兹向东，越过荒凉恐怖的伊朗沙漠，跨过险峻寒冷的帕米尔高原，一路跋山涉水，克服疾病、饥渴的困扰，躲开强盗、猛兽的侵袭，终于来到了元朝的疆域。马可·波罗看到了美丽繁华的喀什、盛产美玉的和田，还有处处花香扑鼻的果园。他们继续向东，穿过塔克拉玛干沙漠，来到古城敦煌，参观了佛像雕刻和壁画。又经玉门关见到了万里长城。然后穿过河西走廊。到1275年夏天，即离开他们的祖国四年后，终于到达上都（元朝北部都城）。

在中国的游历

马可·波罗的父亲和叔叔向忽必烈大汗呈上教皇的信件和礼物，并向大汗介绍了马可·波罗。大汗非常赏识年轻聪明的马可·波罗，特意请他们进宫讲述沿途的见闻，并携他们同返大都，后来还留他们在元朝当官任职。聪明的马可·波罗很快学会了蒙古语和汉语。他在中国游历十七年，曾访问当时中国的许多城市和地区，先后到过新疆、甘肃、内蒙古、山西、陕西、四川、云南、山东、江苏、浙江、福建以及北京等地，还出使过越南、缅甸、苏门答腊。他每到一处，总要详细考察当地的风俗、地理、人情。在回到大都后，又向忽必烈大汗详细汇报。

比如,《马可·波罗游记》将杭州称为行在(指天子所在的地方)。南宋在杭州设立临安府,可见直到元代早期,行在仍是对杭州最通行的称呼。在马可·波罗眼中,杭州是世界上最美的城市,商业兴隆。城中有一个大湖(即西湖),周围达三十英里,风景优美。这些记载在中国一些古籍中得到了印证。

又比如《马可·波罗游记》关于扬州的记载,对扬州以及所辖城镇的风土人情做了翔实的描述,从中可见元代扬州的风土人情。

从海上丝绸之路回国

1289年,波斯国王阿鲁浑的元妃(国王的夫人)去世,阿鲁浑派出三名专使来元朝求婚。忽必烈选定阔阔真为元朝皇室公主,委托马可·波罗和他的父亲、叔叔护送阔阔真公主从福建泉州出海到波斯成婚。马可·波罗趁机向大汗提出回国的请求,大汗答应他们在完成使命后,可以转路回国。1292年春天,马可·波罗和父亲、叔叔从泉州出发,经爪哇、苏门答腊、印度、波斯、阿拉伯、希腊,最终于1295年末回到了威尼斯,与阔别二十四年的亲人见面。他们从中国回来的消息迅速传遍整个威尼斯,他们从东方带回的无数奇珍异宝,使他们一夜之间便成了威尼斯的巨富。

1298年,马可·波罗参加了威尼斯与热那亚的战争,不幸被俘。在狱中,他遇到了作家鲁思梯谦。马可·波罗口述、鲁思梯谦记录的《马可·波罗游记》就这样诞生了。现存的《马可·波罗游记》有一百一十九种文字的版本,可见传播范围之广。无疑，马可·波罗及其游记故事促进了中西方的经济文化交流。

"一带一路"与《马可·波罗游记》

"一带一路"是"丝绸之路经济带"和"21世纪海上丝绸之路"的简称。马可·波罗在游记中所写的来华与回去的路程与中国近年提出的"一带一路"倡议涉及的区域大体是吻合的。

第70篇
关汉卿与《窦娥冤》

中国古代诗文发达早,而以元杂剧为代表的戏曲要到元代才迎来创作的黄金时代。元代知识分子地位低下,曾经废除科举考试长达七十七年,知识分子进身的路被堵死。这种情况下,一部分文人投身杂剧创作。由于他们接近下层人民,了解人民思想感情,又有很高的艺术修养,通晓舞台实践,所以能写出优秀的杂剧剧本。当时杂剧人才很多,名作如林。其中成就最高的元杂剧作家是关汉卿。

可能是医生出身

关汉卿(约1220—约1300),大都人。他是元杂剧的奠基人。关于关汉卿的生平,古籍记载很少。现在只能从一些片段材料中,知道他的生平轮廓。有的说他曾当过"太医院尹",但《金史》或《元史》均无"太医院尹"的官名。有的说他是"太医院户",而"医户"却是元代户籍之一,属太医院(为宫廷服务的医疗机构)管辖。因此,关汉卿很可能是元代太医院的一个医生。他的剧本《拜月亭》中,有一段临床诊病的描写,很像医生声口,可以作为证据。他大概只是个普通医生，既不愿在元朝做官，对医生职业也无兴趣，对编写剧本却非常热心，在民间戏曲场所靠写作为生。关汉卿一生共写作了六十多部杂剧，现留存于世的有十几部。

一粒响当当的铜豌豆

关汉卿多才多艺，不仅写杂剧剧本是高手，写属于诗歌体裁的散曲也属一流。在大都，元杂剧作家建立了一个创作组织，叫玉京书会，称作家为才人。关汉卿是元代前期杂剧作家群的领袖人物，玉京书会里最著名的书会才人。明代臧晋叔《元曲选·序》说他亲自上台演戏，粉墨登场，与演员们待在一起。南宋灭亡之后，关汉卿曾到过扬州，他还到过当时南方戏曲演出的中心杭州。

他在【南吕·一枝花】《不伏老》结尾一段，狂傲倔强地表示了自己坚强、耿直的人格："我是个蒸不烂、煮不熟、捶不扁、炒不爆、响当当一粒铜豌豆！"他创作的剧本，不仅深刻地反映了社会现实，而且还充满昂扬的战斗精神。关汉卿写得最为出色的代表作是《窦娥冤》。近现代著名学者王国维在《宋元戏曲考》中曾称赞这部作品"即列之于世界大悲剧中，亦无愧色也"。

古典大悲剧《窦娥冤》

《窦娥冤》全名为《感天动地窦娥冤》，取材于汉代流传下来的"东海孝妇"的民间故事。关汉卿结合了自己在现实生活中的体验和认识，精心创作了这个大悲剧。剧情是这样的：

秀才窦天章为了抵债和筹措进京应考的路上费用，忍痛将女儿端云给蔡婆婆做童养媳。蔡婆将端云改名为窦娥。婚后没过两年，窦娥丈夫病死了。地方上的流氓无赖张老和他儿子张驴儿企图霸占蔡婆和窦娥婆媳二人，窦娥坚决拒绝。张驴儿想毒死蔡婆，逼窦娥成亲，不料阴差阳错毒死了张老。张驴儿就诬告窦娥药死"公公"。公堂上，窦娥受尽昏官的拷打，为保护婆婆免遭酷刑，只得屈招了。窦娥临刑前，对黑暗的社会提出了愤怒的控诉，并发下三桩誓愿：血溅白练、六月飞雪、大旱三年，以明己冤，后来果然一一应验。

最后，窦天章科考及第，受命重查各地所判案件，最终替窦娥平反了冤狱，惩治了仇人。

窦娥的冤案有巨大的典型意义，作家以"人命关天关地"的高度社会责任感，控诉了封建制度与民为敌、残民以逞的罪恶。窦娥的血泪控诉，引起人们对封建社会的现实秩序与传统观念的怀疑，把窦娥悲剧的意义升华到一个新的高度。

知识加油站

元曲

元曲是盛行于元代的一种文艺形式，包括杂剧和散曲，有时专指杂剧。元杂剧是戏曲，散曲是诗歌，属于不同的文学体裁。但也有相同之处，如两者都采用北曲为演唱形式。

第71篇
科学家郭守敬修订历法

天文历法几乎和每个人都有关系，特别是与农业生产关系密切，比如什么节气种什么作物，收割什么作物。古人根据太阳一年内的位置变化以及由此引起的地面气候的演变次序，把一年分成二十四段，分列在十二个月中，以反映四季、气温、物候等情况。这种由太阳运动而确立的二十四节气反映了一年四季的变化，与农牧业相关，因此又叫农历。元代修订的新历法则与当时的大科学家郭守敬有关。

在西北兴修水利

郭守敬（1231—1316），顺德府邢台县（今河北省邢台市）人。他的祖父郭荣是金、元之际一位颇有名望的学者。郭守敬幼年受祖父郭荣影响，精通五经，熟知天文、算学，擅长水利技术。在郭荣的教养下，郭守敬从小勤奋好学。当时，忽必烈的重要谋士、著名学者刘秉忠，正在邢台西南的紫金山读书，郭荣与刘秉忠是朋友，便将少年郭守敬送到刘秉忠门下深造。刘秉忠精通经学和天文学，郭守敬受到很多的教益，还认识了一些重要的老师和同学。

1262年,因时任左丞的张文谦的推荐,郭守敬受到元世祖忽必烈召见。郭守敬当面提了关于水利的六条建议,每奏一事,忽必烈都点头称是,对他颇为赞赏。元朝初年在疆域拓展的同时,为了军事的需要,在西北地区兴修水利开展屯田。特别是在至元元年(1264)八月,朝廷派懂得水利的宰相张文谦主持西北水利屯田,郭守敬即跟随张文谦去西北,大力修复被战争破坏的农田水利。郭守敬采取"因旧谋新"的水利方针,把汉唐的旧渠道重新疏浚修整,使当地的农田得到灌溉。后升官担任都水少监(负责水利的官员)。

主持修订新历法

元代以前北方的金朝用的历法不够精确,后来元朝又灭了南宋,南宋的历法与金朝不同。元世祖重视恢复农业生产,而农业生产要利用历法。所以,元世祖决定统一修订新历法。他下令成立了一个修订历法的机构,名叫太史局(后叫太史院)。负责太史局的是郭守敬的同学王恂。从1276年起,郭守敬奉命修订新历法。他因为精通天文、历法,被朝廷从水利部门调到太史局,和王恂一起主持改历工作。

郭守敬认为,历法要精确,必须经过实地测验,而要进行测验必须有精密的仪器。因此,他自己动手改造和创制了许多天文仪器。元代以前,用来测量日月等恒星和行星位置的仪器是浑天仪(浑仪和浑象的总称),但它结构复杂,转动不灵活。郭守敬根据自己的观测经验,把浑仪改装成两个简单的装置,叫作"简仪"。简仪很精密,不但使用方便,观测结果也比浑仪准确得多。他还研制了其他天文测量仪器,以观测太阳、月亮和星星的运行变化。

有了先进的仪器后，1279年，郭守敬向忽必烈提出要在大都建一座新的司天台（天文台），又建议在全国分期分批设立观星台，开展实测。王恂、郭守敬等经过努力，在全国设立了二十七个测点。最北的测点是铁勒（在今西伯利亚的叶尼塞河流域），最南的测点在南海（在今西沙群岛上）。元朝选派了十四个监候官员分别到各地进行观测。郭守敬也亲自带人到几个重要的观测点去观测。他运用自己改进、创造的天文仪器，进行了许多精密的天文观测，从而使新历法的编制有了可靠的观测基础。各地的观测点把得到的数据全部汇总到太史局。郭守敬和他的同事们根据大量数据，花了两年的时间，编出了一部新的历法，叫《授时历》。

这种新历法，比旧历法精确得多。它算出一年有365.2425天，同地球绕太阳一周的时间，只相差约二十六秒。这部历法同现在通行的格里历（即公历）一年的周期相同，但是《授时历》比欧洲人确立公历的时间要早三百多年。

历法

历法是推算年、月、日，并使其与相关天象对应的方法。阳历，即现行公历，已被世界各国普遍采用。我国于1912年开始采用公历。

第八章

明清时期

第72篇
朱元璋建立明朝

1343年,濠州(今安徽省凤阳县)发生旱灾,第二年春天又发生了严重的蝗虫灾害和瘟疫,大批灾民饿死、病死。朱元璋家里也遭了殃,不到半个月,父亲、大哥以及母亲先后去世。只剩下朱元璋和二哥,家里没钱买棺材,甚至连一块埋葬亲人的土地也没有,邻居给了他们一块坟地。兄弟二人找了几件破衣服包裹好尸体,将亲人安葬了。就是这个朱元璋,过了二十五年,建立了明王朝,成为明朝的开国皇帝。

在皇觉寺当和尚

朱元璋为了活命,走投无路,就入了凤阳县城北的皇觉寺,剃度为僧。不久,当地闹饥荒,寺里得不到施舍,住持只好打发和尚们云游化缘。这样,年仅十七岁的朱元璋也只好离开寺院托钵流浪。朱元璋边走边乞讨,从濠州向南到了合肥,然后折向西进入河南,于1348年又回到了皇觉寺。在这流浪的三年中,他走过了许多城镇,见了世面,开阔了眼界,积累了社会生活经验。这段生活对朱元璋的一生产生了深远的影响。

投奔红巾军

朱元璋在外云游的三年，也正是元末农民起义风起云涌的时期。至正十一年（1351）五月，韩山童、刘福通在颍州（今属安徽阜阳）揭竿而起，士兵们头裹红巾，号称"红巾军"，并推韩山童为明王。朱元璋收到儿时伙伴汤和的来信，邀请他去参加郭子兴的红巾军。这一年，朱元璋二十五岁。朱元璋入伍后，作战勇敢，机智灵活，粗通文墨，很快得到首领郭子兴的赏识。郭子兴把他视作心腹知己，便把养女马氏嫁给了他。朱元璋原名重八，从此另起了正式名字元璋，字国瑞。

至正十三年（1353）冬天，朱元璋回乡招募新兵。半年后从中挑选了少年时的伙伴和心腹徐达、汤和等人离开濠州，又从降军中挑选了精壮汉人两万人编入了自己的队伍，南下滁州（今属安徽省）。在途中，凤阳定远名人李善长加入了他的队伍，成为他的谋士和开国功臣。朱元璋把李善长比作汉高祖刘邦手下的萧何。朱元璋还虚心听取徽州谋士朱升提出的"高筑墙，广积粮，缓称王"的策略，把它作为发展初期的指导思想。

建立大明王朝

至正二十年（1360），浙江青田人刘基被朱元璋请至应天（今南京），当时人把他比作诸葛亮。刘基针对当时形势，向朱元璋提出了避免两线作战、各个击破的策略。朱元璋的根据地以应天为中心，长江上游有陈友谅，下游有张士诚，东南邻方国珍，南邻陈友定。刘基认为目前最危险的敌人莫过于陈友谅，必须集中力量消灭他。朱元璋同意刘基的判断，于是设计诱敌深入，制造战机。至正二十三年（1363）七月，朱元璋统兵二十万，与陈友谅在鄱阳湖展开决战，最终取胜，陈友谅被乱箭射死。至正二十七年（1367）九月初八，朱元璋率军攻入平江城（今江苏苏州），张士诚被俘，被朱元璋的手下卫士乱棍打死。

1368年，朱元璋于南京称帝，国号大明，年号洪武。八月，明军进逼北京，明朝取得了在长城以内地区的统治权，中国再次回归到汉族建立的王朝的统治之下。朱元璋在位期间，下令农民归耕，奖励垦荒；大搞移民屯田和军屯；组织各地农民兴修水利；大力提倡种植桑、麻、棉等经济作物和果木作物；徙富民，抑豪强；解放奴婢；减免税负，严惩贪官；全国各地丈量土地，清查户口，等等。经过洪武时期的努力，社会生产逐渐恢复和发展，史称洪武之治。

残杀文臣谋士

朱元璋在当皇帝前，善于笼络人才，采取谋士正确的建议。他凭着丰富的阅历和作战经验，夺得了天下。当上皇帝后，他却猜疑、残杀了曾经帮助他造反成功的文臣谋士。

刘基是朱元璋打天下的重要谋士，朱元璋多次称刘基为"吾之子房也"，把他比作为汉代开国皇帝刘邦出谋划策的张良。洪武八年（1375），刘基身体不适，朱元璋派丞相胡惟庸带医生去探望，但刘基吃了那医生开的药，病情越发严重，不久就死了。此事与朱元璋、胡惟庸恐怕脱不了干系。

胡惟庸是开国功臣，担任丞相。因被怀疑叛乱，被朱元璋处死。这个案子处理的时间长达十年,受株连而被处死的达三万人。李善长是明朝开国功臣,跟随朱元璋四处征战,出生入死,位至丞相。洪武二十三年(1390),因胡惟庸案牵连,朱元璋将李善长连同其妻女弟侄七十余人一并处死。

还有"开国文臣之首"宋濂,是太子朱标的老师。朱元璋平时就对他进行监视。洪武十三年(1380),宋濂的大孙子宋慎被牵扯进胡惟庸案中,导致宋濂一家遭祸,宋慎与宋濂的次子宋璲都被处死。朱元璋想处死宋濂,经马皇后及太子朱标力保,才得免一死。宋濂被流放到四川茂州,后死在夔州(今重庆奉节)。

所谓的胡惟庸案只是一个借口,朱元璋为了集中皇权,解决君权与相权的矛盾,彻底废除了宰相制度。

吴晗《朱元璋传》

吴晗(1909—1969),著名历史学家、明史专家,浙江义乌人,代表作有《朱元璋传》,是明史研究的权威经典之作。《朱元璋传》引证的史料十分丰富,有很多细节描写,是一本很有可读性的传记名作。

第73篇
郑和七下西洋

1405年七月,距今六百多年前,中国有一支规模庞大的船队从江苏太仓刘家港起锚出海,驶进南海,向东南亚方向航行。这支船队,完全是按照海上航行和军事组织编成的。三十四岁的三宝太监郑和,相当于海军司令,率领各级官员、士兵、水手、航海技工、医生、翻译共二万七千八百多人,分乘六十多艘海船扬帆航行。这是郑和第一次下西洋的情景。1405年至1433年,郑和曾经七次下西洋。这是中国古代规模最大、历时最久的海上航行,比欧洲国家航海早半个多世纪。

三宝太监

郑和(1371—1433),本姓马,名和,一说原名文和,小字三保。回族,云南昆阳州(今晋宁)人。马和十几岁时被明军带到南京,进入宫中当太监,被称为"三保太监",也作"三宝太监"。后来,明太祖朱元璋将马和赐给第四个儿子燕王朱棣。朱棣称帝后,提拔马和为"内宫监太监",赐姓郑,从此就叫郑和。郑和有谋略,知兵习战,明成祖朱棣对他十分信赖。

郑和下西洋的目的

郑和下西洋的目的显然是从当时的国家利益，包括皇帝的意志和国家的需要出发的。《明史·郑和传》记载，下西洋是"欲耀兵异域，示中国富强"，即主要为了向东南亚、西亚，甚至更远的国家显示明王朝的强大，从而也提高明成祖自己的威望。同时，也为了发展海外贸易，主要是海外朝贡贸易、官方贸易。

郑和后来向明仁宗说过一番话："要想国家富强，不可以把海洋放着不管。财富从海洋获得，危险也来自海洋。一旦外国人夺取南洋，中国就危险了。我国的船队战无不胜，可以用来扩大与海外国家经商，控制和降服外国，使他们不敢对南洋有非分的企图。"郑和当时清醒的海权意识，至今都不过时。

庞大的船队与先进的航海技术

郑和船队的规模与明朝先进的造船技术分不开。船队中最大的一种海船叫"宝船"，是当时世界上最大的木帆船。据相关记载，宝船有六十二艘，船长四十四丈，阔一十八丈。船有四层，九根桅杆，可挂十二张风帆，锚重几千斤，要动用二百人才能起航，一艘船可容纳千人。

郑和的航海技术也是当时世界上最先进的。中国古代罗盘、火炮等技术的不断发展，为大规模的远洋航行提供了安全保障。郑和的船队，白天用指南针导航，夜间则以观看星斗和水罗盘定向的方法保持航向。由于对船上储存淡水、船舶的稳定性、抗沉性等问题都做了合理的设计,郑和的船队能够在海上的险恶条件下,高挂云帆,昼夜航行。白天以约定方式悬挂和挥舞各色旗带,组成相应旗语;夜晚以灯笼反映航行时的情况。遇到能见度差的雨雾天气,则以铜锣、喇叭和螺号用于通信联系。

郑和下西洋的成果

郑和在此后的二十八年中,率领当时世界上最大的船队,七次出使西洋,比西方著名航海家哥伦布、麦哲伦航海早半个多世纪,开创了我国通往西太平洋和印度洋的航路,曾到达过占城(今越南南部)、爪哇、苏门答腊(今属印度尼西亚)、苏禄(今菲律宾)、真腊(今柬埔寨境内)、古里(今属印度)、暹罗(今泰国)、锡兰山(今斯里兰卡)等三十多个国家或地区。目前已知最远曾到达非洲东岸和红海海口。郑和每到一个地方,就把明成祖的信递交给当地的国王,并把带去的礼物送给他们,希望同他们建立友好关系。郑和每到访一地,都受到当地君王和民众的热烈欢迎和友好接待。西洋各国的使者也多次随郑和来中国朝贡回访。这一事件打破了东西方之间相对隔绝的状态,让外国人更多地了解中国,加深了中国同东南亚、西亚、东非的友好关系。

郑和七次下西洋过程中,也曾经用军事手段打败企图抢劫和暗害船队的当地的不友善者和海盗。郑和是和平的使者,而正当的军事行动伸张了明朝的声威。1431年,郑和最后一次航行,船队沿红海北上,到达伊斯兰教徒的圣地麦加(今属沙特)。

出于财政上的考虑，明宣宗朱瞻基后来停止了海上远航。并在停止国家组织的下西洋活动的同时，实行了"海禁"的错误政策，禁锢了民众的海上活动。这使得中国与西洋各国已建立起来的联系忽然停止。从此，中国人传统的海外贸易市场逐渐被欧洲人所占据，并退出了正在酝酿形成中的世界性市场。这是非常遗憾的。

郑和发现美洲论

2002年，英国海洋历史学家加文·孟席斯（Gavin Menzies）在"第二届昆明郑和研究国际会议"上，提出"郑和先于哥伦布发现美洲大陆、大洋洲等地"等观点。同年，他出版了《1421年：中国发现世界》一书，受到历史学界的注意。

第74篇
于谦领导北京保卫战

于谦（1398—1457），杭州府钱塘县（今浙江省杭州市）人，是明朝著名的爱国政治家。明朝历史上有两次重大事件，即土木堡之变和夺门之变，而于谦的命运就与这两次重大事件紧密联系在一起。

土木堡之变

明英宗正统十四年（1449），发生了土木堡之变。土木堡是位于今河北省张家口市怀来县境内的一个城堡。当年六月，瓦剌（明朝人对西部蒙古的称呼）的首领也先入侵明朝边境。明英宗朱祁镇在宦官王振的怂恿下，不顾兵部左侍郎于谦和兵部尚书邝埜（kuàng yě）等群臣的劝阻，一意孤行，把年仅两岁的皇子朱见深立为皇太子，令异母皇弟朱祁钰留守，于七月亲率四十万大军出征，官员一百多人从征。邝埜跟随明英宗管理军队，留下于谦主持兵部的工作。

皇帝亲自出马，征伐外族入侵，这本是大好的事情。但这次皇帝亲征遭到了大失败，原因是准备仓促，用人不当。当时明军的军政事务皆由王振专断，胡乱指挥，行军路线屡变，士兵疲惫不堪。邝埜一再要求入居庸关（在今北京昌平境内），以保安全，但王振不准。因后勤跟不上，明军被迫退至土木堡。但土木堡地高缺水，士兵打井，都打不出水。当时，瓦剌故意装作与王振议和，把军队后撤，还留出有水的河。王振下令移营，饥渴难忍的军士一哄而起，人马失序，埋伏四周的瓦剌军趁机进攻。明军仓促应战，以致兵败，损失惨重。兵部尚书邝埜、户部尚书王佐等几十名大臣战死。明英宗自己也付出了代价，当了瓦剌的俘虏。明英宗的护卫将军樊忠万分愤怒，杀了王振这个祸国殃民的恶宦。

保卫北京

明英宗在土木堡被俘的消息传到京城，全城震惊，大家都不知道该怎么办。此时郕王朱祁钰（郕王是朱祁钰登基之前的封号）临时代理朝政，命令群臣讨论作战和防守的方略。有人说，应当迁都南京。于谦厉声说："提议南迁的人应当斩首！京师是天下根本，只要一动便大势去矣。难道不见宋室南渡的故事吗？"于谦力主抗战，得到郕王的肯定。随后，于谦升任兵部尚书，全权负责筹划京师防御。

九月，于谦等大臣为了应急，联合奏请皇太后立郕王为皇帝，这就是明代宗。十月，瓦剌军直逼北京，京城告急，北京保卫战开始。于谦亲自披上盔甲拿起武器，领兵二十二万，列阵于九门外，于是，京师各地士气大振。于谦率军在北京城下击败也先，成功抗敌，并与瓦剌议和。瓦剌首领也先眼见朱祁镇已经无用，于是同意让朱祁镇回燕京。京师保卫战基本结束。明朝在先前已损失二十万军队的情况下依然率领二线部队扭转战局，是非常不容易的。

夺门之变

朱祁钰把朱祁镇迎接回京师，尊为太上皇，同时对朱祁镇加以软禁，严密管控。景泰八年（1457）明代宗朱祁钰病重。正月十六日夜里，将领石亨、政客徐有贞、太监曹吉祥等发动政变，将囚禁朱祁镇的南宫的大门攻破，拥戴明英宗朱祁镇恢复帝位。历史上称夺门之变，或称南宫复辟。

明英宗恢复帝位后，立即把于谦和大学士王文逮捕入狱。有人诬陷于谦等谋反，刑部判于谦死刑。奏疏上呈后，明英宗还有些犹豫，说："于谦是有功劳的。"徐有贞进言说："不杀于谦，复辟这件事就成了出师无名。"明英宗便拿定了主意。正月二十二日，于谦被押往崇文门外，就在这座他曾拼死保卫的城池前被斩首。

明英宗派人对于谦抄家，发现家里没有多余的钱财，只在正屋封存着明代宗赐他的官袍和宝剑。于谦死的那天，阴云密布，人们都认为他是冤枉的。官员陈逵被于谦的忠义感动，收殓了他的尸体。过了一年，于谦的养子于康将其归葬于杭州西子湖畔的三台山麓。

于谦死后，为明英宗复辟的三个主谋都没有好下场：徐有贞被石亨中伤，充军到金齿口；又过了几年，石亨亦被捕入狱，死于狱中；曹吉祥谋反，被灭族。到明宪宗成化初年，于谦沉冤得到昭雪，其子于冕恢复官职。明朝弘治二年（1489），明孝宗皇帝表彰于谦为国效忠的功绩，赐谥"肃愍"，并在墓旁建祠纪念。

于谦《石灰吟》

千锤万凿出深山，烈火焚烧若等闲。
粉骨碎身全不怕，要留清白在人间。

这首诗是说：石灰石只有经过千万次锤打才能从山里开采出来，熊熊烈火的焚烧对它而言好像是很平常的一件事；即使粉身碎骨也全不惧怕，甘愿把一身清白留在人世间。于谦这首诗不只是对石灰形象的写照，更体现了他对人生的追求。

第75篇
海瑞罢官反权贵

万历十五年（1587）十月十四日，担任南京右佥都御史的海瑞去世。他没有儿子，所以由下属王用汲主持丧事。王用汲看见海瑞住处用葛布制成的帏帐和破烂的竹器，有些是连贫寒的文人也不愿使用的，禁不住为之悲泣不已，凑钱为海瑞办理丧事。海瑞的死讯传出，南京百姓因此罢市。海瑞的灵柩用船运回家乡时，穿着白衣戴着白帽的人站满了两岸，祭奠哭拜的人百里不绝。

海瑞（1514—1587），海南琼山（今海口市）人，是明朝著名清官。关于他的故事，在民间广为流传。

不向上官下跪的教师

嘉靖三十三年（1554），海瑞的第一份公职是到福建延平府南平县当教谕（县学学官名）。海瑞教育学生道德和文章不可分割，主张读书人应该尊重自己的身份，不该对上官随便下跪。他执教期间，有监察官员到县学（古代秀才读书的学校）视察，其他教师都跪在地上通报姓名，唯独海瑞只抱拳行礼。海瑞没有下跪让这名监察官员大为震怒，训斥海瑞不懂礼节。海瑞不卑不亢地说：按大明律法，我堂堂学官，为人师表，对您不能行跪拜大礼。这名监察官员虽然怒发冲冠，但海瑞说在法理上，也拿他没有办法。

不畏权贵的知县

嘉靖四十一年（1562），海瑞被任命为淳安知县，了解到这里富豪享有大量田产，却不用纳税，贫者没有粮食，却承担了繁重的赋税，决定重新清丈土地，规定赋税负担。这样，淳安农民的负担有所减轻，不少逃亡民户又回到故乡。

浙江总督胡宗宪的儿子路过淳安县，向驿吏发怒，把驿吏倒挂起来。海瑞说："过去胡总督考察巡视各部门，命令所路过的地方不要供应太铺张。现在这个人行装丰盛，一定不是胡公的儿子。"打开胡公子的袋子，有金子数千两，海瑞把金子没收县库中。他又提笔给胡总督写了一封信，说："您向来最重操守，对子女以及身边的人看管得很严，现在有这么一个人竟然敢冒充您的公子，在这里混吃混喝，胡作非为，我已经把他拿下，想跟您核对一下，并请求指示。"胡总督哑巴吃黄连，有苦说不出，最终也无法对海瑞治罪。

敢骂皇帝的官员

嘉靖四十五年（1566年），海瑞买好了棺材，并且将自己的家人托付给了一个朋友，做好了必死的准备。然后向明世宗嘉靖皇帝呈上《治安疏》，批评明世宗迷信巫术，生活奢华，不理朝政等弊端。明世宗读了海瑞的《治安疏》，十分愤怒，把它扔在地上，对左右侍从说："快把他逮起来，不要让他跑掉。"宦官黄锦在旁边说:"这个人向来有愚名。听说他上疏之前,自己知道冒犯该死,买了一个棺材,和妻子诀别,他自己是不会逃跑的。"明世宗听了默默无言。过了一会儿,他又读海瑞的上疏,一天里反复读了多次,连连叹息,把《治安疏》留在宫中数月。虽然世宗明白海瑞说的都对,但毕竟是对自己的冒犯,最终仍将海瑞罢去官职,逮捕入狱。大臣徐阶力救海瑞,海瑞才没有被处死。这年冬,明世宗死了。继位的穆宗赦免了海瑞,海瑞被释放出狱。

百姓叫他"海青天"

隆庆三年(1570)夏,海瑞升调右佥都御史(直属皇帝的监察官员),外放到应天(今南京)任巡抚。下属官吏害怕海瑞的威严,很多贪官污吏主动辞职。听说海瑞来了,有显赫的权贵把原本漆成红色的门都改漆成黑色了。宦官在江南监督织造,见海瑞来了,就减少车马随从。贫苦百姓的土地有被富豪兼并的,大多被退回来交还原主。海瑞深受百姓的爱戴,被称为"海青天"。

海瑞任应天巡抚之后,规定巡抚出巡各地,府、州、县官一律不准出城迎接,也不准设宴招待。考虑到朝廷大员须稍存体面,他准许工作餐可以有鸡、鱼、猪肉各一样,但不得供应鹅和黄酒,而且也不准超过伙食标准。这个标准是:物价高的地方纹银三钱,物价低的地方两钱,连蜡烛、柴火等开支也在上述数目之内。

按照当时官场的风气,新官到任,旧友高升,总会有人来送些礼品礼金,以示祝贺。这些礼品礼金只要数额不大,也是人之常情。然而海瑞公开告示说"今日做了朝廷官,便与家居之私不同"。然后把别人送的礼品一一退还，连老朋友远道送来的礼也不例外。至于公家的便宜，更是一分也不占。海瑞临终前，兵部送来的柴金多算了七钱银子，他也要算清了退回去。

清官于成龙

历史上著名清官继明代海瑞之后，要数清初的于成龙。他从广西罗城县令做到两江总督一品大官，为官二十余年，一生清廉，被称为"天下第一廉吏"。

第76篇
戚继光抗击倭寇

13世纪至16世纪,多次在我国沿海地区武装走私和抢劫烧杀的日本海盗,历史上称为"倭寇"。在倭寇长期为患之时,明朝军队中出现了抗倭名将戚继光。

倭寇的危害

明初,由于国力强盛,重视海防设置,尽管倭寇屡屡侵扰中国沿海,但未能酿成大祸患。明英宗以后,随着明朝政治腐败,海防松弛,倭寇气焰便日益嚣张。倭寇侵扰浙江台州的沿海村落,杀人放火,掘坟挖墓,给中国人民带来了痛苦和灾难。

嘉靖时期,随着东南沿海一带商品经济的进一步发展,私人经营的海上贸易十分活跃。一些海商为了牟取暴利,形成海上武装走私集团,有的甚至亡命海外,勾结日本各岛的倭寇,于沿海劫掠。如安徽歙(shè)县人汪直就是当时的海上贸易商人、著名海盗,他与倭寇勾结,在日本海岛建有基地。后被浙江官府诱杀。

戚家军

戚继光（1528—1588），山东登州（今山东蓬莱）人。他从小洒脱不拘，有很大的抱负。虽然家境贫寒，但喜好读书，通晓儒家经典。他在山东负责抗御倭寇的兵事时，曾写诗表示自己的志向："封侯非我意，但愿海波平。"意思是自己的理想不为封侯做大官，而是希望祖国海疆的平静。嘉靖三十四年（1555），戚继光调到浙江，任参将（相当于现在的团长），积极抗御倭寇，分兵部署在宁波、绍兴、台州三府。

鉴于当地原有明军不习惯战阵的弱点，他决心训练一支新的军队。他了解到金华、义乌一带民风彪悍，民众向来矫健勇猛，经上级批准，亲自到浙江义乌招募新兵。他精选了三千名壮实胆大、吃苦耐劳、身手敏捷的农民与矿工，组成了一支全新的军队。经过短短几个月的训练，戚继光就将他们打造成一支纪律严明、训练有素、武器精良、作战勇敢的队伍。这支军队所到之处，老百姓都拎着食物、开水欢迎他们，称他们为"仁者之师"。戚继光带着这支战斗力很强的队伍，转战在浙江、福建的抗倭战场，取得许多辉煌战果。倭寇将戚继光称为"戚老虎"，民众将他们称为"戚家军"。

平定倭寇之乱

嘉靖四十年（1561），倭寇大举侵犯浙江台州府城，戚继光指挥明军在台州与倭寇进行了多次战斗。当时数千名倭寇在台州登陆。戚继光率军出击，在宁海健跳（今属浙江三门），临海的花街、上峰岭、白水洋和太平（今浙江温岭）的新河、长沙等地，连续九次挫败倭寇的进犯，救出数千名被掳难民，史称"台州大捷"。有一次倭寇几千人袭击台州府海边的桃渚、圻头等村落，戚继光率部队在人民群众的配合支持下，奋起迎击。倭寇逃走，企图乘空虚袭击台州。戚继光亲手杀掉倭寇首领，逼迫残余的倭寇逃往瓜陵江，全部淹死。另一股从圻头来的倭寇竟又侵犯台州，戚继光率军于仙居（今属浙江台州）将其全部歼灭，俘获一千多人，烧死淹死的不计其数。浙江东部平定了，戚继光官职晋升三级。

嘉靖四十一年（1562），戚继光率六千精兵支援福建，进行了横屿岛渡海之战。横屿岛是倭寇在福建的一个老巢，在离福建宁德县城十里的海中。岛上有倭寇的大本营，一千多个倭寇在这里盘踞了三年，当地官军从不敢去进攻。戚继光派人探明该岛的地理位置和地形、水道、潮流的特点，制定了进攻方案。横屿岛四面水路险隘不易通行，戚继光命将士们渡海后，每人手持一束稻草，填壕而进，全歼横屿岛倭寇，大获全胜。

1566年，戚继光还剿灭了占据广东、福建交界处的南澳岛，与倭寇相勾结的海盗。骚扰东南沿海数十年的倭寇，终于被消灭。戚继光在东南沿海抗击倭寇十余年，扫平了沿海的倭患，确保了沿海人民的生命财产安全。

镇守北部边疆

隆庆二年（1568），明穆宗任命戚继光为总兵官，训练河北蓟州、昌平、保定等地的士兵，镇守蓟州、永平、山海关等地。从此，戚继光在北方抗击蒙古部族内犯十余年，保卫了北部疆域的安全，促进了蒙汉民族的和平发展。

同时，戚继光又是一位杰出的兵器专家和军事工程家。

他改造、发明了多种火攻武器；他建造的大小战船、战车，使明军水路装备优于敌人；他富有创造性地在长城上修建空心敌台，进可攻退可守，是极具特色的军事工程。

万历十五年（1588）十二月初八，戚继光在故乡山东蓬莱逝世。

《万历十五年》

美籍华人、学者黄仁宇的《万历十五年》是一本写法新颖的历史书。他以万历十五年作为明史的一个横断面，写了万历皇帝与五个大臣的故事，包括戚继光的故事，从中折射出16世纪中国社会的完整面貌。在作者笔下，历史不再枯燥无味。

第77篇
李时珍与《本草纲目》

李时珍（1518—1593），字东璧，蕲州（今湖北省蕲春县）人，明代著名医药学家。祖父是草药医生，父亲是当时名医。李时珍十四岁中秀才，后来曾三次到武昌应试，都没中举。他就弃儒学医，钻研医学。明嘉靖三十五年（1556），李时珍三十八岁时，被推荐到太医院工作。他经常出入于太医院的药房及御药库，鉴别各地的药材，搜集了大量的资料，饱览了王府和皇家珍藏的丰富典籍，并看到了许多平时难以见到的药物标本。后来，他辞职回乡，边坐堂行医，边研究写作，编写出了《本草纲目》这部药学巨著。

妙手回春

李时珍少年时，父亲就把两个儿子带到自己充当诊所的道观中，一面行医，一面教子读书，还让孩子们帮助誊抄药方。李时珍耳濡目染，对行医的知识技能越来越熟。一天，父亲应病家之邀，带着长子出诊去了，道观中只剩下李时珍一人。这时，来了两个病人，一个是火眼肿痛，一个是暴泻不止。李时珍思索了半晌，告诉他们父亲要到晚上才能回来，要不先给开个方子试试。那拉肚子的病人难受极了，就说好的。李时珍便开了方配了药，让病人走了。父亲回到家中，听李时珍说给病人开的药方，一边听，一边不住地点头，知道儿子能对症下药，心中不觉又惊又喜。

李时珍长大后，开始独立行医。一天，他和徒弟路过江西湖口，见一群人正抬着棺材送葬，而棺材里直往外流血。李时珍上前一看，见流出的血不是淤血而是鲜血，于是赶忙拦住人群，让抬棺材的人停下来，反复劝说，终于使主人答应开棺。李时珍先是对"尸体"进行了一番按摩，然后又在其心窝处扎了一针。不一会儿，就见棺内的妇人轻轻哼了一声，醒了。不久之后，这名妇女又顺利产下一个儿子，原来这名妇女是因难产而陷入假死状态。他把"死人"治活了。

《本草纲目》

所谓"本草"，是古代药物学的代称。李时珍在数十年行医以及阅读古典医籍的过程中，发现古代本草书中存在着不少错误，决心重新编纂一部本草书籍。

为了采集、仔细观察各类药物，从嘉靖四十四年（1565）起，李时珍多次离家外出考察，先后到湖广、安徽、河南、河北等地收集药物标本和处方，并拜渔人、樵夫、农民、车夫、药工、捕蛇者为师。他从北京回来，见车夫用旋复花治疗跌打损伤，于是肯定这味药有益气续筋、补劳损的功效。他从猎户口中知虎骨有强志壮神的功能，从菜农处明确芸薹即油菜，从工人处学得防止采矿中毒的方法。

李时珍借用朱熹的《通鉴纲目》之名，定书名为《本草纲目》。嘉靖三十一年（1552），着手编写，至万历六年

（1578），历时二十七年完成初稿。因编著时间长，规模庞大，李时珍的儿子和弟子也参与了这部书的编写、绘图，可以说是以李时珍为主的一部集体著作。

《本草纲目》共16部、52卷，约190万字。全书收纳诸家本草所收药物1518种，在前人基础上增收药物374种，合计1892种，其中植物1195种；共辑录古代药学家和民间单方11096则；书前附药物形态图1100余幅。这部伟大的著作，吸收了历代本草著作的精华，尽可能地纠正了以前的错误，补充了不足，并有很多重要发现和突破。它是到16世纪为止中国最系统、最完整、最科学的一部医药学著作。

书中首创了按药物自然属性逐级分类的纲目体系，这种分类方法是现代生物分类学的重要方法之一，比现代植物分类学创始人林奈的《自然系统》早了一个半世纪，被誉为"东方医药巨典"。

知识加油站

明代的"药圣"与"医圣"

李时珍被后人称为"药圣"——对药学上有极高成就的人的美称，而同是明代人的万密斋则在清初被封为"医圣"。万密斋，即万全，密斋是他的号，湖北罗田人，精于儿科及养生学。

第78篇
张居正：宰相之杰

明嘉靖十五年（1536），在湖广江陵（今湖北荆州）的一次考试中，有个叫张白圭的十二岁小男孩考中了秀才，一下子成了远近闻名的神童。荆州知府李士翱嘱咐他要从小立大志，长大后尽忠报国，并替他改名为居正。张居正（1525—1582）后来十六岁中举人，二十三岁考中进士，四十七岁当上内阁首辅，成为明朝中后期的政治家、改革家。与张居正同时期的大思想家李贽称赞张居正是"宰相之杰"。

担任内阁首辅，力行改革

明初为了加强君主专制，废除了宰相的官职，设立内阁，其职能相当于皇帝的秘书厅。但内阁首辅，相当于宰相。人们习惯上称张居正为宰相，是因为拥有宰相的实权。1572年，年仅十岁的明神宗继承皇位，次年改为万历年号。当时明神宗朱翊钧年幼，一切军政大事均由内阁首辅张居正主持裁决。在任内阁首辅的十年中，张居正实行了一系列改革措施。

财政上清丈田地。万历六年（1578），他下令在全国重新丈量土地，清查漏税的田产，到万历八年（1580），全国查实征粮土地达7013976顷。

改革赋税，实行"一条鞭法"。"一条鞭法"是明代嘉靖年间确立的赋税及徭役制度，先由桂萼在嘉靖十年（1531）提出，后由张居正于万历九年（1581）推广到全国。新法规定：把各州县的田赋、徭役以及其他杂征总为一条，合并征收银两，按亩折算缴纳。这样大大简化了税制，方便征收税款。同时使地方官员难以作弊，进而增加财政收入。

军事上巩固国防，用戚继光镇蓟州，李成梁镇辽东，加强北方的防备。

对官吏的考核采取"考成法"，提高了各级各部门的办事效率，而且明确责任，赏罚分明，从而使朝廷发布的政令"虽万里外，朝下而夕奉行"。

他理政十年，由于改变了拖欠税粮的状况，国库日益充裕。历史记载，"太仓粟可支十年"，"积金至四百余万"，使万历年间成为明王朝最为富庶的时期。

对明神宗教育严格

张居正与明神宗的关系非常密切。张居正是明神宗的臣仆，同时也是皇上的监护人和老师。小时候的明神宗觉得他可敬，有时不免有点畏惧。但君臣之间在十年相处中却在积累矛盾。从明神宗皇帝十岁即位开始，张居正基本上把明神宗当作一个摆设而已，内外政事都由他把握。当明神宗到了十七岁，已娶了亲，不久就要做父亲时，越来越发现自己有自己的意志，逐渐开始和张居正对立。

万历七年（1579），皇宫用度增加，明神宗开始需索。户部尚书感觉为难。张居正出面上疏给皇帝，说："一切无益之费，可省则省之；无功之赏，可罢则罢之。"这使明神宗受到一点挫折。张居正的政治地位看起来更加巩固，而危险也在积累。万历八年（1580），明神宗十八岁，早已超过皇帝亲政掌权的年龄。张居正本该退休了，但他仍掌握着朝廷大政不放。张居正当国，等于神宗失位。明神宗闲得没有事做，有时甚至带上太监，终日出宫游玩喝酒。生母李太后发现后，令皇帝跪下，严加训斥。张居正当政很注意与李太后以及太监冯保的关系。他与冯保商议，认为皇帝夜间出游找乐，对随行小太监的处分不能太轻，马上上疏，不仅加重对小太监的处分，而且教育明神宗"痛自改悔，戒游宴以重起居"。张居正这样做，可能出于对明神宗和明王朝的忠心，但他完全没有考虑明神宗会有怎样的感受。这件事，表面看明神宗失败了，但这只能增加他的愤懑，埋下以后报复的祸根。

死后受到清算

万历十年（1582）二月，张居正病了。他为明王朝政权的巩固，鞠躬尽瘁，积劳成疾，于六月二十日去世。明神宗曾经对他说："先生功大，朕无可为酬，只是看顾先生的子孙便了。"张居正临死似乎一切都可放心。

但张居正当国十年，独握大权，在明神宗的心里便是一种蔑视主上的表现。他死后不久，明神宗就下令抄家，并将他的子孙全部削去官职，剥夺他生前获赐的各种物品，以罪状昭示天下。张居正的子孙或饿死或被流放，他在世时所用的一批官员有的被削职，有的被处死，他的改革措施都被废止。

张居正死后四十年，明熹宗天启皇帝为张居正平反，使他的后人复官复荫。张居正生前的改革,为大明王朝延续了数十年的寿命,为万历年间资本主义萌芽的进一步发展打下了良好的基础。张居正的改革虽然取得了一定成效,但并没有办法改变明朝政治、财税制度深层次的弊病。

朱东润《张居正大传》

朱东润(1896—1988),江苏泰兴人,著名学者,传记作家,对西方传记文学有深入研究。新中国成立后,担任复旦大学中文系教授。他于1943年在重庆创作了《张居正大传》,由开明书店出版,是研究张居正的比较权威的一部传记作品。

第79篇
徐光启：引进西方科学第一人

徐光启（1562—1633），明末著名科学家、政治家，上海人，万历三十二年（1604）进士。他通晓西方数学、水利、火器等知识，是第一个把欧洲先进的科学知识，特别是天文学、数学知识介绍到中国的人，还亲自搞过几次农业试验，写出了农业科学的研究巨著《农政全书》。

沟通中西文化

徐光启曾跟从意大利人利玛窦学习天文、历算、火器，并掌握了利玛窦教的方法。接着，他又全面学习军事、屯田、盐政、水利等各种科学知识。他翻译了《几何原本》《泰西水法》诸书。其中，《几何原本》是希腊数学家欧几里得所著，在西方学者中被奉为经典。在徐光启翻译的《几何原本》中，首次出现了几何、点、线、面、钝角、锐角、三角形等数学专用名词的中文译法，这些名词一直沿用至今。

徐光启的著译达六十余种，主要有《崇祯历书》《测量法义》《勾股义》《九章算法》《徐氏庖言》等。他为17世纪中西方文化交流做出了重要贡献。

亲自搞农业试验

明万历三十五年至三十八年（1607—1610），徐光启在为父亲居丧的三年期间，在家乡上海开辟双园、农庄别墅，进行农业试验，总结出许多农作物种植、引种、耕作的经验，写了《甘薯疏》《芜菁疏》《吉贝疏》《种棉花法》和《代园种竹图说》等农业著作。

明万历四十一年（1613）秋至四十六年（1618），徐光启来到天津垦殖，进行第二次农业试验。明天启元年（1621）又两次到天津，进行更大规模的农业试验，写出了《北耕录》《宜垦令》和《农遗杂疏》等著作。这期间从事的农事试验与写作，为他日后编写大型农书奠定了坚实的基础。

天启年间，徐光启遭宦官魏忠贤排挤，回上海闲住，开始专门致力于他的农业研究。徐光启不仅研究了大量的农业资料，并且能够将理论联系实际，进行科学实验。比如甘薯，又名番薯、地瓜，最初是由国外引进中国的，起初只在福建沿海很少的一些地方种植。徐光启把它引进家乡种植，进行了多次试种，终于获得成功。在上海推广后，他又将甘薯的种植扩大到全国。

编著《农政全书》

徐光启的学问主张实用，在农事方面，尤其用心。他认为农事是民众生活的来源，是国家富强的根本。他一生关于农学方面的著作很多，对农书的著述花费时间长，用功勤，非常可贵。他以几十年精力，潜心探究农业科学，重点在编写《农政全书》。

明天启七年（1627年），徐光启完成了农书初稿。第二年官复原职，并不断获升，直到崇祯六年（1633）病逝于太子太保兼文渊阁大学士任上。崇祯十二年（1639），即徐光启死后的六年，皇帝想到徐光启博学强识，要他的家属把他遗留下的著作送上。徐光启的儿子徐骥入朝谢恩，进献上父亲生前编写的书稿。这部书稿经由徐光启的弟子陈子龙等人的整理，刻板付印，并定名为《农政全书》。全书共六十卷，五十余万字。

古代其他的大型农书，无论是北魏贾思勰的《齐民要术》，还是元代王祯的《农书》，重点都在生产技术和知识，大都是纯技术性的农书。《农政全书》则囊括了中国明代农业生产和人民生活的各个方面，而其中又贯穿着一个基本思想，即徐光启的治国治民的"农政"思想，这是这部著作不同于其他大型农书的特色。

《农政全书》按内容大致上可分为农政措施和农业技术两部分。其内容囊括从政策、制度到农田水利、土壤肥料、选种、播种、防治害虫、改良农具、食品加工、纺织手工业等，并以夹注或评论的方式，加入徐光启自己试验的新成果和看法。可以说，这部书是中国古代农业科学技术集大成之作。

意大利传教士利玛窦

利玛窦(1552—1610),号西泰,意大利的天主教耶稣会传教士。利玛窦是他的中文名字。他是天主教在中国传教的最早开拓者之一,也是第一位阅读中国文学并对中国典籍进行钻研的西方学者。1601年1月,利玛窦抵达北京,进献给皇帝《圣经》、《万国图志》、自鸣钟、大西洋琴等贡品。万历皇帝对这些贡品兴趣十足。正是这些"欧洲方物"打开了利玛窦进入宫廷的大门,万历皇帝也因此对他赏识有加,允许其留居北京。他通过"西方僧侣"的身份,以"汉语著述"的方式传播天主教教义,并广交中国官员和社会名流,传播西方天文、数学、地理等科学技术知识,他的著述对中西交流做出了重要贡献。

第80篇
徐霞客：万水千山走遍

徐霞客（1587—1641），名弘祖，字振之，号霞客，南直隶江阴（今江苏省江阴市）人，是明代著名的旅行家和地理学家。他不满明末的腐朽统治，毅然放弃仕途，从事野外旅行考察。自二十二岁开始到去世前一年为止，他一生中有三十多年是在旅行中度过的。

他的《徐霞客游记》长达几十万字，文学、科学价值前所未有，是一部奇书。

奇独的旅行经历

徐霞客在旅行时间上有明显的分期，在旅行空间上有逐渐清晰的目标和重点。他的旅行大致以崇祯九年（1636）为界，分前后两个时期。

前期，从徐霞客二十二岁游历太湖开始，历时二十六年。他到过山东、河北，上过泰山，拜过孔庙，又南游南京、杭州等地。后期，从他五十岁起，历时约四年，主要是西南之行，重点是考察西南山水，对西南山区的岩洞尤感兴趣。

徐霞客当时是个人旅行，没有官府资助，旅费来源主要靠自己解决。前期是短期旅行，费用不成问题。后期时间长达四年，他要供自己（中间一段还有同伴静闻和尚仆人二人）的食宿、交通开支，还有临时聘用向导、挑夫的费用。他将路上所用银子藏于盛盐的竹筒里，但在途中几次被盗，盘缠变得很拮据，只好向人借贷，或由朋友接济、赠送，也有地方官如云南丽江木知府的资助。

徐霞客的旅行目标多在山野农村，食宿、向导常常依靠当地人帮助。他善于与沿路村民打交道，并与僧人、文士交友。在整个旅途中，他经常住寺院，请僧人做向导。

当时的交通很不方便，多数情况靠步行，虽远不如现代旅游的舒适，但徐霞客一直乐此不疲，从中可见他顽强的生存能力和对科学考察的执着追求。

《徐霞客游记》

在艰苦的旅途中，徐霞客一直坚持做记录，他的游记写得很及时，也很真实。有的是他当天所记，有的是他几天后的追记。他一路带着纸墨，有空就写。虽然徐霞客的原稿大都散佚了，只有大约不到六分之一的内容保存了下来，但经后人整理成书的《徐霞客游记》仍然令人惊叹。

《徐霞客游记》是一部日记、游记、科学考察记录三合一的作品，全书共二十卷。从日记角度看，《徐霞客游记》包含了他一生中大约三十年的日记，记述了他的旅游经历。从游记的角度看，《徐霞客游记》重点记叙山脉水源，具有游记散文三元素的特点，即写了旅游者所到的地方、所见的人与景、所产生的体会。从科学考察记录角度看，《徐霞客游记》真实而生动地记述了徐霞客游历四方所接触到的不同的地质、地貌、水文、气候、动植物以及少数民族的风俗习惯和经济状况等，具有专业性和科学性。在中国古代，这样的游记，在徐霞客以前没有出现过，所以称之为奇书。

《徐霞客游记》不仅是一部有浓厚文学性的游记作品，而且是我国也是世界上最早的系统介绍和研究岩溶地貌学和洞穴学的地理学著作，它在这方面的成就比西方领先了一百多年。英国著名学者李约瑟曾如此评价《徐霞客游记》："读来不像是17世纪的学者所写的东西，倒像是一位20世纪的野外勘测家所写的考察记录。"

黄山归来不看岳

安徽黄山以奇松、怪石、云海、温泉"四绝"闻名遐迩，已被联合国教科文组织列入"世界文化与自然遗产"名录。说到黄山，人们常常用"五岳归来不看山，黄山归来不看岳"这句话来形容。这句名言正是化用自大旅行家徐霞客之语："薄海内外之名山，无如徽之黄山。登黄山，天下无山，观止矣。"

第81篇
闯王李自成进京

明末陕北连年旱荒,农民纷起暴动。崇祯元年(1628),陕西府谷人王嘉胤组织当地灾民揭竿而起,公开劫富济贫,与官兵相抗,从而揭开了明末农民起义的序幕。同一年还有陕北安塞人高迎祥起义,自称"闯王"。李自成就是在这样的历史大背景下参加起义的。

从驿卒到农民军首领

李自成(1606—1645),世居陕西榆林米脂李继迁寨,童年时给地主牧羊,十几岁时丧母,不久父亲又去世。二十一岁那年,无依无靠的他应募到银川驿站当一名驿卒。崇祯元年(1628),精简驿站。李自成因丢失公文被裁撤,失业回家,并欠了债。同年冬季,李自成因还不起债,被米脂县令晏子宾下令戴械游街。年底,李自成杀死债主,到甘肃甘州(今张掖市)投军,当了边兵。后又投奔高迎祥的起义部队。高迎祥牺牲后,李自成便被推为"闯王"。

李自成和同伴李岩提出"均田免赋"等口号,获得广大人民的欢迎,"迎闯王,不纳粮"的歌谣越传越广,部队也很快发展到百万之众,成为农民战争中的主力军。

崇祯十六年(1643),李自成在湖北襄阳称新顺王。崇祯十七年(1644)一月,李自成在西安称帝,建国号"大顺"。

明朝灭亡

1644年二月,起义军由李自成亲自率领,渡黄河,下太原,传檄各州县,揭露明王朝种种罪状。山西农民群起响应,各府州县望风而降。李自成乘胜北上,经大同、宣府(今河北宣化),于三月十八日围困京师。李自成的"大顺"军队打到了北京城下,大明朝廷乱成了一锅粥。1644年三月十九日清晨,有人主动打开了正阳门,刘宗敏的部队开进了皇城。农民起义军以胜利者的姿态占据了北京。明思宗朱由检自缢于煤山(今景山),明朝作为统一国家的历史结束。

李自成和他率领的农民军进京之初,京城秩序尚好,店铺营业如常。但从三月二十七日起,大顺军开始拷掠明官,四处抄家。刘宗敏命部下特别赶制了五千副夹棍,用来逼迫明朝官员们交钱,获得的银两,铸成银饼,后来用骡车运至西安。农民军士卒抢掠百姓财产,甚至杀人。刘宗敏把明朝山海关守将吴三桂的宠妾陈圆圆掠夺来,强行占有,致使吴三桂投降清军统帅多尔衮。农民军因种种错误与恶行,不得民心。

四月十三日,李自成亲率十万大军奔赴山海关征讨吴三桂。清军入关,与吴三桂一起进攻农民军。李自成迎战失利,逃到北京,后又逃往西安。农民军占领北京前后仅四十多天。五月十七日,李自成在今湖北省通城县遭到当地乡勇误杀。李自成余部继续进行抗清斗争。

李自成失败的必然性

李自成起义是农民起义,它的参加者都是在天灾打击下无法生存的农民,他们的行动是破坏社会秩序而不是建立社会秩序。李自成本人有良好的个人品德,《明史》也称赞他"不好酒色,脱粟粗粝,与其下共甘苦"。但他没有认清形势,没有约束好部队,进了北京城,没能巩固来之不易的胜利果实。他本人以悲剧英雄的形象结束了人生。他的失败不只是个人的悲剧,而是当时历史条件下必然的结局。

崇祯皇帝朱由检

朱由检(1611—1644),1627年登皇位,改年号为崇祯,是明朝最后一位皇帝。崇祯帝铲除了魏忠贤宦官集团,曾一度使明王朝有了中兴的可能。当时的明王朝外有后金(清的前身)的进攻,内有农民起义军的烽火,危机四伏。朱由检努力求治,召对廷臣,探求治国方策。勤于政务,事必躬亲。他平反冤狱,起用天启年间被罢黜的官员。但当时的明王朝已处于内忧外患十分严重的境地,谁也无力挽救了。1644年三月十九日凌晨,李自成起义军杀入北京城。崇祯帝最后在煤山的一棵歪脖树上自缢身亡,时年三十三岁。

第82篇
努尔哈赤：清朝的奠基者

清朝的奠基者叫爱新觉罗·努尔哈赤（1559—1626），出身于女真贵族家庭。女真族是后来满族的祖先，是生活于中国东北部地区的古老民族，中国古代史书称之为"肃慎"。"女真"一名最早见于唐朝初年。1115年，女真族建立金朝。1234年，金朝被蒙古国所灭。在元朝、明朝时，女真各部生活在东北地区。

努尔哈赤统一了女真各部，1616年称"汗"（君主），建立后金政权。1626年，努尔哈赤病死，儿子皇太极即位。1636年，皇太极正式建立大清王朝，成为开国皇帝。1644年，皇太极的儿子顺治帝从沈阳迁都北京。可以说，皇太极建立清朝和顺治帝迁都的基础都是努尔哈赤奠定的。

从小练武学汉文

努尔哈赤从小就学习骑马射箭，练得一身好武艺。他十岁那年，母亲死去，他不得不离开家庭，和当地小伙伴一起，在莽莽林海里打猎、挖人参、打松子、采蘑菇，然后把这些山货带到抚顺去卖掉，挣钱过活。抚顺的集市很热闹，女真人常在那里用山货跟中原人交换铁器、粮食、盐和纺织品。努尔哈赤常至抚顺关马市与汉人、蒙古人进行交易。在此期间，他学会了蒙古语和汉语。他喜欢读《三国演义》和《水浒传》一类的小说。

统一女真，建立后金

努尔哈赤二十五岁那年，祖父觉昌安和父亲塔克世在一次混战中被明朝军队杀害。努尔哈赤痛哭了一场，怀着满腔悲愤回到家里，翻出了他父亲留下的十三副盔甲，分发给他手下兵士，开始了统一建州女真各部的战争。努尔哈赤英勇善战，仅用了几年时间便统一了建州女真。这就引起女真族其他部的恐慌。当时的女真族，共有三部，除了建州女真之外，还有海西女真和野人女真。海西女真中有个叶赫部最强。

1593年，叶赫部联合了女真乌拉、辉发、哈达及蒙古科尔沁等九个部落，结成联盟，合兵三万，分三路进攻努尔哈赤。努尔哈赤听到九部联军来攻，事先做好迎战的准备。他在敌军来路上，埋伏了精兵，在路旁山岭上，安放了滚木石块，一切安排妥当。第二天，建州女真派出的探子回报敌兵人数众多，将士们听了也有点害怕。努尔哈赤就解释说："别害怕，现在我们占据险要地形，敌兵虽然多，不过是乌合之众，一定互相观望。如有哪一个领兵先攻，我们就杀他一两个头目，不怕他们不退。"九部联军到了古勒山下，建州兵在山上严阵以待，先派出一百骑兵挑战。叶赫部一个头目冲过来，马被木桩绊倒，建州兵上去把他杀了，另一头目看到这情景吓昏了过去。这一来，九部联军没有统一指挥，四散逃窜，努尔哈赤乘胜追击，击败了叶赫部，随后统一了女真各部。

为了麻痹明朝,他继续向明朝朝贡称臣,明朝廷认为努尔哈赤态度恭顺,封他为龙虎将军。他还多次到北京,亲自察看明朝政府的虚实。1616年,他认为时机成熟,就在八旗贵族拥护下,在赫图阿拉(今辽宁新宾附近)即位称汗,国号大金。为了跟过去的金朝区别开来,历史上称为"后金"。

创建八旗制度

八旗制度最初源于满洲(女真)人的狩猎组织。狩猎活动因人数多而需统一指挥,其指挥者称为牛录额真,这个集体即称为牛录。牛录是基本单位,一个牛录三百人,五牛录为一甲喇,五甲喇为一固山。满语"固山"的意思就是旗。

努尔哈赤在统一女真的过程中,把所管辖的女真军民编为四旗,分别以黄、红、蓝、白四个颜色的旗帜为标志,后又增设四旗,黄、白、蓝旗镶红边,红旗镶白边,即以镶黄、镶红、镶蓝、镶白的旗帜为标志,合称八旗。旗既是一个行政单位,又是军事组织。旗人平时耕田打猎,战时打仗。这样既推动了生产,又增强了战斗力。

后来,努尔哈赤的儿子皇太极又编成蒙古八旗、汉军八旗。满人入关后,为加强军事防御,分别令八旗兵在京师与各地驻防。清政府圈占百姓的大批良田划归旗人,并免除旗人的税赋与劳役。这造成了旗人的颓废和寄生性,使其后代荒废了骑射武功。八旗制度既是清王朝取胜的重要因素,也使清王朝最终走向衰败没落。

清兵是怎样入关的？

努尔哈赤建立后金政权，都城在今辽宁新宾；皇太极建立清朝，都城在盛京（今沈阳）。他们的势力都在东北地区。直至1643年皇太极病死，清军也没有通过山海关。但皇太极率兵几次在关外消灭明朝军队，为后来清军入关扫清了道路。

1644年三月，李自成的农民军攻入北京，明崇祯帝在煤山自缢。明朝的辽东总兵、镇守山海关的守将吴三桂投降清兵。吴三桂引清军入关，打败李自成。清军入关后，攻入北京。才六岁的清朝顺治帝及朝廷随即也迁至北京。

第83篇
史可法抗清守扬州

史可法（1601—1645），字宪之，号道邻，河南祥符（今河南开封）人，明末抗清名将。

铁骨铮铮的左光斗

史可法是明末著名的东林党人左光斗的学生。明末，在江苏无锡有个东林书院，顾宪成等人在此讲学，议论朝政，评论官吏。反对派将在东林书院讲学的人及有关的朝野人士笼统地称为"东林党"。左光斗是东林党的重要成员，担任过内阁大臣，因对抗大宦官魏忠贤而含冤下狱，并被杀害。

左光斗被魏忠贤关进监狱后，史可法听说左公遭受酷刑，早晚将要死去，便拿了五十两银子，买通狱卒，进去探监。进了监狱，只见左光斗坐在地上，身子靠着墙，脸庞、额头都烧得焦烂，辨认不出原来的面貌，从左膝盖以下，筋骨全都脱落了。史可法上前跪下，抱着他的膝盖低声哭泣。左光斗辨出史可法的声音，可是眼睛睁不开，就使劲地抬起手臂，用指头拨开眼皮，目光像火炬一样明亮，生气地说："这是什么地方，你竟然到这里来！国事败坏到这个地步，我已经完了,你又不明大义,国家大事谁能担负呢?还不快走!"说着就摸起地上的刑具做出投击的样子。史可法闭口不敢出声,快步走了出来。后来他常常流着眼泪对别人讲述这件事,说:"我老师的肺肝,都是铁石铸造的啊!"

昏庸无能的南明皇帝

1644年,史可法听到李自成进攻北京,即率军进京保护皇帝。军队抵达浦口时,传来北京失陷、崇祯帝朱由检自缢的消息,史可法向北痛哭失声,以头撞柱,血一直流到脚上。

崇祯皇帝在北京自杀之后,安徽以南尚在明朝手中。明朝的南方势力汇聚南京,各方势力为拥立新帝问题争执不下。明朝凤阳总督马士英暗地与阮大铖商议,主张拥立昏庸的福王朱由崧为皇帝,以便自己可以继续操纵朝政,独揽大权。

1644年四月,马士英紧急部署,福王朱由崧在江北四镇强大武力的护送下,到达了南京江北城市仪真(今天的仪征)。南京各大臣紧急开会,同意拥立福王即位。史可法面对这种结果也只能接受了。朱由崧在南京称帝,年号弘光,历史上称之为南明。他昏庸无能,沉溺酒色,任由马士英、阮大铖专擅朝政,根本不在意怎样防御和抵抗清军。史可法虽然调任南明兵部尚书,却备受排挤,不久被贬到扬州统率军队。

拒绝投降的孤城守将

1645年四月十九日,扬州被十万清兵水陆各军包围,而明朝守军只一万余人。退守扬州的守将史可法统率军民,坚守孤城，向弘光皇帝求援，却没有回音。史可法命附近南明驻军增援，可各镇兵马不听史可法调度，只有刘肇基一支孤军赶到，入城守北门，防守薄弱。由于城墙高峻，清军的攻城大炮还没有运到，爱新觉罗·多铎（努尔哈赤第十五子，多尔衮同母胞弟）派人招降史可法，又亲自写信劝降。史可法回信，严词拒绝，说："我为朝廷首辅，岂肯反面事人？"同一天，史可法于扬州西门楼写下四封遗书给他的家人，希望在他死后，夫人和他一起以身殉国，愿归葬钟山明太祖孝陵之侧。

四月二十五日，明军终因弹尽粮绝，城陷。史可法想要用佩刀自杀，部属强行夺过佩刀，簇拥着他走进小东门。清军迎面而来，史可法大呼："我史督师也！可引见汝兵主。"多铎以宾礼相待，口称先生，百般诱降，但史可法斩钉截铁地说："我为朝廷大臣，岂肯偷生为万世罪人！吾头可断，身不可辱，愿速死，从先帝于地下。"后壮烈就义，终年四十五岁。

史可法牺牲后，遗体难以辨认，不知下落。一年后，其义子史德威以袍笏招魂，将其衣冠葬于扬州城天宁门外的梅花岭。

扬州十日

扬州地处南北交通枢纽位置,得漕运、盐运的利益,一向为富庶地区,商业繁荣。史可法领导的抗清斗争得到扬州人民积极的响应与支持。1644年四月二十五日,清军占领扬州。此日开始,清军统帅多铎亲王以不听招降为由,下令屠杀扬州百姓。屠杀延续了十天,死亡逾八十万人,史称"扬州十日"。

第84篇
郑成功收复台湾

郑成功（1624—1662），原名森，福建泉州南安人，是明清之际商船主郑芝龙的长子，抗清名将，民族英雄。

坚持抗清

明天启四年（1624），郑成功在日本长崎平户出生。他六岁之前跟随母亲住在平户，直到父亲郑芝龙受明廷招安任官之后，才被接回泉州府安平居住读书。崇祯十一年（1638），郑成功考中秀才。1644年，郑成功进入南京国子监深造，师从江浙名儒钱谦益——此人在南明福王政权中担任礼部尚书，后投降清朝，成为清初诗坛盟主。

1645年，清军攻入江南。不久，郑芝龙降清。郑成功却与父亲不同，率领父亲旧部在中国东南沿海一带抗清，成为南明后期主要军事力量之一。

1645年，南明的弘光政权覆灭后，清廷在江南采取残酷野蛮的高压政策，强行下达剃发令，各地抗清斗争蜂起。在福州的南明唐王朱聿键称帝，七月改掉福王的弘光年号，改元为"隆武"。为了表示对郑成功的宠爱，隆武帝将当朝最尊崇的朱姓赐给郑成功，并将原名森改为成功，称"国姓爷"。

1646年起，郑成功即开始领军，多次奉命进出福建、江西与清军作战。后来隆武政权灭亡，郑成功避走金门，然后开始于沿海各地招兵买马，收编父亲郑芝龙旧部，募集了数千兵力。1647年一月，郑成功在小金门誓师抗清。1653年起，清顺治帝几次以给郑成功封爵为名，企图收买他，他都不为所动，坚持抗清。

1659年，郑成功再次率领大军北伐，会同另一支抗清部队顺利进入长江，势如破竹，一时江南震动。后因意外遭到清军突袭，致使郑军大败，损兵折将，郑成功只好退回厦门。

收复台湾

1624年，荷兰殖民者入侵台湾，实行残酷的殖民统治。1661年四月，郑成功留下儿子郑经防守厦门、金门，自己亲率将士二万五千、战船数百艘，自金门出发，经澎湖，横渡台湾海峡，向台湾进军。郑成功的军队与荷兰侵略军几次交战，终于打败侵略者。至当年十二月，荷兰长官在投降条约上签了字，率领残敌五百人狼狈退出台湾。沦陷了三十几年的台湾，从此重又回到祖国的怀抱。

郑成功收复台湾后首先是建立政权，在台湾设置府县，废除荷兰侵略者的一切殖民体制和机构。他严以治军，下令不许骚扰高山民族，不许侵占高山民族的耕地。还大力提倡教育，在高山族居住区设乡塾，送子女入学者可减免赋税和徭役。积极推行屯垦制度，士兵平时农垦，以解决缺粮问题。鼓励大陆沿海居民到台湾从事开垦，帮助高山族提高生产技术。利用台湾四面环海、对外贸易方便的有利条件，大力发展海外贸易。他发展台湾的经济文化，对台湾人民做了有益的贡献。郑成功收复台湾，在我国人民反侵略斗争史上写下了光辉的一页。

高山族献金

1661年，郑成功率军到台湾之初，就非常注意团结高山族同胞。1662年郑成功收复台湾后，又亲自率领文武官员多次拜访高山族各部落。

有一天，郑成功带领将士去拜访高山族一个部落时，从欢迎的人群中走出四人，他们各自端着一个盘子，里面分别放着金、银、野草和泥土，献给郑成功。郑成功略有所思后，笑着对高山族同胞说，他到台湾来是为了驱逐荷兰侵略者，收复国土，而不是为了要金银的。说完后，他收下了野草和泥土，将盛有金、银的盘子都退了回去。这个消息很快传遍全岛，使高山族同胞很受感动。

第85篇
康熙大帝

1662年，顺治帝的第三个皇子玄烨即位，年号康熙（1662—1722）。康熙帝（1654—1722）是中国历史上在位时间最长的皇帝。他登基时才八岁，但在执政的六十年里，文治武功皆大有作为，不仅平定了国内的叛乱，统一了台湾，巩固了清朝的疆域，还使国家的经济得到了繁荣发展，这种良好的局面一直延续到雍正、乾隆时期，史称康乾盛世。

平定三藩

顺治帝二十四岁就去世了，临终前指定玄烨即位，考虑到他尚年幼，就任命四位大臣来辅佐他管理国家大事。这四位辅政大臣中，数鳌拜势力最大，横行霸道，把持着朝政，连皇帝也不放在眼里。康熙帝十四岁亲政以后，首先就施计除掉了鳌拜，并通过调查其专横乱政的罪状，扫除同党，惩办贪污，对朝政进行了一番大整顿。

不过，更大的考验还在等待着这位年轻的皇帝——南方三藩的问题。所谓三藩，是指平西王吴三桂、平南王尚可喜、靖南王耿精忠三个藩王。他们都是投降清朝的明军将领，在清朝开国时对抗南明政权立过功，所以都受封为王，驻防南方。时间长了，三藩各据一方，拥兵自重，势力膨胀，形成了独立王国，不仅威胁到清廷的政权，而且消耗了大量兵饷，在经济上也给国家带来了很大负担。在这种情况下，唯有撤藩；但如何撤藩，康熙帝却一直苦于没有突破口。

正好尚可喜年老，欲告老还乡，就上奏章要求儿子尚之信继承王位。康熙帝抓住这个绝佳的机会，顺势降旨称赞尚可喜识大体，提出广东已经平定，无须藩王坐镇，所以不用尚之信接替父亲爵位，命令他撤藩回辽东老家去。吴三桂、耿精忠闻讯，自然坐不住了，都试探性地提出撤藩回北方的请求，想看看康熙帝到底是什么态度。谁知康熙帝十分果决，下诏同意撤藩。这下，吴三桂立刻跳了起来，于康熙十二年（1673）首先起兵叛乱。吴三桂长期驻防云南、贵州，兵强马壮，开始时连连打胜仗。他干脆把尚之信、耿精忠也拉下水，联手一起叛变。这一事件后来被称为"三藩之乱"。

既有智谋又有胆略的康熙帝一步都没有退让，采取了一连串的措施来扭转局面。先是下令削去吴三桂的爵位，处死居住在北京的吴三桂之子吴应熊等人，以示平定叛乱的决心。然后集中兵力讨伐吴三桂，却不撤销尚之信、耿精忠的藩王称号，暂时稳住了另外两个藩王。这样一来，失去外援的吴三桂很快就支撑不下去了。1678年，吴三桂病死。1681年，清军攻入云南。这场长达八年、席卷十省的三藩之乱终于平定了。

统一台湾

顺治年间，郑成功收复了台湾，却并未让台湾统一于清王朝中央政府的管辖。到康熙初期，台湾依然孤悬海外，统治集团忙着内讧，争权夺利，还发生了火并，台湾的政治日趋腐败，每况愈下。

1681年，康熙帝任命施琅为福建水师提督，特许他调拨军队的大权，到福建统领军队攻取台湾。施琅（1621—1696），福建泉州晋江人，是明末清初的军事家和重要将领。他对台湾海峡一带的形势、地理环境和气候十分熟悉，一到福建就迅速组织起一支水军，制定作战方案。1683年，他率领三百余艘战船、两万余人的水师，向台湾进发。

当时，台湾的统治者内部分崩离析，早就失去了战斗力。施琅很快就率军占领了台湾。由此，清廷统一了台湾，并在此设立了台湾府。

雅克萨之战

从17世纪中叶开始，沙俄殖民主义者就对中国北方的领土虎视眈眈，不断进犯黑龙江流域的边境，甚至在尼布楚和雅克萨建筑寨堡，奴役当地的中国各族居民。雅克萨是中国东北边疆的古城，在今天漠河县境内的额木尔河口对岸。为了打击侵略者，康熙帝多次视察边防情况，决定采用充实边防、外交谈判和军事斗争三者并举的策略。

他先在黑龙江建城驻兵，屯田储粮，开辟驿路，修造船只，在保卫黑龙江流域的同时，也做好剿灭沙俄入侵者的准备。另一方面，清廷努力争取和平解决雅克萨问题，多次送信给盘踞在雅克萨的沙俄，警告他们停止对边境的骚扰，尽快撤离中国领土。然而，沙俄非但对此置若罔闻，还增加了驻扎雅克萨的兵力。

通过外交谈判，和平解决边疆问题已是不可能了，清军正式向入侵者进攻。1685年和1686年，清军两次攻打雅克萨。第一次，康熙帝命彭春为都统，率领一万五千人包围了雅克萨，放火烧城，俄军只好投降，撤回本土。但俄军头目贼心不死，不久又带兵溜回了雅克萨。第二年，康熙帝派萨布素将军再次进攻雅克萨，经过四天四夜的激战，使俄军受到了重创。沙俄政府这才慌忙派使者到北京谈判。

1689年，清政府和沙俄政府在尼布楚和谈，签订了著名的《尼布楚条约》。条约从法律上肯定了黑龙江流域和乌苏里江流域的广大地区都是中国领土，明确划分了中俄两国东段的边界，从而遏止了沙俄的武装入侵，使东北边疆在此后的一百多年间获得了长久的安宁。

三征噶尔丹

明末清初，中国北方的蒙古族分为漠南蒙古、漠北喀尔喀蒙古和漠西厄鲁特蒙古三大部，而厄鲁特蒙古又分为和硕特、准噶尔、土尔扈特和杜尔伯特四部，其中，准噶尔部势力最强。到噶尔丹（准噶尔汗国大汗）执政时期，准噶尔部已控制了天山南北，野心日益膨胀。康熙二十九年（1690），噶尔丹在沙俄的挑唆下公然向康熙帝提出分裂领土的要求，企图把中国北部都置于他的统治之下。由此，康熙帝先后三次御驾亲征，与噶尔丹展开了大战。

1690年的乌兰布通之战，噶尔丹大败，退至科布多。1696年的昭莫多之战，清军浴血奋战，再次大败叛军，歼灭了噶尔丹的主力军。面对拒不投降的噶尔丹，1697年，康熙帝第三次亲征，以众叛亲离的噶尔丹死于科布多而告终。此后，喀尔喀地区重新统一于清朝。

噶尔丹死后，他的侄子妄图攻占西藏。于是康熙帝在1720年又派兵远征西藏，驱除叛军。之后，清廷在拉萨设置了驻藏大臣，代表中央政府同达赖、班禅共同管理西藏。1722年，康熙帝驾崩，临终前也未能实现彻底平定准噶尔贵族叛乱的愿望。但他制定的政策由雍正帝、乾隆帝继续推行，终于在1759年彻底结束了中国西北地区的分裂局面。可以说，康熙帝终其一生都在为统一全中国而努力。

清朝宫廷里的外国人

清朝前期，社会经济逐渐稳定，西方国家纷纷派遣传教士来中国传教。这些传教士往往知识渊博，或者在某一方面有特殊的才华、技能和创造力，将西方文明的许多成果带到中国，在西学东渐的过程中有着不可磨灭的功绩。有些传教士甚至能经常出入宫廷，比如：修订历法、翻译伽利略著作的德国传教士汤若望，意大利传教士、宫廷画师郎世宁，葡萄牙传教士、音乐家徐日升，法国传教士、数学家白晋和张诚，等等。

第86篇
文字狱和编修《四库全书》

清朝统治者为加强君主专制,从思想领域严密控制知识分子,采取高压与怀柔的两手政策。

一方面,对不服统治的人,采取严厉镇压的手段。清廷经常从知识分子的文章著作中摘取片言只语,加以歪曲解释,再借题发挥,罗织罪状,制造了大批冤狱,这就是"文字狱"。

另一方面,对知识分子进行招安,使之归附朝廷。乾隆年间,朝廷组织大批文人分批编纂书籍,如《四库全书》,成为当时的文化盛事。同时,又借此收缴并销毁了许多被认为"违禁"的书籍。

恐怖的文字狱

文字狱在清代持续了二百五十年左右。顶峰时期自顺治开始,中经康熙、雍正、乾隆,历时一百四十余年。清朝初年,满汉之间存在着许多矛盾。汉族士大夫受清廷压迫,借文字发泄愤恨的情况是有的;明末遗臣故老著书立说,时而流露出山河故国之思,这种情况也是有的。

康熙年间，浙江乌程（今吴兴）有个盲人庄廷鑨（lóng），想学习同是盲人的《左传》作者左丘明，写一部史书。他买到明代大学士朱国桢的《明史》遗稿，请江南一带有志于编修明史的才子加以编辑。书中仍尊奉明朝年号，不承认清朝的正统，并增补明末崇祯一朝事，全都是清朝统治者所忌讳的。该书定名为《明史辑略》，书编成后，庄廷鑨已死，其父庄允诚为之刊行。不料有人告发，最后惊动朝廷。结果，庄允诚被逮捕上京，死于狱中，庄廷鑨被掘墓开棺焚骨。凡作序者、校阅者及刻书、卖书、藏书者均被处死，先后因此案牵连被杀者共七十余人，被充军边疆者达几百人。

康熙年间的另一场著名文字狱是安徽桐城人戴名世的《南山集》案。翰林戴名世的作品《南山集》被人举报"狂妄不谨""语多狂悖"，且书中有南明永历帝的年号。康熙五十二年（1713），戴名世因此被处死。

清朝许多文字狱其实多无根据，只是捕风捉影，滥杀无辜而已。雍正八年（1730），翰林徐骏被仇家揭发他的诗文集内有"清风不识字，何得乱翻书""明月有情还顾我，清风无意不留人"等诗句，雍正认为这是存心诽谤，于是按照大不敬律，斩立决。

清代诗人龚自珍的《咏史》写道："避席畏闻文字狱，著书都为稻粱谋。"意思是文人墨客一听到文字狱的事就胆战心惊、避席而起，他们著书的目的只是为了养家糊口，并没有深远的意义。此句揭露了在残酷的文字狱威胁之下，文人埋头著书的无奈处境。

清朝的文字狱，造成了社会恐怖，摧残了人才。许多知识分子不敢过问政治，从而禁锢了思想，严重阻碍了社会的发展和进步。

编纂《四库全书》

《四库全书》全称《钦定四库全书》。这是在乾隆皇帝的主持下,由纪昀等三百六十多位高官、学者编撰,三千八百多人抄写,耗时十年编成的丛书,分经、史、子、集四部,故名"四库",共有三千四百六十余种书,七万九千三百余卷。这套丛书基本上囊括了中国古代所有的图书,故称"全书"。

当年,乾隆皇帝命人手抄了七部《四库全书》,下令分别藏于全国各地。先抄好的四部分别珍藏于紫禁城文渊阁、辽宁沈阳文溯阁、圆明园文源阁、河北承德文津阁,这就是所谓的"北四阁"。后抄好的三部分别珍藏于扬州文汇阁、镇江文宗阁和杭州文澜阁,这就是所谓的"南三阁"。

在编纂《四库全书》的过程中,清廷销毁了许多对大清不利的书籍,据统计有一万三千六百卷;有删削、挖改内容等过错,但总的保存下三万六千册古籍。《四库全书》在古籍整理的方法上,尤其是在辑佚、校勘、目录学、汇刻丛书等方面给后人留下许多有益的启示。特别是在目录学方面,其编纂方法对后世产生了深远的影响。

清乾隆帝任命永瑢为《四库全书》正总裁,纪昀为《四库全书》总纂官。永瑢是乾隆帝第六子;纪昀,字晓岚,是清代著名政治家、文学家。编纂《四库全书》时,编者们为"著录书""存目书"逐一撰写提要,于乾隆四十六年(1781)汇编成《四库全书总目提要》二百卷。为便于翻检,次年另编《四库全书简明目录》二十卷,不收存目书,提要从简。这是研究古代文史哲文献的重要工具书。若要查找重要古籍,了解其内容梗概,即可查阅该书。

《四库全书》现状

七部《四库全书》,其中三部毁于战争,目前仅剩四部。其中,文渊阁本现藏中国台北故宫博物院;文溯阁本现藏甘肃省图书馆;文津阁本现藏中国国家图书馆;文澜阁本已残缺,现藏于浙江省图书馆。

第87篇
曹雪芹创作《红楼梦》

乾隆中期，一部未写完的小说《石头记》（后称《红楼梦》）的抄本开始出现在北京的庙市上，并很快传抄到全国各地，甚至流布海外。到嘉庆初年，已经出现"遍于海内，家家喜闻，处处争购"的盛况，以至有"开谈不说《红楼梦》，读尽诗书是枉然"的说法。这部以个人和家族的历史为背景的长篇小说，在艺术上达到了中国古典小说的顶峰，深刻地打动着世人的心。

家世显赫，盛极而衰

《红楼梦》的作者曹雪芹（约1715—约1764），名霑，号雪芹。他曾祖父曹玺（xǐ）的妻子当过康熙的保姆。祖父曹寅小时候做过康熙的伴读。所以康熙当了皇帝后，曹家格外得到恩宠。曹玺、曹寅、曹雪芹的父亲曹頫（fǔ，一说曹頫为曹雪芹叔父，曹颙为曹雪芹父亲）等，世袭江宁（今南京市）织造的官职，三代人前后任职近六十年。江宁织造的职责主要是为皇帝采办丝织品及日常用品，名义上是个小官，实际上是康熙派驻江南、督察军政民情的心腹。康熙六次南巡，其中四次由曹寅接驾,并以江宁织造府为行宫。江宁织造控制江南的丝织业,从中获益。因此曹家在南京家世显赫,有权有势,极富极贵。

康熙死后,雍正即位,曹家遭冷落。雍正五年(1727),曹𫖯被革职入狱,家产抄没,全家迁回北京。家庭逐渐败落,子弟沦为社会底层。

耗尽心血创作《红楼梦》

曹雪芹一生恰好经历了曹家盛极而衰的过程。十三岁前,他在江宁织造府亲历了一段锦衣玉食、富贵风流的生活。十三岁后,他迁居北京,后来可能在"宗学"(皇族学堂)担任过杂差。晚年移居北京西郊一个小山村,靠卖字画和朋友接济为生,生活极为困顿。《红楼梦》就是在那里写成的。

曹雪芹前后花了十年时间,多次增删修改,才将《红楼梦》前八十回基本写定。这八十回书稿开始在亲友中传阅,然后以手抄本的形式流传到社会上。八十回以后的一些稿子则还未来得及整理,便在亲友借阅过程中遗失了。现在《红楼梦》的版本有两大系统:一为"脂本"系统,是八十回抄本,附有"脂砚斋"(曹雪芹一个隐名的亲友)的评语,所以称"脂本"。另一为"程本"系统,是由程伟元用活字排印的一百二十回本。后四十回,一般认为是高鹗等人续写的。

《红楼梦》的艺术成就

《红楼梦》这部小说的核心人物是贾宝玉,讲了以贾府为代表的贵族家庭一步步走向败落的故事,宝玉与黛玉、宝钗之间的悲剧爱情故事,以及大观园里众多女孩备受压迫甚至因此而死去的故事。

曹雪芹通过《红楼梦》表达的意思是多重的。首先,宝玉追求自由的生命和爱情,却不为社会所容许,发人深思。其次,作者把他所看到、感受到的人性的美与丑展现出来。以贾府为代表的封建社会是黑暗的,常常暴露出人性的虚伪、堕落与丑恶。大观园里的许多女孩最后虽然多是悲剧结局,但她们的生命是美好的。再次,作者揭示出贾府的败落已无可挽救。通过宝玉和黛玉等人的经历,作者让读者品尝人生的各种况味,让读者自己去思索人的命运之路应该怎样走。

曹雪芹有绝世的文学才华,《红楼梦》是他精心构思、用心写出的巨作,作品取得了杰出的艺术成就。全书有一个庞大而精致的长篇结构。从四大家族到外界社会,从皇宫到市井相牵连,反映的是整个社会。

他创造了个性鲜明的人物群像。小说写了四百多个人物,其中令人难忘的经典角色就有数十人之多。他打破了传统的写人手法,没有将人物简单地分成好人与坏人。在作者笔下,每个人物形象既有优点,又有缺点,都是活生生、有血有肉的。

《红楼梦》的语言精彩纷呈。叙事是成熟的白话,简洁而文雅。对话能切合人物的身份个性,闻其声如见其人。

曹雪芹在现实生活基础上大胆、巧妙地进行了艺术虚构,极富创造性和想象力。《红楼梦》中虽然有他自己和熟人的影子,但绝不是自传。正因为曹雪芹经历过封建贵族大家庭盛极而衰的过程,所以他能洞悉种种人情和世态,清醒地看到剥削阶级的腐朽和罪恶,深刻地认识生活、理解人性。《红楼梦》反映的现实,其涵盖面是很广的,其社会意义是极其深远的。它所达到的艺术成就，在世界文学史上，与英国莎士比亚、德国歌德、法国巴尔扎克、俄国托尔斯泰笔下的名著相比都毫不逊色。

红学

红学就是研究《红楼梦》的学问。研究《红楼梦》的专家和著名学者，被称为红学家。现当代著名红学家有胡适、蔡元培、俞平伯、周汝昌等。

第九章
近现代时期

第88篇
林则徐禁鸦片

清朝末期,社会上流行吸食鸦片,俗称大烟、烟土。这种毒品主要是由当时英国的鸦片贩子走私到中国的,既危害国民的身体,又大量赚取中国的白银。这时中国出了一位主张禁鸦片并付诸行动的钦差大臣林则徐。

林则徐(1785—1850),福建侯官(今福州)人,清朝政治家、思想家和诗人。他官至一品,两次受命钦差大臣,是近代中国的民族英雄。

虎门销烟

道光十八年(1838)九月,林则徐在两湖总督的官位上,向道光皇帝上书言事,痛陈西方国家对我国大量倾销鸦片的危害,会使数十年后,中原几乎没有可以御敌之兵,且没有足够的白银来充粮饷。道光读后深为所动,即于同年十二月任命林则徐为钦差大臣,派到广东查禁鸦片。

林则徐受命到广州以后,先弄清广州受鸦片毒害情况,查找各家烟馆,掌握大量第一手资料,然后会同两广总督邓廷桢等传讯十三行(鸦片战争前广州港口官府特许经营对外贸易的商行之总称）洋商，责令转交告诫文书，命外国鸦片贩子限期缴烟，并具结保证今后永不夹带鸦片。林则徐还严正声明："若鸦片一日不绝，本大人一日不回，誓与此事相始终，断无中止之理。"经过坚决的斗争，挫败英国驻华商务监督义律和鸦片贩子，收缴全部鸦片近两万箱，约二百三十七万余斤，于农历四月二十二日（6月3日）在广东虎门海滩上把鸦片当众销毁。林则徐的销烟行动，向全世界宣告了中华民族决不屈服于侵略者的决心。销烟的正义行动，得到了广大人民的支持，虎门海滩每天都有上万人观看，人们无不拍手称快。外国人看到这情形，也对林则徐禁烟的果断表示钦佩。虎门销烟是我国近代史上反帝斗争中的光辉一页。

开眼看世界的第一人

在广州禁烟的过程中，林则徐意识到英国殖民者不肯放弃罪恶的鸦片贸易，而且蓄谋要用武力侵略中国。为抗击鸦片侵略，战胜敌人，他主张"师夷之长技以制夷"，即向洋人学习先进军事技术，用以抵抗洋人的侵略。林则徐在广东一边禁烟，一边积极备战，修建炮台，拉拦江木排铁链，相信"民心可用"，招募五千多渔民编成水勇，屡败英军的挑衅。他着手加强和改善沿海一带的防御力量，专门从外国买来二百多门新式大炮配置在海口的炮台上。

林则徐亲自主持，组织翻译班子，把外国人讲述中国的言论翻译成《华事夷言》，作为当时中国官吏的一种"参考消息"；为了了解外国的军事、政治、经济情报，将英商主办的《广州周报》译成《澳门新闻报》；为了解西方的地理、历史、政治，又组织翻译了英国人慕瑞的《世界地理大全》，编为

《四洲志》——这是我国近代第一部比较系统地介绍世界地理的书。他还翻译瑞士法学家瓦特尔的《国际法》，其中一条规定："各国有禁止外国货物不准进口的权利。"说明中国禁烟完全合乎《国际法》。他开创了中国近代学习和研究西方的风气，对中国近代维新思想起到启蒙作用，被后人称为中国开眼看世界的第一人。

第一次鸦片战争

第一次鸦片战争是1840年至1842年英国对中国发动的一场战争，也是中国近代史的开端。1840年六月，英国政府以林则徐在广东虎门烧毁鸦片为借口，派军队抵达广东珠江口外，封锁海口，鸦片战争开始。战争前期，中国军民奋起抵抗，沉重打击英国侵略者，但是腐朽的封建制度抵抗不住英国的侵略，战争以中国失败而告终。1842年8月29日，清廷被迫签订了中国历史上第一个不平等条约《南京条约》。中国开始向外国割地、赔款，并丧失关税自主权，严重危害了中国的主权。鸦片战争使中国开始沦为半封建半殖民地社会，丧失独立自主的地位。

第89篇
太平天国运动

第一次鸦片战争之后,清朝统治者加紧了对人民的剥削,在矛盾激化之下,终于爆发了一场空前规模的反对清朝封建统治和外国资本主义侵略的农民起义战争,这就是由洪秀全领导的太平天国运动。

从科举考试失败者到天王

洪秀全(1814—1864),出身于广东花县的一个耕读之家。七岁上书塾,熟读四书五经,可是先后四次参加科举考试,都名落孙山,连秀才都没有考取。在深受打击的时候,洪秀全接触到译成中文的传道书《劝世良言》,被宣扬上帝的基督教教义打动。从此,他彻底抛开了孔孟之书,开始信奉上帝,追求人人平等的观念,并且逢人就宣传他所理解的基督教教义。

他编写了《原道救世歌》《原道醒世训》《原道觉世训》和《百正歌》等,和冯云山等人四处传教,吸收教徒,号召大家推翻清朝的封建统治,建立"天下一家,共享太平"的世界。1847年,洪秀全在广西桂平建立了"拜上帝会",吸收了后来成为太平天国主将的杨秀清、萧朝贵、韦昌辉等人。1851年1月11日，洪秀全在桂平的金田村发动了起义，建号太平天国，自称天王，史称金田起义。

太平军连打胜仗，一路北上，发布讨伐檄文，揭露清廷的腐败，号召人们一起反抗，得到了广大穷苦人民的支持，于是，太平军的队伍越来越壮大。1853年，太平军攻占金陵（今江苏省南京市），定为都城，改称天京，正式建立了太平天国政权，后期还颁布了纲领性文件《天朝田亩制度》，确立了"凡天下田，天下人同耕"的原则。

从分裂到失败

太平天国在军事上达到全盛时期没多久，领导集团就发生了内讧，为日后的失败埋下了祸根。

在天王洪秀全之下，太平军还有东王杨秀清、西王萧朝贵、南王冯云山、北王韦昌辉和翼王石达开等领导人物。后来，洪秀全和杨秀清的矛盾日渐加深，他就授意韦昌辉、石达开等人铲除杨秀清。韦昌辉素来与杨秀清不和，于是赶回天京，突袭东王府，杀了杨秀清及其家人、部下数万人，史称"天京事变"。晚一步抵达天京的石达开指责韦昌辉滥杀，二人不欢而散。于是韦昌辉又要除掉石达开，石达开连夜出逃，但是留在天京的一家老小却未能幸免。石达开起兵征讨韦昌辉，洪秀全又下令杀了韦昌辉及其亲信。由此，太平军损兵折将，元气大伤，由盛转衰。

其后，洪秀全不再用人唯贤，而是用人唯亲，迫使诸王中最有远见、最有实力的石达开出走，太平天国出现了分裂的局面。1864年六月，洪秀全病死，不久，曾国藩统辖的湘军攻破天京,历时十四年、纵横十几省的太平天国运动以失败告终。

虽然,太平天国运动失败了,但这场运动无论在规模上,还是在军事筹划和指挥水平上,都达到了中国旧式农民起义的巅峰,给中外反动势力以沉重的打击。

《曾国藩家书》

曾国藩是晚清著名政治家、理学家、文学家,湘军的创立者和统帅,与李鸿章、左宗棠、张之洞并称为"晚清中兴四大名臣"。在文学方面,他受桐城派的影响而又能自创一派风格,世称"湘乡派"。他著有多部文集,其中流传最广的是《曾国藩家书》,囊括他三十余年间的一千多封家书,内容涉及他一生的主要活动及其治政、治家、治学之道,行文从容自如,能在平淡家常中道出真知良言,极具说服力和感召力。

第90篇
英法联军火烧圆明园

在北京市海淀区,邻近颐和园,离清华大学西门不远,有个圆明园遗址公园,那里原来就是1860年第二次鸦片战争时期被英法联军烧毁的清代皇家园林圆明园所在的地方。

"万园之园"

圆明园始建于清康熙四十八年(1709),为环绕福海的圆明、万春园、长春园三园的总称。圆明园经几代皇帝精心扩建、营造,成为我国园林史上乃至世界园林史上的一座丰碑。

该园占地约五千二百亩,园中有宏伟的宫殿,有玲珑别致的楼阁亭台,园中汇集、再现了江南无数名胜景致,如苏州的狮子林、南京的瞻园、无锡的秦园、杭州的西湖十景等。一园之中,湖光山色,红墙黄瓦,花红柳绿,美不胜收。长春园内还建有一组仿法国、意大利等宫殿园林建筑的欧洲式宫苑,俗称"西洋楼"。此外,圆明园内还收藏、陈列了全国罕见的珍宝、文物字画、书稿典籍,实际上是一座中国传统文化的综合性博物馆,被誉为"一切造园艺术的典范"和"万园之园"。

第二次鸦片战争

第一次鸦片战争失败后,清政府被迫与英国签订了中国近代史上第一个不平等条约,即中英《南京条约》。为了进一步打开中国大门,英、法、美等西方国家便以修订条约为名,企图压迫清政府给其新的侵略权益。1854年,英国首先向中国提出要求修改已签订的《南京条约》的有关条款,美国和法国也接踵而来,均遭到清政府的拒绝。

1856年,英、法两国分别以亚罗号事件和马神父事件为借口发动战争,第二次鸦片战争爆发。1860年,英、法两国攻入北京。

英法联军洗劫圆明园

1860年9月,英、法两国使节与清政府在北京附近的通州谈判。谈判时,双方发生剧烈争议,英国的无礼要求被清政府拒绝,清政府最后将其一行三十九人作为人质扣留,押解回京。后在英、法两国强烈要求下,清政府释放人质,生还的仅有十八人。

1860年10月6日,英法联军占领圆明园,管园大臣文丰投福海而死。为了迫使清政府尽快接受议和条件,英国公使额尔金、英军统帅格兰特以清政府虐待使节为借口,命令米启尔中将于1860年10月18日率领侵略军直趋圆明园,圆明园成了一场"有组织劫掠"的目标。

士兵们砸碎花瓶和镜子,撕下画幅和卷轴;他们打破仓门抢夺丝绸,并用这些珍贵的织品包扎马匹;他们裹上皇后的凤袍，口袋里装满红宝石、蓝宝石、珍珠和水晶。

因为园内珍宝太多，他们甚至一时不知该拿何物为好。法军总司令孟托邦的儿子掠得的财宝可值三十万法郎，装满了好几辆马车。一个名叫赫利思的英军二等带兵官，一次即从园内窃得两座金佛塔及其他大量珍宝，找了七名壮夫替他搬运回军营。他因在圆明园劫掠致富，享用终身，得了个"中国詹姆"的绰号。

火烧圆明园

在洗劫圆明园后，英国公使额尔金下令，将圆明园烧掉。在其后的两天时间里，士兵们被分派到各个宫殿、宝塔和其他建筑中放火。尤为惨重的损失是帝国的图书及档案馆，约一万零五百卷图书档案，包括有关中国历史、科技、哲学及艺术最为稀世及精美的著作，都在大火中灰飞烟灭。大火连烧三天三夜，近三百名太监、宫女、工匠都被烧死。英法侵略者使这座世界名园化为一片废墟，成为世界文明史上罕有的暴行。

圆明园被英法联军烧毁，是中国人永远的痛。有评论说：一代名园圆明园的毁灭，既是西方侵略者野蛮摧残人类文化的见证，也是文明古国落后了也会挨打的证明。

《就英法联军远征中国给巴特勒上尉的信》

法国作家维克多·雨果在这封信中写道：

有一天，两个来自欧洲的强盗闯进了圆明园。一个强盗洗劫财物，另一个强盗在放火……将受到历史制裁的这两个强盗，一个叫法兰西，另一个叫英吉利。

第91篇
慈禧太后垂帘听政

慈禧（1835—1908），姓叶赫那拉，是咸丰皇帝的妃嫔，同治皇帝载淳的生母，晚清中国的政治核心人物。她作为清廷守旧派和帝国主义利益的代表者，祸国殃民，长达四十八年之久。

辛酉政变

1860年9月英法联军逼近北京，咸丰皇帝急忙带着他的皇后钮祜禄氏（后来的慈安太后）和懿贵妃叶赫那拉氏（后来的慈禧太后）以及一班亲信，逃亡到热河承德，由恭亲王奕䜣留下来向侵略者求和。奕䜣费尽周折，最后签订了丧权辱国的《北京条约》。

1861年8月22日，咸丰在签订《北京条约》后不久就病死了，他唯一的儿子六岁的载淳即位，年号定为"祺祥"。载淳尊先帝皇后钮祜禄氏为母后皇太后，徽号慈安，尊自己的生母懿贵妃为圣母皇太后，徽号慈禧。从此有"慈禧太后"的称呼。

慈禧刚刚坐上圣母皇太后的宝座，就迫不及待地揽权。

她联合恭亲王奕䜣，打倒顾命八大臣，夺取了政权。这场宫廷政变，因时间在夏历辛酉年，故历史上称辛酉政变。辛酉政变后，恭亲王奕䜣为议政王，两宫太后垂帘听政。

垂帘听政后祸国殃民

政变成功后，慈禧废除了原来小皇帝载淳的"祺祥"年号，改为"同治"，意思是太后同皇帝共同治理国家。

她继续重用由肃顺提拔的曾国藩，又对外勾结帝国主义势力，联手绞杀了太平天国，因而得到了统治阶层的赞赏。以后她继续施展权术和阴谋，处决掌握兵权的胜保，削弱议政王奕䜣的权力，终于巩固了她的独裁统治。

1875年1月12日，同治帝载淳去世，只活了十九岁。醇亲王奕譞的儿子载湉继承皇位，即光绪皇帝。两宫太后仍垂帘听政。1898年6月，光绪实行变法，慈禧等人发动戊戌政变，拘禁光绪皇帝，致使变法失败。

1900年8月14日，八国联军攻入北京。次日慈禧逃往西安，同时令奕劻、李鸿章为全权大臣，与列强谈判，把战争的责任推到义和团身上，下令对义和团"痛加剿除"。1901年9月7日与十一个帝国主义国家签订了丧权辱国的《辛丑条约》，规定按照当时中国人口的数量赔款四亿五千万两白银，分三十九年还清，本息共计约九亿八千万两白银。

1908年11月14日，光绪皇帝驾崩。光绪无子，慈禧立光绪帝胞弟载沣的长子、三岁的溥仪为帝，年号宣统，慈禧被尊为太皇太后。1908年11月15日，慈禧病逝。

在她把持朝政期间，几任皇帝都只是她的傀儡。当世界上其他许多国家通过改革在科技、经济上突飞猛进之时，清王朝却在慈禧的倒行逆施中死气沉沉，止步不前，终于陷入越来越深的危机之中。

慈禧的寿诞

1884年，慈禧五十大寿，中法战争爆发。结果中国不败而败，清廷竟与战败国法国签订了丧权辱国的条约，开放了云南等地。1894年，慈禧六十大寿，中日甲午海战爆发，结果北洋舰队全军覆没，签订《马关条约》，中国割让台湾等地。1904年，慈禧七十大寿，日俄战争爆发，战场却在中国的东北，致使东三省领土备受蹂躏。一人大寿，百姓涂炭。可以说，慈禧的几次寿辰，都是以国家的苦难为代价。

第92篇
中日甲午战争

中日甲午战争是发生在1894年的日本侵略中国和朝鲜的战争。按中国干支纪年，战争爆发的1894年为甲午年，故称甲午战争。

日本明治维新后对外积极侵略扩张

1868年日本明治天皇建立新政府，开始近代政治改革运动，这就是日本的明治维新。这时日本向欧美学习，进行工业化，开始走上资本主义道路，急需对外输出商品和资本。但日本作为一个岛国，国内本身资源匮乏、市场狭小，国内封建残余势力浓厚，社会转型期各种矛盾尖锐。为了寻找出路，以天皇为首的日本统治集团对外积极侵略扩张，把目标锁定在中国和朝鲜。

当时，清朝兴起洋务运动。洋务派登上清朝的政治舞台后，大规模引进西方先进的科学技术，兴办近代化军事工业和民用企业。清朝于1888年正式建立了北洋水师，成为亚洲一支强大的海军力量。但清朝并未像日本那样变革国家制度，因此并未使中国走上富国强兵的道路。清政府政治十分腐败，人民生活困苦，官场中各派系明争暗斗、尔虞我诈，国防军事外强中干，纪律松弛。这就为后来中日甲午战争的失败埋下祸根。

甲午战争

朝鲜问题是日本发动侵略战争的突破口。1894年，朝鲜爆发东学党起义，朝鲜政府军节节败退，被迫向宗主国清朝求援，日本乘机派兵到朝鲜，蓄意挑起战争。7月25日，日本不宣而战，在丰岛海面袭击了增援朝鲜的清军运兵船"济远"和"广乙"，又在海战中悍然击沉了清军借来运兵的英国商轮"高升"号。至此，日本终于引爆了中日甲午战争。

1894年9月15日的平壤之战与9月17日的黄海海战，成为中日甲午战争的转折点，自此以后，日军掌握战场主动权，开始在中国境内迅速推进。

平壤之战是双方陆军首次大规模作战。当时驻守平壤的清军共三十五营，一万五千人，进攻平壤的日军有一万六千多人，双方兵力旗鼓相当。主帅叶志超指挥失误和临阵脱逃，导致清军失败，日军占领朝鲜全境。平壤之战中，杰出将领左宝贵面对友军溃逃、敌军压境的境况，毅然殊死抵抗，直至殉国。

黄海海战发生于1894年9月17日，即平壤陷落之后，日本联合舰队终于在鸭绿江口大东沟附近的黄海海面挑起一场激烈的海战，这是甲午战争中继丰岛海战后的第二次海战，也是中日双方海军主力的一次决战。这一仗，清朝的北洋水师失败，共损失五艘战舰，日本多艘战舰重伤，但未沉一舰。战斗中，清军涌现出许多英雄人物和感人事迹。提督（舰队司令）丁汝昌身受重伤，不下火线，坐于甲板上鼓舞士气。"致远"舰中弹全舰着火，管带（舰长）邓世昌下令高速撞向敌舰"吉野"，不幸被敌鱼雷击中，全舰官兵共二百五十二人壮烈战死。其余战舰上的士兵也顽强奋战，毫无恐惧之态，负伤士兵仍裹创参战。此战后，北洋舰队退入山东的威海卫，使黄海制海权落入日本舰队手中。

威海卫之战是保卫北洋海军根据地的防御战，也是北洋舰队的最后一战。1895年3月17日，日军在刘公岛登陆，威海卫海军基地陷落，北洋舰队全军覆没。

《马关条约》

清政府掌握朝廷大权的主和派人物慈禧太后和李鸿章，从战争一开始就不打算使战争继续下去。慈禧为了准备她在1894年的六十寿诞，就挪用军费造颐和园。1895年3月，她派李鸿章为头等全权大臣，前往日本马关（今下关）与日本首相伊藤博文、外务大臣陆奥宗光谈判。4月17日，李鸿章代表清政府与日本签订丧权辱国的《马关条约》。中国承认日本对朝鲜的控制；中国台湾岛割让给日本；中国"赔偿"日本军费白银两亿两；后增加三千万两"赎辽费"，用于赎回被日本割让的辽东。

应当肯定，甲午战争中的爱国官兵与日本侵略者进行了殊死的激战，他们的爱国精神永远为后人所记得。但由于以慈禧太后为代表的清政府的腐败，加上清军的指挥不力，中国在甲午战争中失败了。清朝历时三十余年的洋务运动取得的近代化成果化为乌有，割地赔款，主权沦丧。列强侵华进入了一个新阶段，掀起了瓜分中国的狂潮，大大加深了中国的半殖民地化，加深了中华民族的危机。

洋务运动

洋务运动是指晚清统治阶级中的洋务派所进行的一场引进西方军事装备、机器生产和科学技术以维护清朝统治的自救运动。洋务派是第二次鸦片战争后，清朝统治阶级内部出现的政治派别。洋务派在中央主要是以恭亲王奕䜣、文祥为代表的满族宗亲贵族官员，在地方是以曾国藩、李鸿章、左宗棠、张之洞为代表的汉族官员。慈禧为巩固自己的统治地位而扶植洋务派。甲午战争中北洋海军被日本打败，标志洋务运动的失败。但洋务运动引进了西方先进的科学技术，使中国出现了第一批近代化企业，在客观上为中国民族资本主义的产生和发展起到了促进作用。

第93篇
戊戌变法

1898年,按中国干支纪年是戊戌年。1898年6月11日至9月21日,维新派人士通过光绪帝进行倡导学习西方,提倡科学文化,改革政治、教育制度,发展农、工、商业等的政治改良运动,历史上称为"戊戌变法",又称"百日维新"。

先进的中国人开始寻找新的救国救民道路

北洋水师在中日甲午战争中的失败,以及《马关条约》的签订,让中国遭受割地、赔款,以及大量主权进一步丧失的厄运。英、美、法、德、俄、奥、意、日等列强趁机掀起侵略中国的狂潮,中国被分割成了列强的一块块"势力范围",整个国家已呈现被瓜分的形势。亡国灭种的危急形势迫使一些先进的中国人开始寻找新的救国救民道路。

以康有为、梁启超为代表的维新派就是在此时登上了历史舞台。"维新"就是反对旧的,提倡新的,主张变更旧法,实行新政。甲午战争失败后,维新派人士认为洋务运动仅将"制器"作为学习的重点是不够的,中国真正要学习的是西方先进的政治制度。康有为、梁启超等人主张政治改良,改封建君主专制制度为君主立宪制度，大力宣传西方的政治制度。

百日维新

1897年冬，德国出兵强占胶州湾，引发了列强瓜分中国的狂潮。在严重的民族危机激发下，维新变法运动迅速高涨。康有为上书光绪帝，指出形势迫在眉睫，再不变法，就会国亡民危。后来，光绪帝接见康有为，表示不做"亡国之君"，让康有为全面筹划变法。

1898年6月11日，光绪帝颁布了《明定国是诏》，变法正式开始。变法期间，光绪帝先后发布上百道变法诏令。变革的主要内容是改革政府机构，裁撤冗官，任用维新人士；鼓励私人兴办工矿企业；开办新式学堂吸引人才，翻译西方书籍，传播新思想；创办报刊，开放言论；训练新式陆军、海军；同时规定，今后科举考试废除八股文，取消多余的衙门和无用的官职。变法后，梁启超入京协助康有为等促成变法，显示了卓越的宣传和组织才能。

但戊戌变法损害了以慈禧太后为首的守旧派的利益，所以遭到强烈抵制与反对。1898年9月21日，慈禧太后等发动戊戌政变，光绪帝被囚至中南海瀛台，维新派的康有为、梁启超分别逃往法国、日本。历时一百零三天的变法失败。梁启超临走前曾劝谭嗣同一起去日本，谭嗣同却说："各国变法，无不从流血而成，现在中国还没听说有为变法而流血的人，那么，就请从我开始吧！"9月28日，在北京菜市口，谭嗣同、杨锐、刘光第、林旭、杨深秀、康广仁六人被杀害。

戊戌变法失败的原因及意义

戊戌变法失败的原因在于：一、守旧派势力强大。当时国家的最高权力不在光绪手中，而是被以慈禧为首的守旧派所掌握，维新派只有少数几个人，且没有实权。二、维新派缺乏正确的理论指导。康有为的《孔子改制考》，企图托古改制，没有说服力。三、维新派缺乏坚强的组织领导，脱离广大人民群众，只寄希望于没有实权的光绪和极少数的官僚，甚至对帝国主义抱有不切实际的幻想。比如康有为跟日本关系密切，力邀日本前首相伊藤博文（策划中日甲午战争的主要人物）当光绪帝的顾问。

戊戌变法是中国近代史上一次重要的政治改革，也是一次思想启蒙运动，为促进中国近代社会的进步起了重要推动作用。戊戌变法虽然被以慈禧太后为首的守旧派扼杀了，但也为之后爆发的辛亥革命打下了思想基础。百日维新后，新式文化事业兴起，国内出现办学热，创办新式报刊，出版新书，成为1919年"五四"新文化运动的前奏。

知识加油站

公车上书

公车,指公家的车马。汉代有以公家车马送应试考生赴京的传统,后来,人们就用"公车"作为举人入京应试的代称。公车上书,这里特指1895年,康有为率梁启超等十八省多名举人(各省有资格的赴京考生)联名上书光绪帝,反对清政府签订丧权辱国的《马关条约》的事件。也有学者认为,那是一次流产的政治事件,康有为组织的联名上书,没有送到御前。但这标志着酝酿多年的资产阶级维新变法思潮已发展为一次重要的爱国救亡政治活动。

梁启超《少年中国说》

《少年中国说》是梁启超所作的散文,写于戊戌变法失败后的1900年,文中歌颂少年的朝气蓬勃,提出"少年智则国智,少年富则国富;少年强则国强,少年独立则国独立",热切希望出现"少年中国",振奋人民的精神。

第94篇
孙中山建立同盟会

中国同盟会,是中国清朝末年,由孙中山领导和组织的一个统一的全国性资产阶级革命政党。孙中山(1866—1925),名文,字载之,号日新,又号逸仙,化名中山樵,广东香山人。他是中国近代伟大的民主革命先行者。

中国革命民主派的旗帜——孙中山

1892年,孙中山毕业于香港西医学院。随后在澳门、广州等地一面行医,一面结纳反清秘密会社,准备创立革命团体。1894年,孙中山去美国檀香山,在华侨中宣传反清革命,创立了兴中会,取"振兴中华"之意。1896年10月,在英国伦敦曾被清公使馆诱捕,经英国友人康德黎等营救脱险。此后,孙中山详细考察欧美各国的经济、政治状况,研究了多种流派的政治学说,并与欧美各国进步人士接触,产生了民生主义理论,三民主义思想由此初步形成。1905年7月,在日本东京,他倡导筹备成立中国同盟会。

1905年8月13日,中国留日学生在东京开会欢迎孙中山。虽正值暑假期间,但到会者竟达一千八百余人。宋教仁致欢迎词后，孙中山做了两小时演说。他说："现在中国要由我们四万万国民兴起。今天我们是最先兴起一日，从今后要用尽我们的力量，提起这件改革的事情来。我们放下精神说要中国兴，中国断断乎没有不兴的道理。"掌声阵阵，经久不息。陈天华欢呼孙中山"是吾四万万人之代表也，是中国英雄中之英雄也"。欢迎会成为建立中国同盟会的动员大会。

同盟会的建立、分裂与解体

1905年8月20日，中国同盟会在东京成立。中国同盟会由湖南华兴会（黄兴、宋教仁、陈天华等）、广东兴中会（孙中山、胡汉民、汪精卫等）和江浙光复会（陶成章、章炳麟、蔡元培、秋瑾等）合并而成，孙中山被推举为总理；政治纲领为孙中山提出的"驱除鞑虏，恢复中华，创立民国，平均地权"，也称十六字纲领。在同盟会机关报《民报》发刊词中，孙中山首次提出民族、民权、民生三大主义。同盟会的成立，将原来分属各地的革命组织统一起来，使革命派有了一个核心组织，有力地推动了资产阶级民主革命运动的发展。

孙中山派人到国内外各地发展组织、宣传革命。他自己也在1905年至1906年间赴东南亚各地向华侨宣传和募集革命经费，在一些地方创立同盟会的支部。他广泛传播资产阶级民主共和思想，使更多的人投身于反清革命。

从1906年至1911年，同盟会在华南各地组织多次武装起义，试图推翻清政府，但都没有成功。1907年12月广西镇南关起义时，孙中山还亲临前线参加战斗。各次起义都因缺乏群众基础、组织不够严密而失败，但革命党人前仆后继，英勇战斗，给清政府以沉重的打击，给全国人民以极大的鼓舞。

孙中山领导的对改良派的批判，为1911年辛亥革命的爆发做了有力的思想准备。

1911年武昌起义前后，由于同盟会组织不严密，政见上有分歧，内部四分五裂。1912年8月7日，在宋教仁的组织下，同盟会与其他反清团体联合在北京成立中国国民党，同盟会解体。从1905年成立到1912年蜕化为国民党，同盟会存在了七年。

"鉴湖女侠"秋瑾

在第一批为推翻清王朝而牺牲的革命先烈中，特别要提的是同盟会会员、女英雄、女诗人秋瑾（1875—1907）。她是浙江绍兴人，提倡女权女学，在诗词方面有很高成就。1905年，秋瑾由绍兴人徐锡麟介绍参加光复会。同年七月，秋瑾在日本由冯自由介绍加入同盟会，被推为评议部评议员和浙江主盟人。1907年，她主持光复会在绍兴的据点绍兴大通学堂，联络反清会党，与在安徽安庆的徐锡麟约定当年7月6日同时起义。结果徐锡麟起义失败，受案件牵连，秋瑾在绍兴被捕。7月15日凌晨，秋瑾从容就义于绍兴轩亭口，年仅三十二岁。孙中山称秋瑾为"最好的同志秋女侠"，为她题词"鉴湖女侠千古巾帼英雄"。

第95篇
武昌起义

武昌起义是指1911年10月10日（农历辛亥年八月十九日）在湖北武昌发生的一场目的在推翻清朝统治的武装起义。武昌起义因发生在1911年，即辛亥年，历史上也称辛亥革命。

武昌起义的准备

1905年8月中国同盟会成立后，同盟会领导革命党人发动了以推翻腐朽的清朝封建统治、建立资产阶级共和国为目的的一次又一次武装起义。其中1911年4月的广州黄花岗起义，是武昌起义前最著名的一次武装起义，起义失败，许多烈士献出了宝贵的生命。

光复会也在1907年由徐锡麟、秋瑾试图在安徽安庆、浙江绍兴起义，结果失败了。1908年11月光复会又发动安庆新军马炮营起义，结果也失败了。但它是辛亥革命时期多次武装起义中，第一次由新军举行的起义。所谓新军，指晚清政府用西方的方法训练的新式军队。新军向革命转化，与革命党人深入新军内部的宣传教育、争取引导分不开。

同盟会和光复会组织的这些起义在不同程度上打击了清

朝统治，为后来武昌起义一举成功准备了条件。

武昌起义的导火线

1911年5月，清朝政府为取得外国的支持，以维护其统治，将广东、四川、湖北、湖南等地的商办铁路川汉、粤汉铁路筑路权收归"国有"，马上又出卖给英、法、德、美四国银行团，四川人民首先反对，并成立保路同志会，掀起了全国大规模的人民保路运动，又称铁路风潮。在保路运动大潮中，1911年9月25日，同盟会员吴玉章、王天杰等人在四川荣县"宣布独立，自理县政"，第一个成立县级革命军政府，脱离清王朝统治。保路运动和荣县首义成为武昌起义的导火线。

清廷为镇压四川的人民起义，派出大臣端方率领部分湖北新军进入四川，致使清军在湖北的防御力量减弱，湖北两大革命团体决定在武昌发动起义。一个是"文学社"，蒋翊武任社长，他们借"研究文学"为名，在新军中开展革命活动，吸收社员五千余人；另一个是"共进会"，孙武为湖北的主盟，他们也在新军中活动。

1911年9月14日，文学社和共进会在同盟会的推动下，建立了统一的起义领导机关，联合反清。9月24日，两个革命团体召开联席会议，决定10月6日发动起义。以蒋翊武为军事总指挥，孙武为参谋长，以文学社的机关为临时总司令部。

武昌起义的第一枪

武昌起义前夕，因情况不断变化，起义时间被迫推迟。新军中的革命党人自行联络，约定以枪声为号，于1911年10

月10日晚发动起义。湖北新军革命党人当晚打响起义第一枪，占领军械库，攻破总督官府。汉阳、汉口的革命党人跟着响应，两天时间，汉阳和汉口先后光复。起义军占领武汉三镇后，成立了湖北军政府，推举湖北新军协统（旅长）黎元洪为湖北都督，改国号为中华民国，并号召各省民众起义响应。

起义的消息传到清廷后，清政府派兵前往武汉镇压。为了阻止清军南下，武汉军政府迅速做出决定，令革命党军队扫荡汉口的清军残余势力，并及时向北推进。革命军从10月18日出战汉口，到11月27日汉阳失陷，前后战斗四十一天，数千革命军将士英勇牺牲，历史上称"阳夏保卫战"。12月1日，湖北军政府代表蒋翊武和吴兆麟，北洋总理大臣袁世凯代表刘承恩和蔡廷干，在武昌宝通寺签订停战协议。武昌起义军有效地牵制了清军主力，为南方各省的独立争取了宝贵的时间。湖南、广东、浙江等十五个省纷纷宣布脱离清政府独立。

1912年1月1日，中华民国临时政府在南京成立，孙中山被推举为临时大总统。1912年2月12日，清帝溥仪退位，清朝灭亡。

知识加油站

打响辛亥革命第一枪的熊秉坤

熊秉坤（1885—1969），湖北江夏（今武汉）人，共进会会员，任湖北新军工程第八营革命军大队长。1911年10月10日，武昌城门紧闭。身着宪兵制服的清军到处搜捕抓人。熊秉坤当机立断，利用早餐机会集中各队党人代表，号召大家率先起义，以免贻误时机。他率工程兵首先发难，占领楚望台军械局，有"打响辛亥革命第一枪"之誉。

第96篇 五四运动

1919年爆发的五四运动是中国近代以来一次彻底的反帝反封建的群众爱国运动,是中国旧民主主义革命到新民主主义革命的转折点。

巴黎和会中国外交失败

1914年7月至1918年11月,发生了第一次世界大战。1915年1月,日本趁第一次世界大战期间欧美各国无暇东顾的时机,向中国提出企图控制中国领土、政治、军事、财政等的"二十一条",中华民国大总统袁世凯接纳了其中大多数的要求。消息披露后,激起了中国知识分子及民众对日本以及北京政府的强烈不满,引起了不少的群众反日活动。1917年8月14日,北京政府向德国宣战,成为第一次世界大战的参战国。1918年11月第一次世界大战结束,德国战败。

1919年1月18日,战胜国在巴黎召开"和平会议",中国作为第一次世界大战协约国之一参加会议。北京政府总统徐世昌派外交总长陆征祥为代表团委员长,率顾维钧(驻美国公使)、王正廷(广州政府代表)、施肇基(驻英国公使)、魏宸组（驻比利时公使）等人赴巴黎出席巴黎和会。中国代表在和会上提出取消列强在华的各项特权，取消日本帝国主义与袁世凯订立的"二十一条"等不平等条约，归还大战期间日本从德国手中夺去的山东各项权利等正义要求。但巴黎和会在帝国主义列强操纵下，不仅拒绝中国的要求，还将对德和约上明文规定把德国在山东的特权全部转让给日本。巴黎和会中，中国政府的外交失败，直接引发了中国民众的强烈不满，从而引发了五四运动。

北京爆发学生运动

在获悉巴黎和会情况之后，5月3日晚，北京大学学生在法科大礼堂举行大会，北京高等师范学校（现北京师范大学）、北京法政专门学校、北京高等工业专科学校等学校也有代表参加。学生代表发言，情绪激昂，号召大家奋起救国，决定通电巴黎专使，坚持不在和约上签字，并要求次日齐集天安门举行北京学界大游行。

5月4日中午，北京大学和其他十几所院校的学生代表三千多人陆陆续续向天安门广场汇集。下午两点整，游行示威正式开始。他们打出"誓死力争，还我青岛""收回山东权利""拒绝和约签字""废除二十一条""抵制日货""外争主权，内除国贼"等标语口号，并且要求惩办交通总长曹汝霖、币制局总裁陆宗舆、驻日公使章宗祥。

担任此次学生游行总指挥的是北大文科生、山东聊城人傅斯年，他高举一面大旗，不时带领大家一起振臂高呼。游行队伍来到东交民巷使馆区时，受到军警的阻拦。学生们被激怒了。这时候，队伍里有人高喊"大家往外交部去，大家往曹汝霖家里去"。北京高等师范学校数理部学生、湖南邵阳人匡互生第一个冲进曹宅。曹汝霖躲起来了，学生没找到曹汝霖，气愤地一把火点着了曹宅。驻日公使章宗祥因进京述职，正寄居在曹家，被学生发现，遭到了痛打。随后，军警出面控制事态，并逮捕了学生代表三十二人。大总统徐世昌下令镇压，但遭到社会各界的抗议。

爱国运动发展到全国范围

5月11日，上海成立学生联合会。5月14日，天津学生联合会成立。广州、南京、杭州、武汉、济南的学生和工人也给予支持。5月19日，北京各校学生同时宣告罢课。全国多个城市的学生也先后宣告罢课，支持北京学生的斗争。

6月5日，上海工人开始大规模罢工，以响应学生。至此，运动的主力由北京转向了上海，运动的主力也从学生转为工人。6月6日，上海各界联合会成立，反对开课、开市，并且联合其他地区开展运动。接着，各地工商业资本家也加入了斗争的行列，举行罢市，爱国运动在二十多个省一百五十多个城市掀起浪潮。中国工人阶级参加斗争，对五四运动的胜利起了重要作用。

面对强大社会舆论压力，曹汝霖、陆宗舆、章宗祥相继被免职，总统徐世昌提出辞职。6月12日以后，工人相继复工，学生停止罢课。6月28日，中国代表最终拒绝在凡尔赛和约上签字。

五四青年节

为了纪念反帝爱国的五四运动所取得的胜利,特别是青年学生在这场爱国行动中的精神,每年的5月4日被定为中国的青年节。

第97篇 中国共产党成立

1921年7月底的一天,一条游船缓缓行驶在嘉兴南湖的水面上。船上的十几个人无心欣赏秀丽的风光,而是在聚精会神地开会。这是中国现代历史上命运攸关的一次会议——中国共产党第一次全国代表大会。

早期马克思主义在中国的传播

在中国传播马克思主义最早的革命先驱者是李大钊(1889—1927),河北乐亭人。1918年担任北京大学图书馆主任,后兼任经济学教授。1919年5月,李大钊在《新青年》第六卷第五期"马克思主义专号"上发表了全面系统地介绍马克思主义的专著《我的马克思主义观》。这标志着马克思主义在中国进入比较系统的传播阶段。

毛泽东在长沙曾通过《湘江评论》和《新民学会》宣传十月革命和马克思主义。周恩来先在天津,后在法国留学生中努力宣传马克思主义。

1920年初,浙江义乌人陈望道接受上海《星期评论》编辑李汉俊等人的委托,翻译《共产党宣言》。《共产党宣言》

是马克思和恩格斯为共产主义者同盟起草的党纲，是科学社会主义的纲领性文献。同年4月末，陈望道在义乌老家的柴房里，译完《共产党宣言》全文。8月便在上海首次出版印刷一千本，很快售罄，当即再版，仍然一售而空。

各地共产主义小组的建立

1920年初，李大钊、陈独秀等开始了建党的探索和酝酿。4月，俄国共产党布尔什维克西伯利亚局，派维经斯基等一行来华，先在北京会见了李大钊，后由李大钊介绍到上海会见陈独秀，共同商谈讨论了建党问题，促进了中国共产党的创立。

从5月开始，陈独秀邀约李汉俊、李达、俞秀松等人多次商谈建党的问题。8月，陈独秀在上海成立了中国共产党的发起组。10月，李大钊在北京建立了共产主义小组。接着，湖南、湖北、山东、广东等地相继建立了党的早期组织。在法国和日本也由留学生中的先进分子组成了党的早期组织。这些组织后来统称为各地共产主义小组。

各地共产主义小组建立以后，开展了多方面的革命活动。1920年9月，上海把《新青年》杂志改为党的公开刊物；有的小组创办了一批面向工人的通俗刊物，上海有《劳动界》，北京有《工人月刊》，广州有《劳动者》等。有的积极深入工人群众，举办工人夜校，建立工会组织。各地建立社会主义青年团，发展了一批团员，成为党的有力助手和后备军。

中国共产党正式成立

1921年6月,共产国际派马林等到上海。他们建议召开党的全国代表大会,正式成立中国共产党。上海党的发起组在李达的主持下进行了全国代表大会的筹备工作,并向各地党的组织写信发出通知,要求各地选派两名代表出席大会。来自北京、汉口、广州、长沙、济南和日本的代表7月23日全部到达上海。

1921年7月23日,中国共产党第一次全国代表大会在上海兴业路76号(原望志路106号)举行。参加会议的各地代表有:李达、李汉俊、张国焘、刘仁静、毛泽东、何叔衡、王尽美、邓恩铭、陈潭秋、董必武、周佛海、陈公博,陈独秀本人没有到会,派遣包惠僧参加了会议。他们代表着全国五十多名党员。共产国际代表马林和尼科尔斯基列席了会议。在会议进行过程中,突然有法租界巡捕闯进了会场,会议被迫中断。

7月底,会议转到浙江嘉兴南湖的一艘游船上举行。经过讨论,大会通过了中国共产党的第一个纲领和决议。大会选举产生党的领导机构中央局,陈独秀为书记,张国焘负责组织,李达负责宣传。

党的一大宣告了中国共产党的正式成立。这给灾难深重的中国人民带来了光明和希望,给中国革命指明了方向。由于中国共产党的第一次全国代表大会召开于7月,而在战争年代档案资料难寻,具体开幕日期无法查证。因此,1941年6月在党成立二十周年之际,中共中央发文正式规定,7月1日为党的诞生纪念日。

《新青年》

陈独秀（1879—1942），安徽怀宁（今安庆）人，中国共产党的创建人和早期领导人之一。1915年创办《青年杂志》，后改名为《新青年》，高举"民主"和"科学"两面大旗，掀起中国近代思想启蒙运动。《新青年》杂志对早期马克思主义在中国的传播有重要影响。

第98篇
十四年抗日战争

1931年，日军在东北发动"九一八"事变，开始侵华战争，霸占中国东北三省。1937年"七七"事变（卢沟桥事变），日军全面侵华。1945年8月15日，裕仁天皇宣布日本无条件投降，9月2日正式签订投降协议。至此，日本侵华战争结束，前后共计十四年。

"九一八"事变

"九一八"事变是日本在中国东北蓄意制造并发动的一场侵华战争，是日本企图把中国变为其独占的殖民地而采取的重要步骤。1931年9月18日夜，在日本关东军安排下，日本铁道守备队在东北军驻地北大营不远处的柳条湖南满铁路段上自己炸毁了一小段铁路，诬称中国军队破坏铁路并袭击日守备队。日军以此为借口，炮轰沈阳东北军驻地北大营，这就是"九一八"事变。次日，日军侵占沈阳，又陆续侵占了东北三省。1932年2月，东北全境沦陷。此后，日本在中国东北建立了伪满洲国傀儡政权，开始了对东北人民的殖民统治。

东北沦陷后，东北人民随即开始了英勇反抗日本入侵者的斗争。东北人民的抗日斗争，包括抗日武装斗争、各阶层人民的反满抗日运动，以及流亡关内东北民众的抗日复土斗争。东北人民抗日期间出现了无数可歌可泣的英雄人物，如由中国共产党创建和领导的东北抗日联军的杨靖宇将军、赵尚志将军、女英雄赵一曼等。他们代表了东北人民顽强不屈的抗日爱国精神。

"七七"事变

1937年7月7日夜，日军在北平西南卢沟桥附近演习时，借口一名士兵"失踪"，要求进入宛平县城搜查，遭到中国守军第二十九军严词拒绝。日军就向中国守军开枪射击，又炮轰宛平城。第二十九军奋起抗战。这就是震惊中外的"七七"事变，又称卢沟桥事变。"七七"事变是日本帝国主义全面侵华战争的开始，也是中华民族全面抗战的起点。

7月8日，中共中央通电全国，坚决表明反对日本帝国主义侵略的坚定立场。7月17日，蒋介石在庐山发表《对卢沟桥事件之严正声明》，号召全民族抗战。7月31日，蒋介石发表《告抗战全体将士书》，宣告战争已经全面爆发。8月22日，中国共产党领导的中国工农红军一、二、四方面军改编为国民革命军第八路军。八路军主力在朱德、彭德怀率领下相继挺进华北抗日前线。10月，南方八省十四个地区的红军和游击队，改编为国民革命军陆军新编第四军，参加抗日。

抗日战争时期，中国始终存在着两个战场，即共产党领导的敌后战场和国民党领导的正面战场。正面战场上，中国军队与日本侵略军先后进行了数十次会战以及大小战役，歼灭日军五十五万人。著名的战役如1938年3月发生在山东南部的台儿庄血战，在一个月的激战中，毙伤日军两万余人。这次战役鼓舞了全民族的士气。中国共产党领导的八路军、新四军、华南人民抗日游击队主要在日军后方及日占区进行游击战，共歼灭日军五十二万七千人，歼灭伪军一百一十八万七千人。著名的战斗，如1937年9月25日，八路军在山西省平型关伏击战的胜利，有力配合了山西国民党军负责的第二战区正面战场的防御作战，是八路军出师以来打的第一个大胜仗。

日军侵华罪行罄竹难书

日军在侵华的十四年中，对中国人民犯下了滔天罪行。他们从中国掠夺去无数的战略资源，对中国人民烧杀抢掠，无恶不作。驻扎在黑龙江哈尔滨的日本关东军七三一部队是开展细菌战的特种部队，用活人解剖试验，是屠杀中国人民的主要罪证之一。1937年12月13日，南京沦陷后，侵华日军在南京大屠杀，大量平民及战俘被日军杀害，遇难人数超过三十万。南京大屠杀是侵华日军公然违反国际条约和人类基本道德准则的罪行。

1945年7月26日，美、英、中三国共同发表《波茨坦公告》，敦促日本无条件投降。1945年8月6日和9日，美军分别在日本广岛、长崎投下原子弹。苏联红军在8月8日对日宣战，出兵中国东北。8月9日，中共中央主席毛泽东发表《对日寇的最后一战》，号召中国人民团结一切抗日力量立即举行全国规模的大反攻，与盟国一起对日本进行最后的决战。8月15日，日本裕仁天皇宣布无条件投降。中国人民经过十四年艰苦卓绝的奋战，终于取得了抗日战争的最后胜利。

《开罗宣言》

中、美、英三国首脑于1943年11月22日至26日在埃及开罗举行会议。1943年12月1日，美国白宫发表宣言，宣示了协同对日作战的宗旨，承诺了处置日本侵略者的安排。这就是有名的《开罗宣言》。其中条文有：三国之宗旨，在剥夺日本自从1914年第一次世界大战开始后在太平洋上所夺得或占领之一切岛屿；在使日本所窃取于中国之领土，例如东北四省、台湾、澎湖群岛等，归还中国。

《波茨坦公告》

1945年7月26日，在德国波茨坦，中、美、英三国领导人发表《中美英三国促令日本投降之波茨坦公告》，简称《波茨坦公告》。这篇公告的主要内容是声明三国在战胜纳粹德国后一起致力于战胜日本以及履行《开罗宣言》等对战后日本的处理方式的决定。主要内容包括重申《开罗宣言》的条件必须实施，日本投降后，其主权只限于本州、北海道、九州、四国及由盟国指定的岛屿；军队完全解除武装；战犯交付审判；等等。

第99篇
解放战争的三大战役

解放战争的三大战役是指1948年9月至1949年1月,中国人民解放军同国民党军队进行的战略决战,包括辽沈战役、淮海战役、平津战役,起义、投诚和接受和平改编的国民党军队与被歼灭的国民党军队共一百五十四万余人。国民党赖以维持其反动统治的主要军事力量基本上被消灭。三大战役的胜利,奠定了人民解放战争在全国胜利的基础。

辽沈战役

1948年8月,人民解放军东北野战军已控制了东北绝大多数的土地和人口。国民党军队共约五十五万人,但被分割、压缩在沈阳、长春、锦州三个互不相连的地区内。东北战场形势对解放军有利。1948年9月,中国共产党中央和毛泽东主席决定先消灭东北国民党反动军队,并制定了东北野战军主力南下攻克锦州,采取"关门打狗"的战法把国民党军关在东北,各个歼灭的作战方针。

东北野战军决定留下部分兵力继续围困长春,部分兵力监视沈阳之敌,主力南下,指向锦州。1948年9月12日,辽沈战役打响，国民党军对东北战略尚无决策。东北野战军经三十多小时激战，于15日攻克锦州，全歼守军十万余人，完全封闭了东北国民党军从陆上撤向关内的大门。国民党军只得固守沈阳、长春。长春守军后来被迫起义或投诚，10月21日，长春解放。11月2日，沈阳宣告解放，国民党守军十三万余人全部被歼。历时五十多天，解放军歼灭国民党军四十七万两千余人，辽沈战役结束。至此，东北全境解放。

淮海战役

淮海战役，是解放军华东野战军、中原野战军在以江苏徐州为中心，东起江苏海州（今连云港市海州区），西迄河南商丘，北起山东临城（今枣庄市薛城区），南达淮河的广大地区，对国民党军进行的一次战略性决战。战役于1948年11月6日开始，1949年1月10日结束，消灭及改编国民党军共五十五万五千人。淮海战役是三大战役中歼敌数量最多、政治影响最大、战争样式最复杂的战役。

1948年11月16日，中共中央军委决定组成淮海战役总前敌委员会统筹华东、中原区事宜，邓小平同志为总前委书记。当日夜，华东野战军按计划发起淮海战役。第一阶段，11月22日，华东野战军在徐州东边邳州市的碾庄，将国民党军第七兵团十万人全部歼灭，司令官黄百韬自杀。第二阶段，12月15日，中原野战军、华东野战军在安徽宿县以南双堆集歼灭国民党军第十二兵团十二万人，俘虏第十二兵团司令官黄维。第三阶段，1949年1月6日，解放军向河南省商丘市永城市陈官庄地区被围的杜聿明部发起总攻，1月10日战斗结束。杜聿明被俘，第二兵团司令官邱清泉阵亡，淮海战役结束，解放了长江以北大片土地。

平津战役

1949年1月10日，中央决定以东北野战军林彪、罗荣桓和华北军区司令员聂荣臻组成中共总前委，统一领导北平、天津、张家口、唐山地区的作战和接管城市等一切工作事宜。

1月15日，解放军攻占天津，全歼守军十三万余人，俘虏警备司令官陈长捷。解放军遵照中共中央、中央军委和毛泽东指示，对国民党北平军队总司令傅作义采取军事打击和政治争取相结合的方针，与傅作义的代表进行多次谈判。最后，平津前线司令部与傅作义达成《关于和平解决北平问题的协议》，人民解放军接管北平。北平和平解放，平津战役结束。消灭及改编国民党军共计五十二万一千人，解放了北平、天津在内的华北大片地区。

人民群众用小车推出来的胜利

人民群众是军队强大的有力的保障。人民和军队是相辅相成的。陈毅在总结淮海战役时说："淮海战役的胜利，是人民群众用小车推出来的。"这场战役，解放区出动了民工五百四十三万人，他们不仅是运输队，还是担架队、卫生队、预备役部队。在徐州淮海战役纪念馆陈列着山东解放区老百姓支援前线的令人感动的许多事例。

第100篇
新中国成立

随着解放战争的胜利推进,建立新中国的筹备工作在中国共产党领导下提上议事日程。1949年3月,中国共产党在河北省平山县西柏坡召开了七届二中全会,为夺取全国胜利和建设新中国做了政治上、思想上的准备。会后不久,中共中央离开西柏坡向北平进发。

中国人民政治协商会议的召开

1949年9月21日至9月30日,中国人民政治协商会议第一届全体会议在北京中南海怀仁堂隆重举行。中国共产党、各民主党派、各人民团体、各地区、人民解放军、各少数民族、国外华侨及其他爱国分子的代表共六百六十二人参加。这次会议代行了中国的立法机构全国人民代表大会的职权,通过了起临时宪法作用的《中国人民政治协商会议共同纲领》,决定了中华人民共和国国旗、国歌和纪年。会议通过选举产生中央人民政府委员会,毛泽东当选为中央人民政府主席,朱德、刘少奇、宋庆龄、李济深、张澜、高岗当选为副主席。

开国大典

1949年10月1日,中华人民共和国中央人民政府举行第一次会议,国家领导人出席,会议宣告中央人民政府成立。当天下午,开国大典在北京天安门广场隆重举行。毛泽东主席庄严宣告:"中华人民共和国中央人民政府今天成立了。"这庄严而坚定的声音,宣告了中华人民共和国的诞生,宣告了帝国主义、封建主义和官僚资本主义对中国人民的反动统治彻底结束,也宣告了中国从此开始进入新民主主义社会。从这一刻起,中国人民成为中国社会的真正主人,中国人民终于挺直腰杆站起来了。此时,五星红旗在天安门广场升起,乐队奏响《义勇军进行曲》,礼炮齐鸣,首都三十万军民欢庆新中国成立。

10月1日,从此成为国庆日,它是伟大祖国新生的日子,是所有中国人骄傲自豪的一天。

知识加油站

国旗

国旗是国家的标志性旗帜，是国家的象征。中华人民共和国的国旗为五星红旗，旗面的红色象征革命，五颗五角星及其相互关系，象征中国共产党领导下的革命人民大团结。

国歌

国歌是表现一个国家民族精神的歌曲，是代表该国家政府和人民意志的乐曲。中华人民共和国的国歌是《义勇军进行曲》，由田汉作词，聂耳作曲。

国徽

国徽是代表一个国家的标志，体现国家的主权和尊严。中华人民共和国国徽，中间是五星照耀下的天安门，周围是谷穗和齿轮，象征中国人民自五四运动以来的新民主主义革命斗争和工人阶级领导的以工农联盟为基础的人民民主专政的新中国的诞生。

附录　中国历史大事简表

约170万年前	元谋人生活在云南元谋一带
约70—20万年前	北京人生活在北京周口店一带
约1.8万年前	山顶洞人开始氏族公社的生活
约0.5—0.7万年前	河姆渡、半坡母系氏族公社
约0.4—0.5万年前	大汶口文化中晚期，父系氏族公社
约4000多年前	传说中的炎帝、黄帝、尧、舜、禹时期
公元前2070年	禹传位于启，夏朝建立
公元前1600年	商汤灭夏，商朝建立
公元前1300年	商王盘庚迁都殷
公元前1046年	牧野之战 周武王灭商，西周开始
公元前841年	国人暴动 共和元年，中国历史开始有确切纪年
公元前771年	犬戎攻入镐京，西周结束
公元前770年	周平王迁都洛邑，东周开始
公元前684年	长勺之战

公元前632年	城濮之战
公元前551年	孔子诞辰
公元前475年	战国时期开始 中国进入封建社会
公元前473年	越王勾践灭吴
公元前453年	赵、魏、韩三家分晋
公元前356年	商鞅开始变法
公元前353年	桂陵之战
公元前307年	赵武灵王实行胡服骑射
公元前278年	屈原投江自尽
公元前260年	长平之战
公元前256年	秦灭东周
公元前230—前221年	秦灭六国
公元前221年	秦统一全国,秦朝建立 秦王改称始皇帝
公元前213年—前212年	焚书坑儒
公元前209年	陈胜、吴广起义爆发

公元前207年	巨鹿之战
公元前206年	刘邦攻入咸阳,秦亡
公元前206年—公元前202年	楚汉战争
公元前202年	西汉建立
公元前154年	七国之乱
公元前139年、公元前119年	张骞两次出使西域
公元前119年	卫青、霍去病大败匈奴
公元前100年	苏武出使匈奴,被扣留
公元前33年	王昭君出塞和亲
8年	王莽夺取西汉政权,改国号新,西汉灭亡
17年—27年	绿林、赤眉起义
23年	昆阳之战
25年	东汉建立
73年	班超出使西域
105年	蔡伦改进造纸术

132 年	张衡发明地动仪
184 年	张角领导黄巾起义
200 年	官渡之战 魏国建立
208 年	赤壁之战
221 年	蜀国建立
222 年	吴国建立
225 年	诸葛亮七擒孟获
230 年	吴派卫温等率军队到台湾
263 年	魏灭蜀
265 年	西晋建立，魏亡
280 年	西晋灭吴
291 年—306 年	八王之乱
316 年	匈奴攻占长安，西晋结束
317 年	东晋建立
383 年	淝水之战

420年	刘裕建立宋朝（刘宋），东晋亡南北朝开始
439年	北魏统一北方
462年	祖冲之创制《大明历》
479年	萧道成称帝，建立南齐，宋亡
485年	北魏实行均田制
493年	北魏孝文帝迁都洛阳
502年	萧衍称帝，建立梁朝，南齐亡
534年	北魏分裂为西魏、东魏
548年—552年	侯景之乱
550年	高洋建立北齐，东魏亡
557年	陈霸先称帝，建立陈朝，梁亡 宇文觉建立北周，西魏亡
581年	杨坚称帝，隋朝建立，北周亡
589年	隋灭陈，统一南北方
7世纪	贯通南北运河
611年	隋末农民战争开始
617年	瓦岗军占领兴洛仓

618年	唐朝建立，隋朝灭亡
626年	玄武门之变，唐太宗即位
627年—649年	贞观之治
7世纪前期	松赞干布统一吐蕃
641年	文成公主和松赞干布结婚
690年	武则天称帝，改国号为周
713年—741年	开元盛世
755年—763年	安史之乱
756年	马嵬驿兵变
780年	实行两税法
9世纪中后期	唐末农民战争
907年	后梁建立，唐亡，五代开始
916年	耶律阿保机建立契丹政权
936年	石敬瑭灭后唐，建立后晋割让燕云十六州给契丹
960年	北宋建立
979年	北宋结束五代十国的分裂局面

1005年	宋辽澶渊之盟
1038年	党项族元昊称帝,建立西夏
1043年	范仲淹实行新政
11世纪前期	毕昇发明活字印刷术
1069年	王安石变法
1084年	司马光完成《资治通鉴》
1115年	女真族完颜阿骨打称帝,建立金朝
1120年	方腊起义
1125年	金灭辽
1127年	金灭北宋,南宋开始
1140年	郾城大战
1141年	宋金绍兴和议
1161年	采石之战
1206年	铁木真统一蒙古,称成吉思汗,建立蒙古族政权
1227年	蒙古灭西夏
1234年	蒙古灭金

1271年	忽必烈定国号元
1279年	元军攻占厓山，南宋亡
1351年	刘福通等领导红巾军大起义
1368年	明朝建立，元朝结束
1405年—1433年	郑和七次下西洋
1421年	明成祖迁都北京
1449年	土木堡之变 于谦率军民保卫北京
15世纪	资本主义萌芽在江南开始出现
16世纪中期	戚继光在东南沿海抗击倭寇
1553年	葡萄牙攫取澳门居住权
1616年	努尔哈赤建立后金
1628年	明末农民战争爆发
1636年	后金改国号为清
1644年	李自成建立大顺政权，农民军攻占北京，明亡，清军入关
1645年	清军南下，史可法守扬州

1662年	郑成功收复台湾
1673年	三藩叛乱
1684年	清朝始置台湾府
1689年	中俄签订《尼布楚条约》
1727年	清朝设置驻藏大臣
18世纪中期	维吾尔贵族大和卓、小和卓发动叛乱
1771年	土尔扈特部重返祖国
1782年	《四库全书》修成
1796—1805年	白莲教大起义
1839年	林则徐虎门销烟
1840年—1842年	第一次鸦片战争
1842年	中英《南京条约》签订
1851年	金田起义 太平天国建立
1856年—1860年	第二次鸦片战争
1858年	《瑷珲条约》《天津条约》签订

附录 中国历史大事简表

1860年	《北京条约》签订
19世纪60—90年代	洋务运动
1864年	天京陷落,太平天国运动失败
1883年—1885年	中法战争
1894年—1895年	中日甲午战争
1895年	中日《马关条约》签订
1898年	戊戌变法
1900年	义和团运动高潮 八国联军侵略中国
1901年	《辛丑条约》签订
1905年	中国同盟会成立
1911年	黄花岗起义 保路运动 武昌起义
1912年	中华民国建立
1913年	二次革命
1915年	新文化运动开始 护国运动

1916年	袁世凯恢复帝制失败
1919年	五四运动爆发
1921年	中国共产党成立
1923年	京汉铁路工人大罢工
1924年	国共第一次合作开始
1925年	孙中山逝世 "五卅"反帝运动爆发
1926年	国民革命军出师北伐
1927年	"四一二"反革命政变 南昌起义
1928年	井冈山会师
1931年	"九一八"事变，抗日战争开始 中华苏维埃共和国临时中央政府成立
1934年—1936年	红军长征
1935年	遵义会议召开 "一二·九"运动爆发
1936年	西安事变

1937年	卢沟桥事变，全面抗战开始
	南京大屠杀
	平型关大捷
1938年	台儿庄战役
	毛泽东发表《论持久战》
	广州、武汉失守
	抗战进入相持阶段
1940年	百团大战
1941年	皖南事变
1945年	日本无条件投降，抗战胜利
	中共七大召开
1947年	台湾"二二八"起义
	人民解放军开始全国规模的反攻
1948年—1949年	辽沈战役、淮海战役、平津战役
1949年	中华人民共和国成立

图书在版编目(CIP)数据

新编中华上下五千年/陈兰村,娄国忠,邵金生著.—杭州:浙江文艺出版社,2019.8(2021.1重印)
ISBN 978-7-5339-5530-4

Ⅰ.①新… Ⅱ.①陈…②娄…③邵… Ⅲ.①中国历史—少儿读物 Ⅳ.①K209

中国版本图书馆CIP数据核字(2018)第286519号

责任编辑　朱　立
装帧设计　吕翡翠
责任印制　张丽敏

新编中华上下五千年
XINBIAN ZHONGHUA SHANGXIA WUQIAN NIAN

陈兰村　娄国忠　邵金生　著

出版　浙江文艺出版社
地址　杭州市体育场路347号
邮编　310006
网址　www.zjwycbs.cn
经销　浙江省新华书店集团有限公司
制版　浙江新华图文制作有限公司
印刷　杭州杭新印务有限公司
开本　880毫米×1230毫米　1/32
字数　274千字
印张　12.25
插页　1
版次　2019年8月第1版
印次　2021年1月第2次印刷
书号　ISBN 978-7-5339-5530-4
定价　36.00元

版权所有　违者必究
(如有印、装质量问题,请寄承印单位调换)